杨律师
以案释法为你维权

杨培国 主编

YANG LÜ SHI YI AN SHI FA WEI NI WEI QUAN

中国民主法制出版社
全国百佳图书出版单位

2016 · 北京

图书在版编目(CIP)数据

杨律师以案释法为你维权/杨培国主编. —北京：中国民主法制出版社，2016.10

ISBN 978-7-5162-1329-2

Ⅰ. ①杨… Ⅱ. ①杨… Ⅲ. ①案例—中国—普及读物 Ⅳ. ①D920.5

中国版本图书馆CIP数据核字（2016）第244640号

图书出品人： 刘海涛
出 版 统 筹： 赵卜慧
责 任 编 辑： 逯卫光

书名/杨律师以案释法为你维权
YANGLÜSHIYIANSHIFAWEINIWEIQUAN
作者/杨培国 主编

出版·发行/中国民主法制出版社
地址/北京市丰台区右安门外玉林里7号（100069）
电话/（010）63055259（总编室） 63057714（发行部）
传真/（010）63056975 63056983
http:// www.npcpub.com
E-mail: mzfz@npcpub.com
经销/新华书店
开本/16开 710毫米×1000毫米
印张/16 **字数**/229千字
版本/2016年10月第1版 2016年10月第1次印刷
印刷/三河市航远印刷有限公司

书号/ISBN 978-7-5162-1329-2
定价/38.00元

本书编委会

主　　编

杨培国（北京善士律师事务所主任）

副 主 编

杨　凯（北京中闻律师事务所合伙人）

杨在明（北京在明律师事务所主任）

杨汉卿（北京广森律师事务所主任）

编委会成员

杨林荣（北京博圣律师事务所合伙人）

杨正方（山东储誉律师事务所主任）

杨厚军（山东滕国律师事务所副主任）

杨综治（河南大进律师事务所合伙人）

杨继华（广东凯邦律师事务所主任）

杨　东（上海欣隆律师事务所律师）

目 录

序

我们是中国律师队伍里的“律师杨家将”

在我们源远流长的中华传统文化里，流传至今并能够做到家喻户晓、耳熟能详，包含中华传统美德，对一个姓氏群体用一个词语表达众口皆碑赞美的，莫过于“杨家将”了。

说到“杨家将”，应该最早来源于明代初年描写“杨家将”的系列英雄传奇故事，以纪振伦（秦淮墨客）校阅的《杨家府演义》、熊大木的《杨家将传》（又名《北宋志传》《杨家将演义》）等系列在中国民间广为流传。该系列对北宋前期杨业、杨延昭、杨文广等人的事迹加以演义，讲述了杨家四代人戍守北疆、精忠报国的动人事迹。

因此，“杨家将”这个包含深刻社会含义和美好情怀的词语之所以百世流芳，是因为凝聚在“杨家将”英雄传奇故事里面前仆后继、忠心报国的伟大精神，是千百年来中国人面对外族侵扰和西方列强欺凌，反抗侵略、保家卫国、追求和平美好希望的一种寄托，充满了强烈的爱国主义精神，闪耀着璀璨的理想主义光芒。

如果我们对于“杨家将”所包含的精神文化内涵进行分析，那么不难看出，“杨家将”的精神文化内涵包含着坚韧不拔、勇敢智慧、无私奉献、勤勉仗义、报效国家、服务社会等许多中华民族的优秀品质。毋庸置疑，“杨家将”作为一种越久弥香的中华优秀传统文化的传承，早已成为中华民族优秀传统文化的重要组成部分，并且成为中华民族优秀传统文化里面一个永远光彩夺目的亮点。

因此，作为中国律师队伍里面的“律师杨家将”，无疑应该、应当、应分地把“杨家将”精神文化内涵所包含着的坚韧不拔、勇敢智慧、无私奉献、勤勉仗义、报效国家、服务社会等中华民族的优秀品质在自己从事律师职业的过程之中发扬光大，并因此丰富、弘扬我们的中国律师文化，为推动我国律师事业发展作出贡献，为贯彻落实习近平总书记提出的全面推进依法治国战略决策、实现中华民族伟大复兴的中国梦作出创新贡献。

当世之时，中国律师的社会地位正在全面提高，中国律师的社会影响力正在全面提升，中国律师职业正面临着前所未有的创新发展时代。

2015年9月，习近平总书记主持召开中央全面深化改革领导小组会议，审议通过了《关于深化律师制度改革的意见》。在习近平总书记看来，律师关涉司法公正的实现，“没有律师可以求助，公正司法从何而来呢?”因此，要把法律规定的律师执业权利切实落实到位，建立健全配套的工作制度和救济机制，依法保障律师在辩护、代理中所享有的各项执业权利，确保侵犯律师执业权利的行为得到及时纠正。

2016年3月30日，第九次全国律师代表大会在北京开幕。中共中央政治局委员、中央政法委书记孟建柱出席会议并讲话。他指出，当前，我国发展进入一个新的历史时期；这是一个法治昌明的时代，也是一个律师大有作为的时代。因此，他希望广大律师敬畏法律，忠于事实，诚实守信，执业为民，做当事人合法权益维护者、社会公平正义保障者、国家治理现代化推动者、经济社会发展服务者、全方位对外开放促进者，用自己的聪明才智和辛勤汗水，努力服务人民、报效祖国。

此外，司法部部长、党组书记吴爱英在出席第九次全国律师代表大会闭幕式时指出，作为中国律师必须把拥护中国共产党的领导、拥护社会主义法治作为从业的基本要求，坚定理想信念，坚守法治精神，忠诚履行职责使命，为全面建成小康社会作出新贡献。

毫无疑问，拥护中国共产党领导，拥护社会主义法治，敬畏法律，忠于事实，诚实守信，执业为民，坚定理想信念，坚守法治精神，忠诚履行职责使命，服务社会，报效祖国，更是现在“律师杨家将”在从事律师职业时，应该、应当、应分秉持的基本信念和根本原则。

按照我国有关资料介绍，杨姓出自黄帝之后西周王族。据唐代林宝的《元和姓纂》和宋代郑樵的《通志·氏族略》记载，杨姓出于姬姓，源于晋地之杨国（今山西洪洞县东南）。西周成王姬诵封其弟叔虞领地于今山西西南一带，建都于唐（今山西翼城县西），为唐侯。

另外，杨姓是隋朝国姓，在我国是一个典型的多民族、多源流的姓氏，主要源自姬姓及少数民族改姓等。

时至2015年2月，我国杨姓总人口约有4270万人，根据户籍管理部门的“全国公民身份信息系统”（NCIIS），杨姓是当前中国第六大姓氏。根据2016年3月30日第九次全国律师代表大会的有关资料，截至目前，全国执业律师人数已超过29.7万人，那么，根据以上我们获悉的数字，我们可以粗略地估计推算：截至2015年2月，我国的“律师杨家将”人数，大约是1万名，也就是在目前全国的执业律师之中，杨姓律师占的比例大约是三十分之一，这在中国律师队伍中占有的比例也非常之高。

根据笔者目前了解到的中国律师行业的资料，以及全国有关媒体资料介绍，现任北京地平线律师事务所主任的杨金国律师，曾经先后担任司法部律师司组织处、行业管理处、在华外国律师管理处处长。1995年至1999年担任中华全国律师协会秘书长、《中国律师》杂志社社长等职务，是我国“律师杨家将”里面声名卓著的大律师。现在，在全国律师协会、全国各省市区的律师协会里面，都有“律师杨家将”担任律师协会会长、副会长、专业委员会主任、委员等职务，凭借自己的律师专业智慧、律师事业责任以及服务社会的使命、报效祖国的理想，在为实现全面推进依法治国的战略决策、实现中华民族伟大复兴的中国梦贡献着力量！

“空谈误国，实干兴邦。”因此，为了贯彻落实我国要“建立法官、检察官、行政执法人员、律师等以案释法制度，加强普法讲师团、普法志愿者队伍建设”的方针政策，全面落实习近平总书记明确提出的“努力让人民群众在每一个司法案件中都感受到公平正义”的重要指示，从2015年下半年开始，我便在“中华杨氏宗亲律师群”的微信群、“中国诉讼论坛网”以及“中国诉讼论坛网”的微信群等媒体中发布了《中华杨氏律师众筹自助合著〈杨律师以案释法为你维权〉的通知》。该通知旨在全国号召中华杨氏宗亲律师收录整理亲自办理的典型民商案件、刑事案件、行政案件，或者在社会上具有典型社会影响力的案例，以此为内容同心协力合著成书。该著作一则向全社会展示“律师杨家将”无私奉献、勤勉勇敢、团结合作、服务社会、报效国家的具有“杨家将”精神文化色彩的内涵；二则展示中国律师在贯彻落实中共中央、国务院转发的《中央宣传部、司法部关于在公民中开展法治宣传教育的第七个五年规划（2016—2020年）》

和《全国人民代表大会常务委员会关于开展第七个五年法治宣传教育的决议》对于法治宣传教育的担当；三则以此具体的尊法、学法、守法、用法的普法行为，宣传、弘扬社会主义法治理念、普及法律知识、宣传中国特色社会主义法律体系、推动全社会树立法治意识、提升运用法治思维和法治方式推动社会发展的能力水平，为促进全社会树立法治意识、厉行法治，为建设社会主义法治国家作出应有贡献。

古人曰："道虽迩，不行不至；事虽小，不为不成。"从2015年下半年开始，全国各地许多"律师杨家将"纷纷参与《杨律师以案释法为你维权》的著书立说活动。现在，经过对所有典型案件文章的选择，最终确定了这些代理思路新颖、观点明确突出、行文通顺流畅，具有社会借鉴意义，能够提升读者运用法治思维和法治方式推动社会发展的能力水平，能够促进中国特色社会主义法律体系宣传力度的典型案例文章。

我国古代文人贤达说过："文以载道，汇则兴邦。"

经过近一年时间的宣传、组织，在我国著名的法律界社会活动家、中国律师的文化导师民主与法制社刘桂明总编辑，以及人民法院电子音像出版社孙宇常务副总编辑和最高人民检察院《检魂》杂志杨华明主编的指导、鼓励之下，我们几位中华杨氏宗亲律师，终于同心协力、同心同德地完成了这本面向全社会法人、自然人等社会公众阅读、借鉴的指导诉讼的著作。在此，我谨代表所有参与本次著书立说的"杨律师"，向社会公众推荐这本富有"杨家将"精神文化特色的律师著作。

杨培国

北京善士律师事务所主任

第一章

杨律师以案释法：民商案件

案例1

北京远大有限责任公司与世通投资有限公司、北京世通置业有限公司房地产开发经营合同纠纷案

● 杨 凯

一、案情简介

北京市远大科学研究所（以下简称远科所）、北京市天远房地产开发公司（以下简称天远公司）原系北京远大总公司（后更名为北京远大有限责任公司，以下简称远大公司）的全资下属国有企业。

1999年12月3日，远大公司出具《授权书》，授权天远公司、远科所与合作方对远科所名下的位于丰台区角门168号院共计约14.1万平方米土地（以下简称合作土地）进行合作开发经营。

2000年8月24日，甲方天远公司、远科所和乙方北京美丽房地产开发有限公司（后注销，权利义务由美丽置业集团股份有限公司承继，以下简称美丽集团）、世通投资集团有限公司（以下简称世通集团）签订了《未来家园合作合同》（以下简称《合作合同》）约定对合作土地进行合作开发，双方分享开发利益。《合作合同》约定的合作开发模式为：甲方负责出地、拆迁、土地三通一平，承担还建4000平方米办公楼及5000平方米住宅的建安成本及管理费，承担合作项目南侧代征道路土地拆迁平整五成费用，承担项目东侧代征道路土地拆迁平整费用；乙方负责承担土地补偿金，还建4000平方米办公楼及5000平方米住宅，按国家规定缴纳合作土地出让金并取得土地使用权证，承担项目南侧代征道路土地拆迁平整五成费用，享有剩余土地开发收益；甲方争取合作土地出让金的减免返还，减免

返还的土地出让金40%归属乙方，60%归属甲方。

2001年4月6日，甲方向乙方交付了全部合作土地，并且甲方也已全部履行完毕出地、拆迁、土地三通一平等其他全部合同义务。截至2004年年底，乙方已向甲方支付了土地补偿款、还建了5000平方米住宅楼，也已对合作土地进行实质开发完毕。但至2009年年底，乙方尚未依据《合作合同》约定向甲方交付还建的4000平方米办公楼，也未将该4000平方米办公楼权属办理至甲方名下。

根据世通集团的安排，2014年9月15日，远大公司开始入驻合作项目配套小学（丰台区枫竹苑北路113号3991平方米房屋）周转使用。

远大公司入驻配套小学之后，多次提出要求美丽集团、世通集团履行《合作合同》约定义务，提供4000平方米的办公用房并将4000平方米的办公用房的权属证书、土地使用权证书办理至远大公司名下。美丽集团、世通集团也曾多次以书面方式承诺，尽快向远大公司交付4000平方米的办公用房并负责办理权属证书。2006年1月4日，远大公司与世通集团签订《协议书》约定：世通集团重申承诺，负责在改变原项目配套小学地块及地上建筑用途后，按合同约定将房屋产权办理至远大公司名下。2010年1月6日，北京世通公司（世通集团、美丽集团）委托北京天依律师事务所向远大公司出具的《律师函》，确认依据《合作合同》约定应当向远大公司交付4000平方米办公楼，并确认世通集团是负责为远大公司办理4000平方米办公楼事宜的履行主体。2010年1月18日，世通集团向远大公司出具的《律师函》表示，世通集团同意负责为远大公司办理4000平方米办公楼产权事宜，并称其一直为远大公司办理办公楼的权属证书在工作。

但截至目前，世通集团仍未向远大公司提供4000平方米办公楼，也未将2004年9月提供给远大公司周转使用的建筑及土地的产权办到远大公司名下。

二、争议焦点

为了维护国有资产不再遭受损失，远大公司于2009年12月14日，向北京市丰台区人民法院（以下简称丰台法院）提起诉讼：要求被告（北京世通公司）提供4000平方米的办公用房。在答辩期内，北京世通公司提出了管辖权异议申请，要求将本案移送到其注册地北京市密云县人民法院管辖。

2010年1月18日，丰台法院作出了（2010）丰民初字第2855号《民事裁定书》，驳回了北京世通公司的管辖权异议申请。后北京世通公司上诉至北京市第二中级人民法院（以下简称二中院）。2010年4月21日，二中院作出（2010）二民终字第08529号《民事裁定书》，驳回北京世通公司的上诉申请，维持原裁定。

2010年6月10日，远大公司向丰台法院申请追加世通集团为本案的第二被告；同时申请变更诉讼请求为：（1）判令被告继续履行《合作合同》的约定义务，向原告提供4000平方米的办公用房，并将4000平方米的办公用房的权属证书、土地使用权证书办理至原告名下（或向原告支付相当于4000平方米办公用房评估价人民币1亿元）；（2）判令被告承担违约责任，并向原告支付违约金人民币500万元。

答辩期内，世通集团向丰台法院提出了管辖权异议申请，要求将本案移送到其注册地深圳市福田区人民法院管辖；另，世通集团、北京世通公司也向丰台法院提出了级别管辖异议申请。

2010年7月21日，丰台法院作出（2010）丰民初字第2855号《民事裁定书》，驳回了世通集团要求将本案移送深圳市福田区人民法院管辖一案的申请。后，世通集团上诉至二中院。

2010年7月29日，丰台法院作出（2010）丰民初字第2855号《民事裁定书》，就级别管辖权事宜将本案整体移送至二中院。

2011年8月16日，北京市高级人民法院发布了《关于调整北京市三级法院管辖第一审民商事案件标准及高院执行案件的通知》（京高法发〔2011〕270号），其中规定："二、中级法院管辖下列第一审民商事案件：1．诉讼标的额在1亿元以上的第一审民商事案件；2．诉讼标的额在5000万元以上且当事人一方住所地不在本市辖区的第一审民商事案件。"

2012年1月17日，二中院作出（2012）二中民提字第2017号《民事裁定书》："一、撤销北京市丰台法院于2010年7月29日作出的（2010）丰民初字第2855号《民事裁定书》；二、指定北京市丰台区人民法院对本案管辖问题重新进行处理。"

2012年3月19日，丰台法院作出（2012）丰民初字第6980号《民事裁定书》："本案移送至北京市高级人民法院处理。"该裁定送达双方当事人后，双方均未提起上诉并生效。

2013年1月5日，丰台法院作出了（2013）丰民再字第00001号《民事裁定书》，决定本案管辖事宜进行再审，停止执行原生效裁定。远大公司亦向丰台法院提交了北京世通公司于2012年9月27日注销的工商登记文件，其债权债务由股东世通置业集团股份有限公司（以下简称世通股份）承担。

2013年1月24日，丰台法院作出了（2013）丰民再字第00001号《民事裁定书》，裁定将本案移送至二中院管辖。世通集团、世通股份不服提起上诉。

2013年6月20日，二中院作出了（2013）二中民再终字第06842号《民事裁定书》，驳回上诉请求，维持原裁定。

至此，本案正式确定由北京市第二中级人民法院管辖。

本案自立案起至最终确定管辖法院，历经近4年时间。导致本案管辖迟迟不能作出最终裁定的因素除了两级法院主审法官调动延误之外，还有是法院对本案中同时出现级别管辖、地域管辖交叉认定、新旧司法解释使用问题。

（一）诉讼中增加被告、变更诉讼请求后，新增加的被告享有法律诉讼权利

2010年6月10日，远大公司向丰台法院申请追加世通集团为本案的第二被告，同时申请变更诉讼请求，要求被告支付补偿款及违约金1.05亿元。根据《中华人民共和国民事诉讼法》第52条的规定，原告可以放弃或者变更诉讼请求。被告可以承认或者反驳诉讼请求，有权提起反诉。2001年12月6日，最高人民法院审判委员会第1201次会议通过的《最高人民法院关于民事诉讼证据的若干规定》（以下简称民事证据规定）第34条第3款规定：当事人增加、变更诉讼请求或者提起反诉的，应当在举证期限届满前提出。由此可知，原告可以在举证期限届满前提出增加、变更诉讼请求。

本案中，远大公司在2010年6月10日变更诉讼请求之前，北京世通公司提出了管辖权异议申请，要求将本案移送至北京市密云县人民法院管辖，但一审、二审法院均驳回了北京世通公司的诉请。

2010年6月10日，申请增加世通集团为本案第二被告并变更本案诉讼请求。依据《最高人民法院经济审判庭关于法院应原告变更被告之请求而恢复诉讼，变更后的被告是否有权提出管辖异议问题的答复》规定“人民法院对原中止诉讼的案件应原告之请求，变更被告，恢复诉讼后，变更后的被告应享有法律规定的一切诉讼权利，包括在答辩期内向人民法院提出管辖权异议。”由此，增加的被告世通集团有权继续就本案提出管辖权异议申请。

（二）关于级别管辖和地域管辖交叉问题

本案中，北京世通公司注册地在北京市密云县，世通集团注册地在深圳市福田区。2010年6月10日，远大公司明确诉讼请求要求被告补偿金额为1.05亿元，并增加世通集团为本案第二被告参加本案诉讼。

基于2010年4月21日，二中院作出（2010）二民终字第08529号《民事裁定书》确定本案由丰台区人民法院管辖。在新的答辩期内，世通集团向丰台法院提出了管辖权异议申请，要求将本案移送到其注册地深圳市福田区人民法院管辖；另，世通集团、北京世通公司也向丰台法院提出了级别管辖异议申请，要求将本案移送至北京市高级人民法院管辖。

丰台法院驳回了世通集团要求将本案移送至深圳市福田区人民法院管辖的申请，后世通集团上诉至二中院。后丰台法院作出裁定，就级别管辖权将本案整体移送至二中院。就此，丰台法院就级别管辖和地域管辖分别各自作出裁定。

《最高人民法院关于审理民事级别管辖异议案件若干问题的规定》第6条规定：“被告以受诉人民法院同时违反级别管辖和地域管辖规定为由提出管辖权异议的，受诉人民法院应当一并作出裁定。”第7条规定：“当事人未依法提出管辖权异议，但受诉人民法院发现其没有级别管辖权的，应当将案件移送有管辖权的人民法院审理。”

又依据《最高人民法院关于调整高级人民法院和中级人民法院管辖第一审民商事案件标准的通知》（法发〔2008〕10号）规定，北京地区，高级人民法院可管辖诉讼标的额在2亿元以上的第一审民商事案件，以及诉讼标的额在1亿元以上且当事人一方住所地不在本辖区或者涉外、涉港澳台的第一审民商事案件。故认定，丰台法院将本案移送至二中院是错误的，应当给予撤销，并指定丰台法院就本案级别管辖、地域管辖事宜一并作出处理。

2012年3月19日，丰台法院作出（2012）丰民初字第6980号《民事裁定书》，将本案移送至北京市高级人民法院处理。

本案的蹊跷之处在于，北京市高级人民法院不接受本案管辖，也不接收丰台法院移送的案件卷宗，也不同意作出指定管辖。经各级法院协商后，2013年1月24日，丰台法院作出了（2013）丰民再字第00001号《民事裁定书》，将本案移送至二中院管辖。后被告提起上诉，二审维持原裁定。

三、律师说法

本案主要涉及房地产合作开发问题。

依据《最高人民法院关于审理涉及国有土地使用权合同纠纷案件适用法律问题的解释》第14条规定，合作开发房地产合同，是指当事人订立的以提供出让土地使用权、资金等作为共同投资，共享利润、共担风险合作开发房地产为基本内容的协议。

（一）房地产合作开发的主要模式

1．法人型合作开发：合作开发各方组成项目公司，并以项目公司名义办理有关手续，合作开发的权利义务由公司项目章程具体明确。主要包括以下两种模式：一是以土地协议折价入股方式构成合作投资比例；二是以土地评估作价入股方式构成合资投资比例。

2．合伙型合作开发：合作开发各方未组成项目公司，以投资各方名义共同办理有关手续，合作方式、投资及权益分配比例均由合作协议约定。包括：合作开发涉及一个项目；合作开发涉及几个用地性质、规划用途不一的项目；合作各方的回报方式有的以分利方式，有的以分房方式，有的以土地补偿方式。

（二）合伙型合作开发

实际操作中，房地产合作开发的主要模式是合伙型合作开发（房地产联建），是指提供资金、技术、劳务一方与提供土地的一方合作进行房地产开发，双方在合同里明确约定按比例分配房屋和土地使用权，并以各自所有或者经营管理的财产承担民事责任的房地产合作开发行为。本案中，《合作合同》确定的合作开发模式为：甲方（远大公司）负责出地、拆迁、土地三通一平，承担还建4000平方米办公楼及5000平方米住宅的建安成本及管理费，承担项目南侧代征道路土地拆迁平整五成费用，承担项目东侧代征道路土地拆迁平整费用；乙方（北京世通公司）负责承担土地补偿金，还建4000平方米办公楼及5000平方米住宅，按国家规定缴纳合作土地出让金并取得土地使用权证，承担项目南侧代征道路土地拆迁平整五成费用，享有剩余土地开发收益；甲方争取合作土地出让金的减免返还，减免返还的土地出让金40%归属乙方，60%归属甲方。

据此，《合作合同》系远大公司负责出地、拆迁、土地三通一平，北京世通公司负责出资、补偿、还建，双方各自按合同约定享受利润、承担风险的合作开发房地产合同。

（三）违约责任

北京世通公司（世通集团、美丽集团）向远大公司还建4000平方米办公楼属于其履行《合作合同》之合同义务，并非世通集团、美丽集团庭审中辩称的属于《合作合同》之外独立的代建关系。理由如下。

《合作合同》第6条约定："甲方委托乙方在本合同第1条所述土地上投资建设建筑面积约4000平方米、住宅建筑面积约5000平方米……甲方委托乙方建设的公建和住宅房屋，按基建性质单独立项报批，独立办理产权……"由此可知，依据《合作合同》约定，最迟在合作土地完成开发时，在合作土地范围内，世通集团、美丽集团应为远大公司还建4000平方米办公楼（独立办理产权）。

《合作合同》签订后，远大公司已完成对合作土地拆迁、三通一平及交付义务，也承担了4000平方米办公楼、5000平方米住宅楼建安成本等全部合同义务；世通集团、美丽集团已于2004年年底对合作土地完成实质开发，亦取得开发收益，已向远大公司支付了土地补偿、还建了5000平方米住宅楼，但世通集团、美丽集团至今尚未向远大公司交付还建的4000平方米办公楼。在《合作合同》履行中，基于世通集团、美丽集团原因导致不能及时将还建4000平方米办公楼交付给远大公司，世通集团、美丽集团也曾多次以书面方式向远大公司表示歉意。在此期间，世通集团、美丽集团也曾多次以书函方式向远大公司作出承诺，保证在合作土地二期范围内尽快向远大公司交付还建的4000平方米办公楼，并于2006年1月4日被告与远大公司签订《协议书》再次明确：世通集团、美丽集团应向远大公司还建4000平方米办公楼，负责办理产权、承担费用等。

就此，世通集团、美丽集团已经违反合同义务，依据《合作合同》第6条约定，世通集团、美丽集团应继续履行在合作土地范围内向远大公司交付还建的4000平方米办公楼（将该办公楼权属办理至远大公司名下），并依法承担违约责任。

（四）赔偿责任

依据《合作合同》约定，若被告不能向远大公司履行还建义务的，应依法承担赔偿责任。

如前所述，《合作合同》签订后，远大公司已经履行完毕全部合同义务，世通集团、美丽集团也已经以其名义对合作土地进行实质开发，亦取得开发收益。

在合作土地开发过程中，世通集团、美丽集团曾就还建4000平方米办公楼事宜多次向远大公司发出书面承诺：同意立项、报批、建设、交付等。在合作土地取得的规划批复中，均包含有可用于还建办公楼的规划条件，并且世通集团、美丽集团也已按核准的规划条件进行开发建设（包括办公楼物业建设）。直至现在，世通集团、美丽集团为了自己的经济利益，将建成的办公楼物业全部对外销售，未向远大公司履行交付还建的4000平方米办公楼义务，严重违反《合作合同》之约定，其行为已经严重侵害了远大公司的合同权益。目前，据世通集团、美丽集团辩称，合作土地范围内已无任何房产属于被告，即没有房产可以用于向远大公司履行还建4000平方米办公楼的义务。

民法通则第111条规定“当事人一方不履行合同义务或者履行合同义务不符合约定条件的，另一方有权要求履行或者采取补救措施，并有权要求赔偿损失”。合同法第107条规定“当事人一方不履行合同义务或者履行合同义务不符合约定的，应当承担继续履行、采取补救措施或者赔偿损失等违约责任”。

据此，世通集团、美丽集团之行为严重违反了《合作合同》之约定，给远大公司造成巨大的经济损失，远大公司有权要求世通集团、美丽集团承担赔偿责任。世通集团、美丽集团应当向远大公司交付4000平方米办公楼，并将4000平方米的办公楼的房屋权属证书、土地使用权证书办理至远大公司名下；如果世通集团、美丽集团不能实现前述目的，则世通集团、美丽集团应依交付上述办公楼所在地区市场评估价值给予远大公司货币补偿人民币1.4亿元。

依据以上理由，一审法院支持了原告的诉讼请求。

案例2

北京国瑞科技集团有限公司、唐山国瑞科技有限公司与云南丰盛实业有限公司施工合同纠纷案

● 杨 凯

一、案情简介

2011年5月1日，发包人云南丰盛实业有限公司（以下简称丰盛公司）与总承包人北京国瑞科技集团有限公司（以下简称北京国瑞）签订了《云南丰盛实业有限公司0.60Mt/a宏宇选煤厂EPC工程总承包合同》。该合同约定:（1）由北京国瑞对丰盛公司发包的云南丰盛实业有限公司0.60Mt/a宏宇选煤厂EPC工程总承包。（2）工程合同总价为人民币2385万元。其中设备费1271.52万元，建安费1053.48万元，设计费60万元。

此后，北京国瑞与唐山国瑞科技有限公司（以下简称唐山国瑞）及丰盛公司签订了《补充协议》，约定“关于云南丰盛实业有限公司0.60Mt/a宏宇选煤厂EPC工程总承包中的承包人，由北京国瑞变更为北京国瑞与唐山国瑞组成联合体共同实行此合同，北京国瑞负责设备的采购及供应，唐山国瑞负责工程的设计，土建工程和安装工程”。

上述合同签订后，北京国瑞与唐山国瑞进行了工程的设计、土建施工和安装、设备的采购及供应。在工程施工完成后，丰盛公司在给付北京国瑞设备费809.17万元，给付唐山国瑞设计费和建安费758万元人民币后，尚欠北京国瑞设备费462.35万元未予支付，尚欠唐山国瑞设计费和建安费355.48万元未予支付。

由于上述欠款迟迟未能给付，北京国瑞和唐山国瑞共同委托北京市中

闻律师事务所的杨凯、徐庆丰律师于2013年7月31日，前往云南省××市仲裁委员会进行仲裁立案，请求给付上述欠款。

案件仲裁请求为:

（1）裁决丰盛公司向北京国瑞支付设备费462.35万元。

（2）裁决丰盛公司向唐山国瑞支付设计费和建安费355.48万元。

（3）裁决丰盛公司向北京国瑞和唐山国瑞给付设备费和设计费、建安费利息（从仲裁申请之日起至裁决书指定的履行期满之日，按照中国人民银行发布的同期同类贷款利率计息）。

（4）裁决本案全部仲裁费用由丰盛公司承担。

庭审过程中，丰盛公司提出的主要答辩理由如下:

（1）承包人北京国瑞和唐山国瑞未按合同标准施工，本案是EPC承包模式，对设计、施工都应承担质量保证，因达不到功能未考核合格无权要求支付上述款项。

（2）请求裁决驳回北京国瑞和唐山国瑞的仲裁请求。

后经本案代理律师积极申请仲裁委员会进行调查取证，2015年3月16日，云南省××市仲裁委员会下达了编号为（2014）曲仲裁字第055号裁决书。裁决结果如下:

（1）由被申请人丰盛公司支付申请人北京国瑞462.35万元。

（2）由被申请人丰盛公司支付申请人唐山国瑞设计费15万元、建设安装工程款340.48万元。

（3）由被申请人丰盛公司向申请人唐山国瑞支付设计费和工程款355.48万元部分的利息，利息计算自2014年7月31日至本裁决书指定的履行期满之日，按照中国人民银行发布的同期同类贷款利率计算。

（4）本案的仲裁费用5.45万元由被申请人丰盛公司承担。

本案中，就北京国瑞和唐山国瑞委托代理律师提出的偿还全部欠款817.83万元的要求已经全部实现，而且为北京国瑞和唐山国瑞追讨回约14万元利息。

通过以上案例表明，为了维护当事人的合法权益，律师应当充分发挥主观能动性，积极行使和履行法律赋予律师的权利和义务，采取调查取证等有效手段，使案件结果朝有利于当事人的方向发展。

二、争议焦点

在该EPC工程施工完成后，由于没有完成竣工验收工作，没有竣工验收资料。因此在本案立案时，无法确定证实工程是否施工完成，无法确定证实工程质量是否施工合格，无法确定证实工程是否延期以及发生延期的过失方原因，无法追究违约责任，因此作为总承包方也就无法追讨上述欠款。

三、律师说法

鉴于以上案件情况，针对北京国瑞和唐山国瑞缺少的证据以及对方提交的对其不利的证据，本案代理律师积极申请仲裁委员会进行调查取证，向仲裁委员会提交了调查取证的申请（申请调查丰盛公司用电、用水情况，缴纳税费情况以及在安全监督机构和环保部门的备案登记情况，用以证明丰盛公司在未组织竣工验收的情况下开工生产经营，擅自使用），仲裁委员会也按照该申请前往相关行政管理部门进行了调查取证工作，但由于丰盛公司作为子公司与总公司合并报表等原因，未能查到有用信息和证据。

与此同时，本案代理律师也开展了大量的调查取证工作，首先，在丰盛公司所在地与丰盛公司相关职工进行沟通并制作了调查笔录；其次，到丰盛公司现场进行拍照取证（证明丰盛公司至今生产经营的现状）；最后，前往丰盛公司所在地的工商行政管理部门调查丰盛公司的工商登记信息资料。通过调查，发现丰盛公司向工商行政管理部门提交了《外商投资企业联合年检报告书》和《审计报告》。根据该证据显示，能够确定丰盛公司自2012年6月开始生产经营的事实，由此可以证明丰盛公司在未组织竣工验收的情况下开工生产经营，擅自使用。

根据《最高人民法院关于审理建设工程施工合同纠纷案件适用法律问题的解释》第13条的规定："建设工程未经竣工验收，发包人擅自使用的，又以使用部分质量不符合约定为由主张权利的，不予支持；……"

本案代理律师结合以上调查取得的证据向××市仲裁委员会充分阐述了北京国瑞和唐山国瑞的观点，最终××市仲裁委员会在裁决中支持和认可了该证据，可以作为有效证据确定丰盛公司自2012年6月开始生产经营，也即可以证明北京国瑞和唐山国瑞完工的日期在2012年6月，而且由于其擅自使用，其主张的质量不符合约定的理由不能成立。该证据成为本案能够胜诉的关键证据。

以下是律师代理案件的代理意见。

律师代理意见：

××市仲裁委员会：

关于北京国瑞科技集团有限公司、唐山国瑞科技有限公司（以下简称申请人）与云南丰盛实业有限公司（以下简称被申请人）施工合同纠纷一案，北京市中闻律师事务所杨凯、徐庆丰律师受申请人委托，代理申请人就申请人提起的仲裁请求事项发表代理意见如下。

首先，申请人已经完成了对云南丰盛实业有限公司0.60Mt/a宏宇选煤厂EPC工程的施工，该工程已经完工并由被申请人使用。因此，被申请人应当向申请人给付剩余工程欠款。

2011年5月1日，申请人与被申请人签订了《云南丰盛实业有限公司0.60Mt/a宏宇选煤厂EPC工程总承包合同》。该工程在2012年6月已经完工调试并由被申请人使用。根据云南省××市××县工商行政管理局工商登记信息中的《外商投资企业联合年检报告书》《审计报告》显示以及被调查人荣某某、王某、彭某某、彭永某提供的证明，被申请人自2012年6月结束筹建期，开始正常生产经营。因此代理人认为，上述资料可以证明，被申请人在未组织竣工验收的情况下开工生产经营，擅自使用，被申请人再以质量不符合约定为由主张权利的，不应得到支持。被申请人应当向申请人给付剩余工程欠款。

其次，云南丰盛实业有限公司0.60Mt/a宏宇选煤厂EPC工程已经完工并由被申请人使用，因此云南丰盛实业有限公司0.60Mt/a宏宇选煤厂EPC工程应当视为已经完成验收。

根据《云南丰盛实业有限公司0.60Mt/a宏宇选煤厂EPC工程总承包合同》第二部分通用条款第10条“业主使用部分10.2”，本工程中未经业主代表核准签发“接收证书”的任何一部分，业主均不得使用。如果业主一定要使用尚未给签发“接收证书”的那部分工程，那么：（1）该部分工程自被使用的当日起，应被视为已被接收。（2）当承包人要求签发“接收证书”时，业主代表应签发一份相应的“接收证书”。（3）该部分工程自被使用的当日起，其管理责任不应再由承包人承担，而应当交由业主承担。

根据《最高人民法院关于审理建设工程施工合同纠纷案件适用法律问题的解释》第13条的规定，建设工程未经竣工验收，发包人擅自使用的，又以使用部分质量不符合约定为由主张权利的，不予支持；但是承包人应当在建设工程的合理使用寿命内对地基基础工程和主体结构质量承担民事责任。根据第14条的规定，当事人对建设工程实际竣工日期有争议的，按照以下情形分别处理：（1）建设工程经竣工验收合格的，以竣工验收合格之日为竣工日期；（2）承包人已经提交竣工验收报告，发包人拖延验收的，以承包人提交验收报告之日为竣工日期；（3）建设工程未经竣工验收，发包人擅自使用的，以转移占有建设工程之日为竣工日期。

综上，根据《云南丰盛实业有限公司0.60Mt/a宏宇选煤厂EPC工程总承包合同》和《最高人民法院关于审理建设工程施工合同纠纷案件适用法律问题的解释》的规定，由于被申请人未能对云南丰盛实业有限公司0.60Mt/a宏宇选煤厂EPC工程及时组织竣工验收工作，致使云南丰盛实业有限公司0.60Mt/a宏宇选煤厂EPC工程至今未能完成验收的情况下，云南丰盛实业有限公司0.60Mt/a宏宇选煤厂EPC工程已经由被申请人使用，因此云南丰盛实业有限公司0.60Mt/a宏宇选煤厂EPC工程应当视为已经完成验收。而且，工程的竣工日期应当确定为2012年6月底，即被申请人正常生产经营之日。

最后，云南丰盛实业有限公司0.60Mt/a宏宇选煤厂EPC工程发生工期延误的情况，责任不应由申请人承担。

《云南丰盛实业有限公司0.60Mt/a宏宇选煤厂EPC工程总承包合同》第三部分专用条件第13.2.2.1设备费的支付约定如下：

（1）业主见到设备采购合同付该设备费的30%；

（2）设备到货验收合格后支付该设备费的35%；

（3）经功能考核合格并生产出合格产品后，支付该设备费的15%；

（4）承包人按合同约定交清所有设备资料后，业主在1个月内支付至设备合同总价的95%；

（5）合同约定的质保期满后1个月内，业主按合同约定支付承包人5%的设备质量保证金。

第三部分专用条件第13.2.2.2建筑安装工程费的支付约定如下：

（1）承包人每月25日前，在达到施工组织计划中规定的工程量时，按业主的要求报送工程进度报表，经业主的相关人员及监理工程师核实签字后，业主在此月15日内按审定的工程进度价款的75%支付；

（2）经功能考核合格并生产出合格产品后，承包人按合同约定交清所有建筑安装工程资料后，业主在1个月内支付至建筑安装工程总价的95%；

（3）合同约定的质保期满后3个月内，业主按合同约定支付承包人5%的建筑安装工程质量保证金。

第三部分专用条件第13.2.2.3设计费的支付约定如下：

（1）初步设计完成后，支付设计费的35%；

（2）施工图设计完成经业主审查确认后，支付设计费的40%；

（3）经功能考核合格并生产出合格产品后，承包人按合同约定交清工程所有竣工资料后，业主在1个月内支付设计费的20%；

（4）合同约定的质保期满后3个月内，业主按合同约定支付承包人5%的设计费。

综上可知，由于被申请人未能对云南丰盛实业有限公司0.60Mt/a宏宇选煤厂EPC工程及时组织竣工验收工作，致使云南丰盛实业有限公司0.60Mt/a宏宇选煤厂EPC工程至今未能完成竣工验收，因此也就无法达成合同约定的“经功能考核合格并生产出合格产品”的付款条件。即便在此付款条件之前，被申请人也应当向申请人给付的款项为：设备费支付到65%，建筑安装工程费支付到75%，设计费支付到75%。但截至2012年6月底，工程由被申请人使用时，被申请人向申请人给付的设备费574.172万元，仅占合同设备费总价款的45%；被申请人向申请人给付的建筑安装工程费713万元，仅占合同建筑安装工程费总价款的67%；截至2012年6月底，被申请人向申请人尚未给付设计费，更无从谈起达到给付设计费75%的目标。

另，根据《云南丰盛实业有限公司0.60Mt/a宏宇选煤厂EPC工程总承包合同》第三部分专用条件第13.8条，“若业主资金不到位，延迟支付工程款，工期可顺延”的规定，以及上述事实可以证明，工期发生延期的责任不在申请人一方，而是由于被申请人长期拖延给付欠款造成的。即使发生了拖延给付欠款的情况，申请人仍及时的完成所有工程项目的施工，由被申请人开工生产经营使用。

除此之外，根据2011年9月22日《设计变更申请单》显示，应被申请人要求，工程发生了设计及施工变更的情况。由此造成工期延误的责任不应由申请人承担。

根据2011年10月26日《关于0.60Mt/a宏宇选煤厂EPC工程增加工期的函》显示，应被申请人要求改变了中煤卸料点的位置，从而造成设计工作量增加、增加设计和订货周期、推迟土建工程建设进度和设备安装进度以及增加部分投资。经估算，改变中煤卸料点位置需延长工期30天。另外，由于进场后，现场水电不通、达不到三通一平、村民堵拦、雨季大雨、停电等原因导致材料无法进场，无法进行施工，延误工期67天。由此造成工期延误的责任不应由申请人承担。

根据2012年6月11日《关于0.60Mt/a宏宇选煤厂EPC工程增加工期的函》显示，2011年12月20日以后，由于现场不能通水通电，调试过程中也无法组织工人到位，以及原有厂房各水池和原有图纸不[illegible]工程，申请人又重新实施防水工程，所以导致无法调试运转，所以工期需延至2012年6月12日完成安装和土建。由此造成工期延误的责任不应由申请人承担。

综上，根据上述合同约定、被申请人的付款情况以及函件表达的事实情况可以证明，工期延期的事实是因为被申请人拖延付款以及发生了上述函件确定的事实情况造成的，与申请人无关，责任不在申请人一方。

综合以上事实和理由，代理人认为，云南丰盛实业有限公司0.60Mt/a宏宇选煤厂EPC工程已经由申请人施工完成并由被申请人使用，由于被申请人至今未能组织对工程的竣工验收工作，致使云南丰盛实业有限公司0.60Mt/a宏宇选煤厂EPC工程至今未能完成竣工验收。反而是被申请人自始违反合同约定，拖延给付各种款项，显然违背事实和法律的依据。以上事实，请求××市仲裁委员会依法明鉴，维护申请人的合法权益。

此致

代理律师：杨　凯

律师介绍·杨凯

杨凯，北京市中闻律师事务所合伙人、执委会主席、党支部书记，1991年毕业于山东大学法学院，取得法学学士学位，后在清华大学法学院攻读民商法学专业研究生。

现任北京市东城区律师协会理事、规章制度委员会主任；北京市第十届律师协会代表，北京市律师协会申请执业人员管理与考核工作委员会副主任，北京市律师协会法治北京促进研究会委员；实习律师集中培训讲师团讲师；北京市旅游行业协会常务理事、律师团副团长；中华杨氏律师联谊会[illegible]

[illegible]后被评为2013—2015年年度、2015—2016年年度北京市律师行业优秀共产党员。

杨凯律师的主要业务领域包括：金融证券、房地产和建设工程、公司法律风险防控、公司并购、民商事仲裁及诉讼等。

杨凯律师担任多家政府机构、国有企业集团、金融机构、行业协会、公司的法律顾问，先后为中国银行、国家开发银行、农业银行、民生银行、中信银行等国有银行和股份制银行提供不良资产处置、信贷纠纷处理等法律服务，曾经在中国房地产开发集团下属国有企业多个改制项目、北京市二商集团下属国有企业多个改制项目、北京市宣开房地产开发公司收购某大型开发公司股权及大栅栏地块一级开发权项目、北京糖业烟酒集团有限公司东四办公大楼管理权纠纷项目、西班牙贝尼托公司北京总部基地办公楼处置项目、北京水产总公司与上市公司美好集团合作建房纠纷项目、重庆农行与重庆某房地产开发公司抵押贷款、执行异议等再审案件、北京某环境技术公司与挪威某公司商务代理合同纠纷案、烟台某置业公司与某典当公司、某小额贷款公司债务纠纷诉讼及执行案中担任主办律师。

联系电话： 13911890019

电子邮箱： yangkai@zhongwenlaw.com

联系地址： 北京市东城区东直门南大街甲3号居然大厦18楼

邮政编码： 100007

案例3

关于房地产开发中的股权问题

● 杨林荣

一、案情简介

2012年3月，椰树旅行社（以下简称椰树公司）与金联房地产开发公司（以下简称金联公司）合作开发“西银大厦”房地产项目。5月，两公司与深圳国平投资有限公司（以下简称国平公司）签订《项目合作协议书》，约定：三方共同合作开发“西银大厦”项目，三方的投资比例为：国平公司50%，椰树公司占45%，金联公司占5%，金联公司负责办理项目的一切手续，三方按实际投资比例分配权益，利润以货币方式分成。经过一段时间的工作之后，三方又签订了一份《补充协议》，约定：“西银大厦”前期的投入（包括安置补偿费、方案设计费、拆迁费和前期工作费等），总额为4900万元，国平公司在协议签订3天之内支付1000万元，取得开工许可证后5日内，再支付2000万元，椰树公司退出该项目，并放弃45%股权后，国平公司再支付1400万元，在金联公司退出该项目，并放弃5%的股权后，国平公司向其支付500万元。后来，国平公司未直接付过任何款项。2012年4月，国平公司与中国黑色金属材料总公司（以下简称中黑公司）签订《借款合同》，约定：国平公司将“西银大厦”中的部分房产抵押给中黑公司，中黑公司借给国平公司3000万元。后中黑公司从2012年4月至2013年1月分9次将2710万元转至金联公司的账户。2013年5月，金联公司在未征得国平公司和椰树公司同意的情况下，与北京西银房地产开发有限公司（以下简称西银公司）合作（项目转到西银公司），于2014年7月，建起了“西银大厦”。国平公司要求支付自己相应的权益未得到应允，后国平公司向法院提起一般所有权及与所有权相关权利诉讼，将椰树公司、金联公司、西银公司一起列为被告，要求三公司按协议约定确认其在“西银大厦”中35.45%的所有权。

本案经审理能确认的事实如下：

（1）国平公司、椰树公司、金联公司签订过三方协议，约定了共同投资建设“西银大厦”项目。

（2）国平公司、椰树公司、金联公司签订过《补充协议》，约定了国平公司支付相应的款项后，椰树公司和金联公司退出项目的建设。

（3）国平公司与中黑公司签订《借款合同》，国平公司将“西银大厦”中部分房产押给中黑公司，中黑公司借给国平公司3000万元，合同中未约定该款项的支付方式，也未有该款项应转给金联公司的约定，因当时项目尚未动工，所押房产也没有作抵押登记。

（4）中黑公司向金联公司转款2710万元，中黑公司未向国平公司转过款。

（5）金联公司与西银公司共同出资建设了“西银大厦”，金联公司为西银公司的股东。

（6）“西银大厦”的房产以每平方米2.5万元的价格出售。

二、争议焦点

西银公司作为被告找到律师时，是在一审判决下发之后，一审判决的结果是：基于国平公司借中黑公司之款为“西银大厦”项目投入了资金，国平公司非依法定程序，不可能成为西银公司的股东，但现大厦已实际销售，应以现金方式折算国平公司的权益，由椰树公司、金联公司和西银公司予以补偿，判决由上述三个公司支付国平公司投资权益8000万元。

律师在二审时的代理思路如下：

（1）在上诉时提出国平公司没有主张权利的主体资格，国平公司既不是西银公司的股东，也不是公司的债权人，主张西银公司的股权无法律依据和事实依据。

（2）国平公司在西银公司建设“西银大厦”时，未向该项目的建设投过一分钱。

（3）一审法院的判决超出了诉讼请求的范围，国平公司起诉时主张的是确认股权的比例，而一审法院却判决三公司向其支付金钱上的权益是错误的。

（4）本案中，国平公司要主张自己享有“西银大厦”中的权益，应当首先证明其对“西银大厦”投入了资金，但其只能提供中黑公司向金联公司转款的凭证，恰恰缺少一个能将两个事实联系起来的关键纽带，其与中黑公司的借款合同中未约定此款项为建设“西银大厦”所借，也未在与金联公司、椰树公司的协议中约定，其应支付的前期费用，由中黑公司代为支付。因此，国平公司无法直接证明中黑公司向金联公司的转款即为其对“西银大厦”的投资，也就无法证明自己在“西银大厦”的建设中投入过资金。

（5）提供所有的卖房合同和借款欠款证据（包括一些法院生效判决），证实“西银大厦”房产均已售完，但由于国平公司未按约定时间全额支付前期费用，迫于项目建设周期，西银公司不得不在外拆借利息很高的款项进行建设，这使得前期借款利息及一些合同违约所支付的违约金超高，“西银大厦”不但没有利润，现还对外欠款达1000多万元，国平公司如果主张其股权，应当承担相应的还款责任。

二审法院支持了律师的上述意见，认为：国平公司、椰树公司和金联公司签订的三方协议，虽然签订，但并未实际履行，后金联公司和西银公司，以西银公司为建设单位建起了“西银大厦”，国平公司并未实际参与到“西银大厦”的管理和建设中，无权主张相关权益，判决撤销一审判决，改判驳回国平公司一审时的诉讼请求，案件诉讼费由国平公司负担。

三、律师说法

本案主要涉及公司法、合同法和民事诉讼法。

公司法第3条规定，有限责任公司的股东以其认缴的出资额为限对公司承担责任；股份有限公司的股东以其认购的股份为限对公司承担责任。本案中，国平公司未向西银公司认缴过出资，并非西银公司的股东，无权主张股东权益。

合同法第60条规定，当事人应当按照约定全面履行自己的义务。本案中三个公司签订了三方协议和《补充协议》，但并未按协议实际履行过。

民事诉讼法第64条规定，当事人对自己提出的主张，有责任提供证据。本案中，国平公司没有提供证明公司向“西银大厦”项目投资的证据，因此其提出的主张无法得到法院的支持。

本案胜诉的原因在于二审时律师抓住了案件的核心问题：如果国平公司主张权益，其应当首先证明自己的投入，而国平公司恰恰没有直接证据证明其对项目的投入，其与中黑公司签订《借款合同》，中黑公司转入金联公司相关款项一事，只能作为中黑公司对金联公司的债权另行主张，而无法将此款项直接认定为对项目的投入。

结合本案，公司应注意以下问题：不管是房地产公司，还是其他公司，在公司成立时或者是在公司运营过程中，均不可避免地要面临外部的投资或对外投资；不论是哪种方式的投资，均应请专业律师把关，与关联方签订合同，详细地约定款项的性质、用途、支付方式及收益的比例和支付方式等，从而保护自己的合法权益，避免造成损失和发生纠纷。

律师介绍 · 杨林荣

杨林荣，执业证号：11101200311252098，山东人。1996年烟台大学法律系毕业；2003年中国政法大学法律系取得法学学士学位。

2001年，在北京市大正——国都律师事务所担任律师；2008年，担任北京博圣律师事务所合伙人；现为中华杨氏律师联谊会（律师联盟）副秘书长。从事律师工作已有15年。2008年获得北京市律师行业奥运工作贡献奖。

杨林荣律师代理的部分成功案件主要包括：

（1）歌唱家郭颂（被诉）关于《乌苏里船歌》著作权纠纷案件，判决结果是：驳回对方的诉讼请求（胜诉）。

（2）曾为歌唱家王昆老师（已故）的文化公司担任常年法律顾问。

（3）为演员王姬民间借贷案件提供法律服务。

（4）为相声演员郭德纲提供法律服务。

（5）北京恒远房地产开发公司股权纠纷案件，帮助该公司以368万元取得17幢别墅的所有权。

（6）王某某遗产继承案件，帮助王某某在无遗嘱的情况下继承了其叔叔的一处房产。

（7）电影学院清洁工死亡案（当时社会上影响很大），作为贡某某的律师，通过收集证据和进行法律论证，最终使贡某某免予起诉。

（8）郭某某故意伤害案，作为郭某某的律师，以正当防卫为由进行辩护，最终使郭某某无罪释放。

（9）范某某诈骗案（涉案金额为人民币150万元），帮助范某某变更罪名为冒充军人招摇撞骗罪，最终判决有期徒刑2年10个月。

（10）北京西银房地产开发公司股权纠纷案一审败诉后，帮助该公司在二审时改判驳回对方的全部诉讼请求，避免了该公司向对方支付人民币8000多万元股权折价款。

（11）北京城建锅炉管道有限公司诉北京自来水公司建筑工程合同纠纷案，为城建锅炉管道公司追讨回自来水公司多年所欠工程款160万元。

（12）保定华夏房地产有限公司诉吴某某房屋所有权确权案件，为华夏公司追回多年不能确权的价值上亿的北京四合院的房屋所有权。

15年的律师工作，杨林荣律师积累了丰富的诉讼经验，主要擅长民商法、公司法务、民事合同等法律事务，对各类合同的相关法律法规有着深刻的理解，对合同的实际拟定和实践应用等具体问题，对公司的法律事务、应规避的法律问题等均有着非常丰富的经验。在15年的职业生涯中办理的民事案件高达300多件，有着非常成功的办案技巧。

在工作中，秉承“诚信”“敬业”“正义”之宗旨，最大限度地维护委托人的合法权益，从事律师工作期间，先后担任多家大型、中型及新兴企业法律顾问，代理过多位演艺名人的刑事、民事案件，成功地承办过房地产、合同、婚姻家庭、继承等民事案件和经济类刑事案件，在上述领域积累了大量的办案经验，总能从不同的角度，通过不同的战术，达到胜诉的目的。

杨林荣律师的办案特点：敏锐洞察、理性分析、深入思维、技巧独到。

联系电话：13911043905

电子邮箱：1014340065@qq.com

联系地址：北京市东城区安定门外大街华府景宛C座403

邮政编码：100102

案例4

未签订书面劳动合同的劳动关系如何认定

● 杨　东

一、案情简介

2011年10月25日，汪某经上海协帮家庭劳务介绍服务社（劳务中介）介绍到位于上海市延安西路200号2号楼2层的上海戴维营美容有限公司（以下简称戴维营公司）工作，主要担任保洁岗位。面试通过后，口头约定每月基本工资为2600元，另有房贴200元和饭贴200元，做六休一，每天工作10个小时。戴维营公司说正式上班后再签订书面劳动合同，办理缴纳社会保险，因此就暂时没有签订书面劳动合同。当然，这也就成为日后隐患。汪某每天工作兢兢业业，保洁工作相当出色。一转眼好几个月过去了，汪某都没有等到戴维营公司签订书面劳动合同，以及办理缴纳社会保险的通知，于是汪某多次向戴维营公司提出来，但戴维营公司就是一直拖着，也没有任何说法。

2012年8月14日，戴维营公司在无任何理由的情况下，突然口头解除了与汪某之间的劳动关系。后来汪某得知，原来汪某多次提出签订书面劳动合同及要求缴纳社会保险的事，让戴维营公司领导很不开心，就把她给炒了。无奈之下，汪某向上海市静安区劳动人事争议仲裁委员会（以下简称静安区劳动仲裁委）申请劳动仲裁，要求支付未签订劳动合同的双倍工资差额，违法解除劳动关系的经济赔偿金，还有拖欠1个半月的工资，以及工作期间的社会保险。

在劳动仲裁庭审中，汪某万万没有想到的是戴维营公司竟然矢口否认她是公司的员工，称从未见过这个人，由于汪某文化水平不高，且法律意识不强，并没有向静安区劳动仲裁委提交强有力的证据，只能眼睁睁地看着庭审情况越发对自己不利。这让她心急如焚，但又不知如何是好？最后汪某经好心人指点，向上海市静安区法律援助中心申请法律援助，由该中心指派律师援助此案。由于此案已开过庭，形势对汪某极为不利。律师在接受该案后立即联系汪某，详细了解整个案情，逐一审查所有证据，认为案件还是有转机的，随即联系承办该案的仲裁员沟通了相关代理意见。虽经努力争取，但静安区劳动仲裁委还是作出对汪某所有请求都不予支持的裁决。

在收到劳动仲裁裁决书时，汪某非常气愤，明明有在戴维营公司工作的经历，为什么公司就抵赖，说根本不认识她，裁决不公让她有点绝望。但律师认为，之所以劳动仲裁不予支持汪某的主张，是因为汪某提交的与戴维营公司之间存在劳动关系的证据不足。事实上，因为戴维营公司没有与汪某签订书面劳动合同、没有为其缴纳社会保险、工资也是以现金形式发放的，所以没有非常直接的证据可以证明汪某与戴维营公司存在劳动关系。因此，如何举证证明存在劳动关系是本案的关键。

因汪某对静安区劳动仲裁委的劳动仲裁裁决不服，便向上海市静安区人民法院（以下简称静安法院）提起了诉讼。起诉后，律师向静安法院申请开具调查令，前往调取戴维营公司外大门处及相关工作场所的监控录像，用来证明汪某在戴维营公司上班的事实。由于相关的物业公司及戴维营公司均拒绝提供，监控未能调到，但在现场通过与保安、工作人员等人的对话录音、录像，也证明了汪某在戴维营公司上班的事实，对此一并就该视频资料制作成光盘提供给静安法院。该案于2012年11月20日第一次公开开庭进行了审理。庭后，承办法官还亲自前往上海协帮家庭劳务介绍服务社（劳务中介）调查了解汪某通过劳务中介介绍到戴维营公司工作的情况，并作了详细的调查笔录。该案于2012年12月5日第二次公开开庭进行了审理，第二次开庭，戴维营公司缺席庭审。

二、争议焦点

原告汪某诉称，2011年10月25日，汪某经上海协帮家庭劳务介绍服务社介绍到戴维营公司处担任保洁工作，每月基本工资为人民币（以下币种均为人民币）2600元，另有房贴200元和饭贴200元，做六休一，每天工作10个小时。戴维营公司未与汪某签订劳动合同，也未给汪某缴纳社会保险。2012年8月14日，戴维营公司在无任何理由的情况下解除与汪某的劳动关系。汪某向上海市静安区劳动人事争议仲裁委员会申请仲裁。现汪某不服裁决向本院起诉，要求判令："一、戴维营公司支付汪某2011年11月25日至2012年8月14日未签订劳动合同的双倍工资差额2.6万元；二、戴维营公司支付与汪某违法解除劳动关系的经济赔偿金6000元；三、戴维营公司支付汪某2012年7月1日至2012年8月14日的工资4500元。"

为证明其主张，汪某提供以下证据作为依据：

（1）静劳人仲（2012）办字第725号裁决书，证明劳动争议案件已仲裁前置；

（2）万某某出具的证明、静安区社区服务证书及家庭劳务介绍许可证，证明2011年10月25日，汪某经上海协帮家庭劳务介绍服务社介绍到戴维营公司处担任保洁工作；

（3）冯某出具的证明书及其身份证复印件，证明冯某系盘实洗涤有限公司的送货员，其负责每天将已消毒的清洁毛巾送至戴维营公司处并由汪某代表戴维营公司清点交接；

（4）流水单，证明汪某代表戴维营公司与洗涤公司进行毛巾消毒的交接工作；

（5）4张汪某穿着戴维营公司工作服的照片，证明汪某到戴维营公司处工作，戴维营公司提供给汪某的工作服，要求汪某工作期间着工作服工作；

（6）光盘2张（含录音6份、录像5份），证明汪某与店长魏某、潘总、法定代表人老婆、员工胡某某、大楼保安的谈话等均能证实汪某在戴维营公司处上班的事实，汪某与戴维营公司存在劳动关系；

（7）通话记录，证明2012年8月30日，汪某与潘总、魏某电话联系，要求戴维营公司支付工资；

（8）"110"报警查询详细信息，证明2012年9月17日，汪某去戴维营公司处讨要工资，双方发生纠纷，汪某报警，警察到场处理。

被告戴维营公司辩称，戴维营公司没有招聘过汪某，双方并不相识，汪某与戴维营公司间不存在劳动关系。魏某曾经是店长，但只做了几个月，而且店长没有权利招聘员工，戴维营公司也没有委托上海协帮家庭劳务介绍服务社招聘保洁工。戴维营公司认可静安区劳动仲裁委员会的劳动仲裁裁决。戴维营公司对汪某提供证据的真实性均不予认可，戴维营公司认为，戴维营公司与盘实洗涤有限公司不存在洗涤毛巾的业务关系，汪某穿着的服装系戴维营公司赠予会员的赠品，并非戴维营公司的工作服。戴维营公司认为汪某提供的录音无法确认相关涉案人员身份及录音的时间、地点。

为证明其主张，戴维营公司提供以下证据作为依据：

（1）非全日制协议及保洁工工资签收条，证明2012年3月至2012年8月，戴维营公司招用陈某枝为保洁工并每月支付基本工资1900元；

（2）发票，证明2012年1月至2012年8月，戴维营公司向案外人支付洗涤费25150元，与盘实洗涤有限公司不存在洗涤毛巾的业务关系。

汪某对戴维营公司提供证据的真实性均不予确认。汪某认为，戴维营公司经营美容业务有三家分店，汪某工作的延安西路店是其中一家分店，该处仅有汪某一名保洁工。汪某并不认识陈某枝，陈某枝可能是其他分店的保洁工，该证据与本案无关。戴维营公司提供的洗涤费发票无法辨认收款人是谁，而且发票是在2012年8月30日出具的，无法否认戴维营公司与盘实洗涤有限公司之间的洗涤业务关系。同时，汪某表示，戴维营公司支付工资均通过现金，由戴维营公司提供工资签收单让汪某签名，该工资签收单在汪某签名后由戴维营公司收回。

三、法院裁决

静安法院认为，解决劳动争议，应当根据合法、公正、及时处理的原则，依法维护劳动争议当事人的合法权益。用人单位和劳动者之间是否存在劳动关系应当看用人单位是否向劳动者支付劳动报酬，劳动者付出劳动是否属于用人单位业务的组成部分或者劳动者实际接受用人单位的管理约束，用人单位是否向劳动者发放“工作证”或“服务证”等身份证件，是否填写“登记表”或“报名表”，是否允许劳动者以用人单位员工的名义工作，劳动者是否必须接受用人单位劳动纪律和规章制度的约束。

结合本案，首先，汪某提供戴维营公司的工作服证明在戴维营公司处担任保洁工，戴维营公司予以否认，戴维营公司认为该服装系赠品，并非戴维营公司的工作服，但戴维营公司未提供相关证据予以证明，法院难以采信。其次，汪某提供流水记录单证明其工作内容包括戴维营公司处毛巾洗涤的交接工作，而戴维营公司予以否认，认为毛巾洗涤由其他单位承接。法院认为，戴维营公司仅提供发票复印件，未能提供原件，而且该发票的出具单位无法辨认，发票出具时间为2012年8月30日，更没有相关协议、合同等相互印证。相反，汪某的陈述与冯某出具的证明书相互吻合，法院对戴维营公司辩称意见难以采信。再次，汪某提供万某某出具的证明等证据，证明到戴维营公司处应聘的经过，该陈述与法院到上海协帮家庭劳务介绍服务社核实的情况一致。最后，汪某提供了其与店长魏某、潘总、法定代表人妻子、员工胡某某、大楼保安的录音谈话和录像，以及报警记录等相关证据予以证明汪某与戴维营公司存在劳动关系。

综上所述，静安法院认为，在汪某与戴维营公司均否认对方证据的情况下，汪某的陈述更接近客观事实，法院采信汪某对本案事实的陈述，故法院确认2011年10月25日至2012年8月14日汪某与戴维营公司存在劳动关系。关于劳动关系存续期间汪某的工资标准，汪某认为月基本工资为2600元，另有房贴200元和饭贴200元。法院认为，汪某自述的月工资标准远低于2011年度上海市职工平均工资4331元，同时，结合汪某"做六休一，每天工作10个小时"的实际情况，每月3000元的工资标准符合本市保洁人员的市场交易习惯，法院确认汪某的月基本工资为2600元，另有房贴200元和饭贴200元。

关于汪某的三项诉讼请求，法院认为，建立劳动关系，应当订立书面劳动合同。用人单位自用工之日起超过1个月不满1年未与劳动者订立书面劳动合同的，应当向劳动者每月支付双倍的工资。基于戴维营公司未与汪某签订书面劳动合同，戴维营公司应支付汪某2011年11月25日至2012年8月14日未签订劳动合同的双倍工资差额22473.56元。《最高人民法院关于审理劳动争议案件适用法律若干问题的解释》第13条规定，因用人单位作出的开除、除名、辞退、解除劳动合同、减少劳动报酬、计算劳动者工作年限等决定而发生的劳动争议，用人单位负举证责任。用人单位违反本法规定解除或者终止劳动合同的，应当依照相关劳动法律规定的经济补偿标准的2倍向劳动者支付赔偿金。基于戴维营公司未提供双方解除劳动关系的相关证据，法院确认戴维营公司应支付汪某违法解除劳动关系的赔偿金6000元。用人单位应当向劳动者及时足额支付劳动报酬，基于戴维营公司未提供已支付汪某2012年7月1日至2012年8月14日工资的相关证据，法院确认戴维营公司应支付汪某2012年7月1日至2012年8月14日的工资4379.31

元。戴维营公司经法院传票传唤，无正当理由拒不到庭，依法缺席判决。

据此，静安法院依照《中华人民共和国民事诉讼法》第130条，《中华人民共和国劳动法》第78条，《中华人民共和国劳动合同法》第47条、第82条第1款、第87条的规定，判决如下：

“一、被告上海戴维营美容有限公司应于本判决生效之日起10日内支付原告汪某2011年11月25日至2012年8月14日未签订劳动合同的双倍工资差额22473.56元；

二、被告上海戴维营美容有限公司应于本判决生效之日起10日内支付原告汪某违法解除劳动关系的赔偿金6000元；

三、被告上海戴维营美容有限公司应于本判决生效之日起10日内支付原告汪某2012年7月1日至2012年8月14日的工资4379.31元。

如果未按本判决指定的期间履行给付金钱义务，应当依照《中华人民共和国民事诉讼法》第229条之规定，加倍支付迟延履行期间的债务利息。

案件受理费10元，减半收取5元，由被告上海戴维营美容有限公司承担。

如不服本判决，可在判决书送达之日起15日内，向本院递交上诉状，并按对方当事人的人数提出副本，上诉于上海市第二中级人民法院。”

四、案例评析

（一）汪某与戴维营公司虽然未签订劳动合同，但存在劳动关系

根据我国劳动法第16条规定，劳动合同是劳动者与用人单位确立劳动关系、明确双方权利和义务的协议。建立劳动关系，应当订立劳动合同。根据劳动法第19条规定，劳动合同应当以书面形式订立，并具备以下条款：（1）劳动合同期限；（2）工作内容；（3）劳动保护和劳动条件；（4）劳动报酬；（5）劳动纪律；（6）劳动合同终止的条件；（7）违反劳动合同的责任。劳动合同除以上规定的必备条款外，当事人可以协商约定其他内容。根据劳动合同法第10条规定，建立劳动关系，应当订立书面劳动合同。已建立劳动关系，尚未同时订立劳动合同的，应当自用工之日起1个月内订立书面劳动合同。

由此可见，我国法律以立法的形式明文规定订立书面劳动合同的要求和必要性，强调了劳动合同在劳动关系中的重要地位。劳动合同是劳动

者与用人单位确立劳动关系，明确双方权利与义务的关键，这也是证明存在劳动关系的最为直接的证据。但是在劳动合同法颁布前，企业不与劳动者签订劳动合同的现象比较普遍，导致劳动关系的认定产生一定困难。为了规范用人单位的用工行为，保护劳动者合法权益，促进社会稳定，2005年5月劳动部下发了《关于确立劳动关系有关事项的通知》（劳社部发〔2005〕12号），其中第1条规定："一、用人单位招用劳动者未订立书面劳动合同，但同时具备下列情形的，劳动关系成立。（一）用人单位和劳动者符合法律、法规规定的主体资格；（二）用人单位依法制定的各项劳动规章制度适用于劳动者，劳动者受用人单位的劳动管理，从事用人单位安排的有报酬的劳动；（三）劳动者提供的劳动是用人单位业务的组成部分。二、用人单位未与劳动者签订劳动合同，认定双方存在劳动关系时可参照下列凭证：（一）工资支付凭证或记录（职工工资发放花名册）、缴纳各项社会保险费的记录；（二）用人单位向劳动者发放的'工作证''服务证'等能够证明身份的证件；（三）劳动者填写的用人单位招工招聘'登记表''报名表'等招用记录；（四）考勤记录；（五）其他劳动者的证言等。其中，（一）、（三）、（四）项的有关凭证由用人单位负举证责任。"

结合本案而言，汪某与戴维营公司之间存在劳动关系。

第一，汪某与戴维营公司符合法律、法规规定的主体资格。本案中戴维营公司依法办理工商登记，具备合法的用人单位主体资格，汪某也具备劳动合同法规定的主体资格，且戴维营公司对外以公司的名义通过上海协帮家庭劳务介绍服务社（劳务中介）发出招聘广告，汪某也系经劳务中介介绍，并经戴维营公司店长魏某面试通过上岗工作的。

第二，戴维营公司依法制定的各项劳动规章制度适用于汪某，适用于劳动者受用人单位的劳动管理，从事用人单位安排的有报酬的劳动。本案中，汪某系按照戴维营公司制定的相关规章制度安排工作，每天定时上班、下班。汪某在工作时穿着戴维营公司提供的工作服，也标明有戴维营公司的公司名称及相关信息。汪某根据戴维营公司的安排从事相应的保洁岗位工作，并对每天的工作内容进行相应记录，并接受戴维营公司的劳动管理及领导，是一种劳动法上的管理及被管理的关系。戴维营公司就安排的劳动支付相应的报酬。事实上，戴维营公司一直向汪某承诺缴纳保险，但屡次借口拖延。这也能说明双方认可存在劳动关系。

第三，汪某提供的保洁工作也是戴维营公司的对外营业的组成部分。

第四，汪某虽然没有与戴维营签订书面劳动合同，但以下证据也可以证明双方存在劳动关系：(1) 劳务中介出具证明，证明戴维营公司以公司名义对外招聘，并经店长面试上岗工作，戴维营公司支付相应劳动报酬。(2) 工作服，证明戴维营公司为汪某在工作时提供的工作服装，也说明戴维营公司对汪某的工作的管理行为。(3) 录音及录像，通过与保安、工作人员、店长魏某、潘总等人的对话，完全可以证明汪某在戴维营公司上班的事实。(4) 工作流水账单，证明汪某是按照戴维营公司要求岗位规定执行工作的。(5) 静安法院调查笔录，证明戴维营公司是通过劳务中介介绍与汪某建立劳动关系的。以上证据都能相互印证，证明汪某与戴维营公司之间存在劳动关系的事实。

（二）汪某与戴维营公司建立劳动关系但未签订劳动合同应依法支付双倍工资

劳动合同法第82条规定，用人单位自用工之日起超过1个月不满1年未与劳动者订立书面劳动合同的，应当向劳动者每月支付双倍的工资。用人单位违反本法规定不与劳动者订立无固定期限劳动合同的，自应当订立无固定期限劳动合同之日起向劳动者每月支付双倍的工资。从该条规定的立法本意分析，双倍工资的性质并非完全是劳动者提供正常劳动所获得的一种劳动报酬，其超出双方约定的劳动报酬的部分是因用人单位未按法律规定与劳动者签订书面劳动合同而应承担的法定责任。应当从未签订书面劳动合同的第2个月起按月计算仲裁时效。关于双倍工资的计算基数的确定，上海市高级人民法院经研究认为：“劳动关系双方对月工资有约定的，双倍工资的计算基数应按照双方约定的正常工作时间月工资来确定。双方对月工资没有约定或约定不明的，应按劳动合同法第18条规定来确定正常工作时间的月工资，并以确定的工资数额作为双倍工资的计算基数。如按劳动合同法第18条规定仍无法确定正常工作时间工资数额的，可按劳动者实际获得的月收入扣除加班工资、非常规性奖金、福利性、风险性等项目后的正常工作时间的月工资确定。如月工资未明确各构成项目的，由用人单位对工资构成项目进行举证，用人单位不能举证或证据不足的，双倍工资的计算基数按照劳动者实际获得的月收入确定。按上述原则确定的双倍工资基数均不得低于本市月最低工资标准。”本案中，汪某每月基本工资为2600元，按照上述规定，汪某可以向戴维营公司主张从2011年11月25日至2012年8月14日这段期间未签订劳动合同的双倍工资差额22473.56元。

（三）戴维营公司无故解除与汪某的劳动关系，依法应当支付赔偿金

劳动合同法第47条规定，经济补偿按劳动者在本单位工作的年限，每满1年支付1个月工资的标准向劳动者支付。6个月以上不满1年的，按1年计算；不满6个月的，向劳动者支付半个月工资的经济补偿。劳动者月工资高于用人单位所在直辖市、设区的市级人民政府公布的本地区上年度职工月平均工资3倍的，向其支付经济补偿的标准按职工月平均工资3倍的数额支付，向其支付经济补偿的年限最高不超过12年。本条所称月工资是指劳动者在劳动合同解除或者终止前12个月的平均工资。劳动合同法第48条规定，用人单位违反本法规定解除或者终止劳动合同，劳动者要求继续履行劳动合同的，用人单位应当继续履行；劳动者不要求继续履行劳动合同或者劳动合同已经不能继续履行的，用人单位应当依照本法第87条规定支付赔偿金。《最高人民法院关于审理劳动争议案件适用法律若干问题的解释》第13条规定，因用人单位作出的开除、除名、辞退、解除劳动合同、减少劳动报酬、计算劳动者工作年限等决定而发生的劳动争议，用人单位负举证责任。按照《关于贯彻执行〈中华人民共和国劳动法〉若干问题的意见》第53条规定，劳动法中的“工资”是指用人单位依据国家有关规定或劳动合同的约定，以货币形式直接支付给本单位劳动者的劳动报酬，一般包括计时工资、计件工资、奖金、津贴和补贴、延长工作的时间的工作报酬以及特殊情况下支付的工资等。实践中，劳动者的工资一般有基本工资、应发工资、实发工资之分。基本工资通常是用人单位给劳动者设定的底薪，一般未包括加班工资、津贴、补贴、福利待遇等。应发工资是指劳动者提供正常劳动按照法律规定应当获得的全部工资，包括基本工资、加班工资、奖金、津贴等。实发工资是劳动者每月实际拿到的工资，通常会被扣减一些费用，比如代扣代缴社会保险费、所得税等，劳动者实际拿到手的金额通常会比应发工资少。根据劳动合同法实施条例第27条规定：“劳动合同法第四十七条规定的经济补偿金的月工资按照劳动者应得工资计算，包括计时工资或者计件工资以及奖金、津贴和补贴等货币性收入。

劳动者在劳动合同解除或者终止前12个月的平均工资低于当地最低工资标准的，按照当地最低工资标准计算。劳动者工作不满12个月的，按照实际工作的月数计算平均工资。”因此，经济补偿金的计算是以劳动者的应发工资作为基数。本案中，戴维营公司未提供双方解除劳动关系的相关证据，应当承担举证不利后果。汪某的月基本工资为2600元，另有房贴200元和饭贴200元，其应发工资为3000元，因此戴维营公司应支付汪某违法解除劳动关系的经济赔偿金为6000元。

（四）戴维营公司应支付拖欠汪某的工资

劳动合同法第30条规定，用人单位应当按照劳动合同约定和国家规定，向劳动者及时足额支付劳动报酬。用人单位拖欠或者未足额支付劳动报酬的，劳动者可以依法向当地人民法院申请支付令，人民法院应当依法发出支付令。《最高人民法院关于审理劳动争议案件适用法律若干问题的解释》第13条规定，因用人单位作出的开除、除名、辞退、解除劳动合同、减少劳动报酬、计算劳动者工作年限等决定而发生的劳动争议，用人单位负举证责任。《工资支付暂行规定》第6条规定，用人单位应将工资支付给劳动者本人。劳动者本人因故不能领取工资时，可由其亲属或委托他人代领。用人单位可委托银行代发工资。用人单位必须书面记录支付劳动者工资的数额、时间、领取者的姓名以及签字，并保存2年以上备查。用人单位在支付工资时应向劳动者提供一份其个人的工资清单。本案中，关于汪某主张戴维营公司拖欠工资，因戴维营公司每次都是以现金形式发放工资，并让汪某签字确认，且不发工资条。另外，按照法律规定举证责任也在于戴维营公司，因戴维营公司拒绝提供已支付汪某2012年7月1日至2012年8月14日工资的相关支付凭证证据，依法应承担举证不利后果，因此戴维营公司应支付汪某2012年7月1日至2012年8月14日的工资4379.31元。

五、律师说法

当前，随着企事业单位劳动用工制度改革的不断深化，劳动者和用工单位双方法律意识的逐步提高，各种类型的劳动争议案件正逐步呈上升趋势。比较常见的劳动争议类型有：因未签订劳动合同或未缴纳社保而引发的劳动争议；因企业开除、除名、辞退职工或职工辞职、自动离职而引发的劳动争议；因追索劳动报酬而引发的劳动争议；等等。

在这些劳动争议案件中，一般涉及标的额都不大，但法律关系复杂，证据缺失严重，双方对立激烈，处理难度较大。特别是在证据上表现为：一方面，很多劳动者缺乏起码的证据意识，打起官司来，通常什么证据都没有，即便有也不懂得如何提供，完全靠嘴上功夫，还常以为事实明明就是这样，对方都知道，为什么还要由自己提供证据，动不动就要去劳动仲裁部门或者法院调查收集证据。殊不知，劳动仲裁部门和法院都是居中裁判的，除非相关证据当事人自身无法调取，才能申请法院调取，否则一般情况下都应就自己主张的事实承担举证责任，如无法证明，则应承担败诉的风险。另一方面，作为用人单位利用自身的优势地位，对掌握的案件相关证据拒绝提供，造成了劳动者举证不能而导致劳动仲裁或诉讼的不利。两者之间一比较就更为凸显证据的重要性。本案中也是如此，起初在劳动仲裁阶段，由于律师介入较晚，庭审已过，当事人提交相关证据不足导致败诉；之后在法院审理阶段，律师不仅就案件核心是否存在劳动关系问题，重新提交相应的证据，而且还就此进行了有针对性的调查取证，并在开庭后亲自前往相关劳务中介进行调查。通过这一系列的证据，充分证明了存在劳动关系的事实，最终推翻了劳动仲裁裁决，支持了劳动者的全部诉讼请求。

目前社会上，很多当事人都有这样一个想法，就是一旦案件裁决对自己不利时，就怨天尤人，说法律是不公正的，法律是没有用的。法律真的是不公正、真的是没有用的吗？本案就是最好的说明。本案中的当事人在劳动仲裁阶段被裁败诉，也非常不理解，认为不公平，而且还猜测质疑裁决的公正性。但经过律师专业理性的分析，再通过诉讼操作的整个过程，最终获得胜诉判决后当事人才知道，之前案件之所以败诉，完全是因为自身问题，而非法律本身。

法律是有用的，关键要看你怎么用。希望大家更多地学习法律，从而真正地懂得如何运用法律，更好地维护自己的合法权益。如果我们每个人都坚信法律、信仰法律，那么法律就是你最好的保护伞，而律师就是你身边最好的撑伞人。

案例5

合法有效的借贷关系如何认定

——第三人否认代为出借人给付借款

● 杨 东

一、案情简介

原告：甲方（出借人）

被告：乙方（借款人）

第三人：丙方（担保人）

2013年8月19日，甲、乙、丙三方签订了一份《借款担保合同》，约定乙方向甲方借款人民币150万元，借款期限为3个月，自2013年8月19日起至2013年11月18日止，利息按照月利率2.5%计算。除利息义务另有借款金额1%的服务费，乙方未能如约偿还借款本息的，视为严重违约，应当支付本金20%的违约金，并承担债权人为实现债权支出的全部费用（包括诉讼费和律师费）。担保人承担连带保证责任，担保范围为本金、利息及逾期利息、违约金及实现债权的所有费用，未约定担保期限。

同日，被告向原告出具“借款单”一份，上面载明：今借原告150万元，借款期限为2013年8月19日至2013年11月18日，支付月利息3.75万元，实际支付146.25万元，支付方式为转账，账号：××××，户名：被告，开户行：招行丽园路支行。

2013年8月19日10:57:39，第三人通过其兴业银行账号为××××的账户向借款单中载明的被告银行账户转账146.25万元，填写的转账用途为“转账”。同日17:27:12，被告将上述款项又转账至第三人招商银行账号为××××的银行账户，交易摘要一栏为“借款”。

另查明：第三人为原告出具情况说明一份，落款日期为2013年8月19

日，上面载明：其兴业银行账号为××××的账户于2013年8月19日转入被告招商银行账号为××××的账户的146.25万元是原告的钱，该笔钱是被告向原告所借，也由被告向原告返还。

第三人为被告出具证明一份，落款日期为2013年8月21日，上面载明：被告于2013年8月19日向其本人的借款150万元，由于不需要使用已于当日归还。

2014年7月24日，由原告为甲方、被告为乙方、第三人为丙方，签订《协议书》一份，约定：（1）被告持有上海响水农业发展有限公司（以下简称响水湾公司）8%的股权；（2）被告于2013年8月19日向原告借款150万元；（3）被告将其在响水湾公司的股权以320万元转让给原告，扣除上述第2条之被告向原告的借款及利息后，剩余股权转让款代偿付2012年9月5日向原告的借款及利息，不足部分由本人偿付……嗣后，因其他股东不同意，故股权并未实际转让。

最后，因一直协商未果，原告则依法提起诉讼。

二、争议焦点

原告诉称：原、被告系同乡关系，被告因资金周转困难向原告借款。2013年8月19日，双方签订了《借款担保合同》，约定借款本金150万元，借款期限2013年8月19日至2013年11月18日止，月息2.5%，到期后一次性付清，如逾期还款，应承担本金20%的违约金及实现债权的全部费用（包括诉讼费和律师费）。当日，原告就让第三人通过兴业银行转账方式代为给付被告借款146.25万元。事后，被告却一直未能偿付本息，故原告诉至法院，要求判令被告：（1）返还借款本金150万元，并支付利息及逾期利息（以150万元为本金，按照中国人民银行同期贷款利率4倍计算，自2013年8月19日起计算至实际清偿之日止）；（2）支付律师费2万元。

原告提供如下证据：（1）《借款担保合同》及借款单，证明原、被告及第三人三方借款及担保的真实意思表示；（2）兴业银行网上转账受理回单一份，证明第三人通过银行转账给被告146.25万元的事实；（3）第三人为原告出具的情况说明，证明第三人系为原告代为给付借款的事实；（4）聘请律师合同及律师费发票，证明原告为聘请律师支付律师费的事实；（5）《协议书》，证明原、被告及第三人达成协议，被告确认向原告借款150万元的事实，并以转让股权方式偿还该借款本息的事实。

原告诉请理由：原、被告及第三人三方借款及担保都系真实意思表示，原告也通过第三人代为给付被告借款，第三人也予以确认代付行为，事后三方又通过《协议书》的方式再次确认了原、被告及第三人之间借款担保的事实。

被告辩称：《借款担保合同》是被告所签，但被告并未收到原告的任何钱款，故不同意原告的诉讼请求。

被告提供如下证据：（1）网上银行交易记录（两份），证明被告收到第三人兴业银行账户转账146.25万元的事实，以及当日被告又通过银行转账给第三人招商银行账户，归还上述款项的事实，故并未收到原告任何款项；（2）第三人为被告出具证明，证明被告当日将钱款归还第三人的事实；（3）监控光盘，证明原告暴力胁迫被告及第三人签订了《协议书》，故《协议书》非真实意思表示；（4）证人证言，证实被告系代持第三人股权，为协助第三人解决问题，才配合签订《协议书》，同意质押股权的；（5）第三人的银行流水，证明原告与第三人的银行流水往来记录。

被告辩称理由：原告虽然向被告借款，但实际借款主体和给付主体都不是原告，而是第三人；第三人虽然给付被告借款，但被告当日就已经归还给第三人；第三人出具给被告的“证明”证实第三人给付借款不是代为原告给付，而是第三人借款给被告，而被告当日已经归还，故已经不存在借款事实。并对原告提供的第三人的“情况说明”的真实性不予认可，同时认为《协议书》系原告胁迫下签订的。

第三人在被依法追加参加诉讼之前曾到庭接受讯问，其陈述如下：2013年8月19日向被告银行账户转入的150万元是应原告要求而转账，该兴业银行账户实际是第三人与原告合伙经营的上海星闽经贸发展有限公司的账户。该笔钱实际上是第三人让被告向原告所借，因第三人与原告一起做生意，之前也借过一些钱，不大好借了，故让被告出面向原告借款，原告也同意将钱借给被告。事后，因被告说自己连累到他，故而于2013年8月21日出具了证明，证明钱是自己借给被告的，但实际情况并非如此。

第三人在被依法追加参加诉讼之后，其陈述内容如下：被告向第三人提出借钱，因第三人与被告太过熟悉，不好意思直接收取利息，所以让被告向原告写了借条，实际转给被告的146.25万元是第三人的钱，且被告也于当日向第三人返还。落款日期为2013年8月19日的情况说明是受原告胁迫而签订，实际签字时间是2014年四五月。2014年7月24日签订的股权转让协议，也并非第三人自愿所签。同时，第三人确认其与原告一起做生意，兴业银行的账户中之前共有两三百万元，其中有一部分是属于原告的，具体多少属于原告，因尚未结算，现无法明确。另外，第三人表示被告还款后，其仍旧按照月利率2.5%向原告支付了3个月利息，后来实在付不出来了，就和原告说被告已经将钱还给自己了。关于2013年8月19日转账给被告的钱款，第三人前后陈述不一，起初认为是应原告要求而转账，后又表示是自己主动转账，再之后又表示不清楚。此外，第三人又表示关于本案所涉款项，可以说是第三人借给被告的，也可以说是第三人和原告一起借给被告的，但被告已经把钱还给第三人了。

被告申请的案外人到庭作证，其陈述如下：其与原告、被告和第三人都是朋友，其欠原告的钱，也欠第三人的钱，与被告没有经济往来，被告替其代持响水湾公司8%的股份，其有一天接到被告电话，说欠原告钱，原告有几个人在被告公司催讨，问能否将被告代持有的8%的股份拿出来作个质押。

本案法院分别进行1次口头调解，5次公开开庭审理。 以上事实，有兴业银行网上转账受理回单、借款单、情况说明、律师服务合同、律师费发票、账户历史交易明细、证明、当事人的陈述等证据证实。

三、法院裁决

法院认为：本案争议焦点主要在于原、被告之间是否存在真实、有效的借贷关系。

自然人之间建立合法、有效的借贷关系，需要双方具有借款的合意并实际完成钱款交付的义务。原告提供《借款担保合同》证明双方存在借款合意，被告对于该份证据的真实性并无异议，故对于该节事实，法院予以确认。

针对钱款是否实际交付，第三人向被告的银行账户转入钱款的时间发生于原、被告签订《借款担保合同》当日，钱款转入账户也是被告在《借款担保合同》中指定的收款账户。至于第三人向被告转账的钱款，究竟是其本人与被告之间的经济往来，还是应原告要求而履行原告的钱款交付义务，第三人向原告出具的情况说明和向被告出具的证明中的所载内容存在矛盾之处，其本人两次到庭陈述的内容亦截然相反，且庭审中陈述亦含混、矛盾。另，第三人在《借款担保合同》上又作为担保人签字，且其本人在收到被告的还款后，又自己继续向原告支付利息。显然，第三人认为实际出借人为其本人，与常理相悖，亦缺乏一定的逻辑性。此外，第三人亦确认钱款的转出账户是其与原告的共有账户，其中亦有属于原告的钱款。同时，原、被告与第三人于2014年7月24日签订的《股权转让协议》，又再次确认了被告向原告借款的事实。虽然被告、第三人认为该协议书是受胁迫而签订，但是被告提供的录像资料并不足以证实原告有胁迫的事实。证人也仅是在电话中听被告说原告有几个人在其公司，据此也并不能证实原告对被告和第三人实施了胁迫。因此，法院采信原告关于借款通过第三人交付被告的意见，确认原告已经履行了钱款交付义务。虽然原告通过第三人交付钱款，但据此并不足以推定原告亦同意由第三人代收还款。因此，被告收到钱款后又将钱款转账至第三人另一银行账户，显然还款主体不当，被告理应按照《借款担保合同》的约定向原告返还借款。至于被告向第三人返还的钱款，被告可要求第三人予以返还。

关于借款本金，虽然约定借款金额为150万元，但实际转账金额为146.25万元，预扣的利息3.75万元不应作为本金计算复利，故借款本金应当为146.25万元。

关于利息及逾期利息，原告自愿调整为中国人民银行同期贷款利率的4倍，于法不悖，法院予以准许。

关于律师费，根据《借款担保合同》中的约定，借款人未能如期足额偿还本息的，应承担债权人实现债权所支出的费用，故原告要求被告承担律师费2万元，并无不当，法院予以支持。

据此，依照《中华人民共和国合同法》第107条、第200条、第205条及第206条之规定，判决如下："一、被告于本判决生效之日起10日内偿付原告借款146.25万元；二、被告于本判决生效之日起10日内偿付原告利息及逾期利息（以146.25万元为基数，按中国人民银行同期贷款利率4倍计算，自2013年8月19日起计算至实际清偿日止）；三、被告于本判决生效之日起10日内偿付原告律师费2万元。案件受理费1.85万元，由被告负担（于本判决生效之日起7日内交付本院）。"

四、案例评析

借款合同纠纷是日常生活中最为常见的纠纷之一。根据合同法的相关规定，所谓借款合同是指借款人向贷款人借款，到期返还借款并支付利息的合同。自然人之间的借款合同，自贷款人提供借款时生效。从上述法律规定来看，借款合同系实践性合同。涉及借款合同成立并且生效，需具备两个方面：其一是借贷主体必须具有真实借贷意思表示，其二是借款必须实际给付。因此，在法院审理中，贷款人除了要提供借条、借款协议等证明双方有借贷的真实合意之外，还需提供转账凭证、收条等相关证据来证明贷款人实际给付借款人借款的事实。

另外，上海市高级人民法院《关于审理民间借贷合同纠纷案件若干意见》的规定也指出，民间借贷合同具有实践特征，借款合同的成立，不仅要有当事人的借款合意，而且还要有交付借款的事实。因此，在民间借贷纠纷案件的审理中，首先要看当事人的合意，即借据是否真实有效，在该前提下，还应审查履行情况。对于小额借款，出借人具有支付能力，如果当事人主张是现金交付，除了借条又没有其他证据的，按照交易习惯，出借人提供借条的，一般可视为其已完成了举证责任，可以认定交付借款事实的存在。而对大额借款，涉及几十万元甚至几百万元的金额，当事人也主张是现金交付，除了借条没有其他相关证据的，则还需要通过审查债权人自己的经济实力、债权债务人之间的关系、交易习惯及相关证人证言等来判断当事人的这种主张是否能够成立，仅凭借条并不足以证明交付钱款的事实。

本案是一起较为复杂的民间借贷纠纷案件，主要也是围绕着两个方面展开争议的：一方面被告否认与原告之间有真实借贷意思表示，认为实际借款主体应为被告；另一方面被告又否认第三人代为原告给付借款的事实。对此，本案中法院主要是从审查借款资金实际的用途、审查借款资金流向，并结合当事人的陈述和案件查明的事实，审查各方当事人在借贷法律关系中的实际地位和所起的作用，以及与借贷资金的实际关联，进而来判断实际的借款人以及还款义务人。根据本案的相关事实与证据，以及庭审情况，笔者作为本案原告的代理律师，就案件争议焦点作如下分析。

首先，原、被告及第三人之间是否存在真实的借贷及担保意思表示。

本案中，原、被告及第三人于2013年8月19日签订的《借款担保合同》及借款单都可以证明被告有向原告借款150万元的意思表示，原告也愿意借款150万元给被告的意思表示，第三人也同意为被告借款还本付息进行担保。原、被告及第三人是经过平等协商，并自愿签订了上述合同及单据，这充分证明了三方之间有借贷担保合意的真实意思表示。同时，原告当场让第三人通过兴业银行转账给被告146.25万元（扣除利息），这与借款单上载明实付金额一致。被告收到上述借款后，并未向原告提出任何异议。事后原告催要还款，三方于2014年7月24日又签订了一份《协议书》，再次明确了被告向原告借款150万元的事实，并且自愿用8%的股权转让给原告，用以清偿上述债务，庭审中被告还陈述已经前往工商局办理股权转让的签字手续，但由于其他股东具有优先购买权，拒绝配合协助，导致未能办理成功。

虽然被告当庭否认与原告之间的借贷关系，认为系第三人与被告发生了真实的借贷关系，但却没有证据证实两者之间有借贷的合意。另外，在第三人通过银行转账给付被告的钱款时，填写的转账用途为“转账”，也非“借款”；如果本案系第三人借款给被告，而第三人又系被告借款的担保人，显然不符合常理，有违逻辑。

其实在被告收到第三人的转账后，当日，又转账至第三人招商银行账户，其交易摘要一栏为“借款”。基于此，被告可能是转借给第三人，否则不会在交易摘要一栏标注为“借款”，如真按照被告所说，应该标注为“还款”。而据原告事后推测判断事情原委，应该是第三人因为资金周转困难，难有偿还能力，正好第三人银行账上有笔钱要归还原告，第三人知道自己直接向原告借款，估计不肯，所以就找到被告，让被告以自己的名义向原告借款，由于原、被告不熟悉，第三人就作担保，然后被告借款后，再转借给自己。这样的事实，与本案的相关证据可以相互印证。因此，可以判定本案实际上是一个连环借贷案。先是原告借款给被告，然后被告再借款给第三人。

其次，第三人是代为原告给付借款，还是自己借款给被告。

本案中最大的争议焦点就是第三人给付借款的行为，到底是代为原告给付被告，还是自己借款给被告。原告认为是第三人代为原告给付被告借款，最主要证据就是第三人为原告出具的情况说明；而被告认为是第三人自己借款给被告，最主要证据就是第三人为被告出具的证明；第三人当庭诉称：确认是被告向第三人借钱，且已在当日返还了所借全部款项。

针对被告及第三人的说法，原告指出被告提供的网上银行交易记录，证明被告通过银行转账给第三人招商银行账户，实际转账为146.25万元，但第三人为被告出具的证明却写150万元，被告提供的两份证据之间存在不一致，并且与被告所说的事实不符。而第三人称系自己借款给被告，但与第三人出具给原告的情况说明相互矛盾，而且第三人在被依法追加参加诉讼之前曾到庭接受讯问，其陈述如下：2013年8月19日向被告银行账户转入的150万元是应原告要求而转账，该兴业银行账户实际是第三人与原告合伙经营的上海星闽经贸发展有限公司的账户。该笔钱实际上是第三人让被告向原告所借，因第三人与原告一起做生意，之前也借过一些钱，不大好借了，故让被告出面向原告借款，原告也同意将钱借给被告。事后，因被告说第三人连累到他，故而于2013年8月21日出具了证明，证明钱是第三人借给被告的，但实际情况并非如此。根据禁反言原则，当事人在进行民事活动、民事诉讼行为时，应对自己作出的各种言论或行为负责，不得随意作出否定在先言辞的言论或行为。第三人这样的反言行为，实际上很难被法庭采信。另外，在“情况说明”和“证明”之后，三方签订的一份《协议书》，确认了三者之间的关系，即原告借款给被告，第三人给予担保的事实。

庭审中，原告对第三人反言行为，申请要求对第三人进行测谎技术鉴定。测谎技术就是指根据实际案情，用事先编好的题目向被测试人提问，使其形成心理刺激，再由仪器记录被测试人的有关生理反应，通过对其生理反应峰值数据的分析，了解被测试人对所提问题“是与否”的对应关系。虽然目前测谎的结果还不能作为直接证据使用，但具有比较科学依据的测试结果，能够帮助法官在证据复杂难以辨识或者证据不足的情况下进行更客观的逻辑判断，有助于巩固法官的内心确认，有助于加强法官的自由心证。但由于第三人不配合及法庭未允许，而未能对第三人进行测谎技术鉴定。因此，原告只能在发问环节来证实第三人存在说谎。在原告向第三人本人发问过程中，第三人称自己兴业银行卡内是有原告的钱，但具体有多少没有统计过，还称自己向原告付了2到3个月利息，还不下去了，就和原告说被告早就还给他钱了。由此可见，第三人回答中确认自己的银行卡内有原告的钱款，而且给付被告借款本金不是属于自己的，否则自己根本不用归还原告利息。因此，可以证实原告通过第三人代为给付被告借款的事实。

最后，按照合同法第200条规定，借款的利息不得预先在本金中扣除。

利息预先在本金中扣除的，应当按照实际借款数额返还借款并计算利息。因此原告实际通过第三人代为给付被告借款146.25万元，扣除了利息，故应当按照实际给付借款数额返还并计算利息。至于利息，按照《上海高级人民法院关于民间借贷纠纷中利息、违约金等问题的解答》的规定，借款合同订立时，约定借款利息超过银行同类贷款利率4倍，履行中，因国家金融政策调控，导致约定借款利率未超过银行同类贷款利率4倍的，可按照银行利率调整的时间分段计算。超过4倍的，按4倍计算；未超过的，按照当事人约定计算。故应当按照中国人民银行同期贷款利率4倍计算。另外，按照上述规定，当事人未约定逾期利息，但约定了借款利率，且该借款利率高于银行同类贷款利率的，可视为当事人对系争借款的可得利益标准计算已有明确的预见，当事人主张逾期利息的，可按约定的借款利率计算逾期利息，故相应利息应当计算至实际清偿之日止。

五、律师说法

近年来，“民间借贷”一直是热门关键词，我国的民间借贷案件逐年呈跳跃式激增态势，法院受理此类案件也呈现井喷状态。究其原因，主要在于整个经济环境不景气，企业经营惨淡，资金周转困难；银行信贷政策收紧，正规融资渠道难度加大，转向民间资本，但其成本太高；民间借贷中当事人法律意识淡薄，没有合法合规的操作模式。这一系列的问题，导致民间借贷纠纷有愈演愈烈之势。

那么，如何应对这些民间借贷中产生出来的纠纷呢？ 这就必须从法律的角度来进行防范和解决，具体而言，笔者认为需要注意以下几点。

第一，关于出借人和借款人。一定要在借款合同中对出借人和借款人的身份信息进行核实确定。主要目的在于确定借款和还款的对象，涉及借款一定要给付至借款人，或者借款人书面指定的第三人，防止给付借款主体错误导致纠纷；涉及借款本息归还也一定要归还至出借人，或者是出借人书面指定的第三人。实践中经常有借款给付错误导致借款合同不生效，也有借款本息归还错误，导致借款人重复归还本息。确定双方身份后，也有利于日后诉讼，法院立案也是需要借贷双方身份信息的。

第二，关于借款用途。借款用途合法与否直接影响到借款合同的效力。只有合法借贷关系才受到法律保护，如果出借人明知借款人是为了从事赌博、诈骗、购买毒品或枪支弹药等非法活动的，这样的借贷行为是不受法律保护的，属非法或违法的借贷。因此，借款合同中一定要写明为合法用途，当然如果借款人证明出借人明知是非法用途的，法律即不保护出借人利益，因此作为出借人如知道涉及非法用途，应一律不借。否则，不仅会血本无归，还要受到行政或民事经济制裁，严重的还将被追究刑事责任。

第三，关于借款的金额。借款金额一般是借贷双方最为关注的事情，但也有出错的时候。比如少一个零，或者多一个零等，因此建议涉及借款数额，一定要用汉字大写，一方面可以防止写错，另一方面也防止涂改；另外，如果借款本金中有扣除利息的，也应该注明实际收到的借款金额。因为按照法律规定扣除利息是不能作为借款本金要求返还和计算利息的。

第四，关于借款期限。借款期限如果需要约定的，最应该注意的就是到期后，应当及时主张归还，防止超过诉讼时效；而借款期限没有约定的，也应当注意催要时应妥善保留相关的证据，同样是为了防止超过诉讼时效。借款没有约定还款期限的，债权人可以随时提出还款主张，不受2年诉讼时效的限制，但提出还款主张后2年内没有继续主张的，视为超过诉讼时效，法律不予支持。

第五，关于利息。需要注意并掌握借款利率不得违反国家有关限制的规定。按照《最高人民法院关于审理民间借贷案件适用法律若干问题的规定》（以下简称《审理民间借贷案件规定》）第26条的规定，借贷双方约定的利率未超过年利率24%，出借人请求借款人按照约定的利率支付利息的，人民法院应予支持；借贷双方约定的利率超过年利率36%，超过部分的利息约定无效；借款人请求出借人返还已支付的超过年利率36%部分的利息的，人民法院应予支持。当然除了借款期限利息，还可以约定逾期利息。《审理民间借贷案件规定》第29条规定，借贷双方对逾期利率有约定的，从其约定，但以不超过年利率24%为限。未约定逾期利率或者约定不明的，人民法院可以区分不同情况处理：一是既未约定借期内的利率，也未约定逾期利率，出借人主张借款人自逾期还款之日起按照年利率6%支付资金占用期间利息的，人民法院应予支持；二是约定了借期内的利率但未约定逾期利率，出借人主张借款人自逾期还款之日起按照借期内的利率支付资金占用期间利息的，人民法院应予支持。《审理民间借贷案件规定》第30条规定，出借人与借款人既约定了逾期利率，又约定了违约金或者其他费用，出借人可以选择主张逾期利息、违约金或者其他费用，也可以一并主张，但总计超过年利率24%的部分，人民法院不予支持。

第六，关于抵押或担保。需要注意的是对于数额较大或有风险的贷款，可要求借款人提供相应的财产抵押，或找有一定经济实力的第三人作担保人。涉及抵押，如果是不动产、公司股权或者车辆，应当签订借款抵押/质押合同并办理抵押/质押登记手续，对于动产可以签订质押合同，视质押物的具体情况进行保管。涉及担保，如果是个人担保，要让个人签字确认，涉及公司担保，最好取得公司章程规定的股东大会或者董事会的同意。另外，还要特别需要注意的是，一般保证和连带保证以及保证期限的规定。比如保证合同约定的保证期间早于或者等于主债务履行期限的，视为没有约定，保证期间为主债务履行期届满之日起6个月。保证合同约定保证人承担保证责任直至主债务本息还清时为止等类似内容的，视为约定不明，保证期间为主债务履行期届满之日起2年。

第七，关于律师费。按照法律规定，如果借款合同中有“因借款人违约致使贷款人采取诉讼方式实现债权的，借款人应当承担贷款人为此支付的律师费、差旅费及其他实现债权的费用”的约定，基于该约定系双方当事人真实意思表示，且不违反法律禁止性规定，应为有效，法院也会支持律师费主张。

第八，关于借款合同无效的情形。按照《审理民间借贷案件规定》，具有下列情形之一，人民法院应当认定民间借贷合同无效：一是套取金融机构信贷资金又高利转贷给借款人，且借款人事先知道或者应当知道的；二是以向其他企业借贷或者向本单位职工集资取得的资金又转贷给借款人牟利，且借款人事先知道或者应当知道的；三是出借人事先知道或者应当知道借款人借款用于违法犯罪活动，仍然提供借款的；四是违背社会公序良俗的；五是其他违反法律、行政法规效力性及强制性规定的。

综上所述，看似简单的借款合同，实际上一点也不简单，借款合同中会涉及各种各样复杂、疑难的法律问题，这真的是一个技术活儿。因此，当你在借贷上有什么疑问的时候，还是建议咨询一下你身边的律师。总之，一句话：专业的事情还是交给专业的人来做。

律师介绍・杨东

杨东，1981年9月出生，江苏张家港人，毕业于华东政法大学。

自2008年起，在上海欣隆律师事务所进行律师助理及实习工作，2010年正式开始律师执业生涯。

主要擅长家事、房产、公司、刑事辩护等相关诉讼与非诉讼的法律业务，主要提供公司常年法律顾问及私人律师特色法律专业服务。先后担任多家知名公司的企业法律顾问及知名人士的私人法律顾问。因成功代理多起重大、复杂、疑难的案件，发表了有关法律文章，受到媒体和社会关注。2012年被华东政法大学法制新闻研究中心特邀聘为高级研究员。2013年因律师执业表现优秀，晋升为上海欣隆律师事务所最年轻的合伙人律师，同年被上海市静安区法律援助中心评为“上海市静安区优秀法律援助律师”。

杨东律师还长期担任上海电视台《一呼百应》《新老娘舅》等电视节目的特邀律师嘉宾，并担任中华杨氏律师联谊会（律师联盟）常务理事，一直热衷于法律服务的公益事业。

联系电话： 13482524414

电子邮箱： 13482524414@163.com

联系地址： 上海市徐汇区淮海西路55号27楼B-C座

邮政编码： 200030

案例6

建筑施工合同纠纷案

● 杨正方

一、案情简介

1999年8月13日，曲阜市某宾馆（以下简称宾馆）与山东省某装饰装潢有限公司（以下简称装饰公司）签订了宾馆装修改造协议书一份，约定由装饰公司为宾馆客房装饰装修，采取施工前预算，完工后决算的取费标准，宾馆保证在竣工验收合格后2000年12月31日前付清所有工程款，曲阜市某管理委员会为担保方。同年8月23日，装饰公司与周某签订工程合作协议，约定周某使用装饰公司的名称及资质等一切手续，代表装饰公司为宾馆的装饰工程施工，并且周某作为装饰公司的驻工地代表，工程相关费用全部由周某垫资。最后由装饰公司收取结算款，装饰公司收取结算款8%的管理费，其他使用权均在周某。后装饰公司与周某双方又于2004年7月29日签订工程合作的补充协议。

2000年11月10日，装饰公司的法定代表人与周某共同出具了建筑工程结算书一份，结算金额为195.35万元。但当时该工程款宾馆并未实际支付，后来通过强制执行，装饰公司收到的实际工程款为198.81万元，其中应支付周某的工程款等合计金额为182.91万元，应交管理费15.91万元。由于工程的相关费用全部由周某垫资，其间，周某因宾馆工程欠王某30万元、杨某97万元，欠付地毯款23万元，均由装饰公司偿还（其中王某30万元、杨某97万元两案件均经过法院多次反复审理，在发生法律效力后，因强制执行而履行完毕）。装饰公司另外已支付周某人工劳务费3.2万元、报销费用1.24万元、工程款70.8万元（共计75.24万元），且装饰公司与周某双方对此均无异议。

周某在装饰公司对宾馆工程的对外所有欠款的债务都清偿完毕后，便向装饰公司要求支付未付工程款125.35万元，装饰公司认为已经为周某在本项目宾馆工程超付工程款45.87万元，不予支付。周某就向本地各级信访部门上访，几经周折后，装饰公司所在地的基层人民法院受理了周某起诉装饰公司主张支付工程款125.35万元的挂靠经营纠纷案；装饰公司提出反诉，要求周某返还超付工程款45.87万元。

本项目自签订合同至本案终结共历时16年之久，其中所涉诉讼的时间长达14年之久：自2001年4月26日宾馆破产案件开始，中间还有债权人王某案（该案经历了4次审理）、杨某案、本案等程序；而本案经过三级法院5审及抗诉程序，长达5年之久：自当地基层人民法院一审，当地中级人民法院二审，后发回重审，一审法院重新作出判决后双方均不服，再次上诉至当地中级人民法院，当地中级人民法院作出生效裁判文书后，周某不服又向该省高级人民法院申请再审，经该省高级人民法院提审作出判决，周某不服又向该省高级人民检察院申请抗诉，最后于2016年4月21日被该省高级人民检察院作出不予抗诉文书为终了。

二、争议焦点

焦点问题一：装饰公司已支付的王某案款项30万元应否由周某承担？

1999年8月13日，装饰公司承接曲阜宾馆装修改造工程，公司委托周某负责整个工程施工，周某于当年8月18日至30日，共向王某借款50万元，后周某未偿还借款。王某向装饰公司所在地的基层人民法院起诉，经过一审、二审、重审一审、重审二审4次审理后，当地中级人民法院于2005年9月30日作出生效判决，判决由周某偿还王某借款30万元以及利息，装饰公司对该款承担连带责任；在执行过程中周某未履行法定付款义务，执行法院强制执行装饰公司，在执行过程中王某同意装饰公司支付30万元案款，放弃其他权利，后装饰公司支付王某30万元，装饰公司与王某之间再无其他纠纷。

在本案一审、二审、重审一审、重审二审中，周某均称不知道王某一案的诉讼情况，不应该承担王某一案的30万元案款；因王某一案是借贷纠纷，本案是挂靠经营合同纠纷，两案不属于同一法律关系，不应该在同一案件中解决，并且周某对王某一案的审理、判决、执行均不知情。装饰公司则认为，已履行王某一案的执行款30万元，该款依法应由周某承担。理由有二：一是王某案虽是借款纠纷案，但周某向王某借款50万元是用于涉案装饰工程，装饰公司是被挂靠单位，生效判决认定周某偿还王某借款50万元及利息，装饰公司在法院执行中代周某支付王某30万元；二是周某是王某一案的直接责任承担者，该案经过4次审理，周某均参加诉讼，但周某说不知情。

焦点问题二：装饰公司已支付的杨某案款项97万元应否由周某承担?

装饰公司在宾馆项目中，周某在施工现场作为装饰公司的代表组织施工，并在多份结算书、审核表上代表装饰公司签名。在施工期间，杨某为装饰公司共垫付了107万元资金，后杨某起诉至法院，庭审中，装饰公司认为周某不是装饰公司的工作员工，且杨某与周某的工程结算书上书写的“周某”姓名不是周某的笔迹，一审法院对此依法予以鉴定，鉴定认为结算书上书写的“周某”姓名是周某的笔迹。一审法院认为，双方签订的结算书虽然都是周某签的字，鉴于周某的行为系代表装饰公司的职务行为，认定装饰公司拖欠杨某垫付款107万元应由装饰公司承担付款责任，经法院强制执行装饰公司支付给杨某97万元。

本案审理中，周某在5次庭审中，均称杨某案是建筑工程纠纷，装饰公司与杨某的纠纷与本案不属于同一法律关系，并且高级人民法院在杨某一案再审中已经明确周某是杨某案的案外人，所以周某认为，自己不应承担杨某案的债务及相关费用。装饰公司则认为，1999年8月23日双方签订的工程合作合同是典型的挂靠施工合同，已被生效的法律文书确认为挂靠关系，既然是挂靠关系，周某就应对涉案工程中形成的全部债务对内承担责任。也就是说，涉案工程中形成的全部债务，最终均应由挂靠人（实际施工人）承担责任，在法律关系上，属于双方就涉案工程的内部责任的划分。因此，装饰公司支付给杨某的97万元，均系周某在涉案工程中形成的对外债务，依法应当由周某承担。

焦点问题三：装饰公司已支付的涉案工程地毯款23万元应否由周某承担?

2000年3月10日，装饰公司为宾馆工程支付地毯款23万元。2004年7月29日，装饰公司与周某签订了补充协议一份，约定：“第2条：由于此工程引起的诉讼案件不断，王某等一系列案件，造成一些不确定因素，对于不确定因素双方首先承认，具体协商随建设单位拨款同时由周某及其合伙人承担；第3条：公安分局扣缴23万元材料款，由公司出具当初的相关手续，周某承担；第7条：在以后清欠工程中发生的一切费用由周某承担。”补充协议由周某和装饰公司分别签字盖章确认。

本案一审法院两次认为，双方在1999年8月23日签订的工程合作合同属于无效合同。周某认为，他对外所揽工程均系借用装饰公司的资格，所以工程回款都是打入装饰公司的账号，然后再从装饰公司财务领取，装饰公司就是利用此优势胁迫他签署了补充协议，因为他如果不签此协议，工程款分文取不走，所以，补充协议是无效的，因为不是他真实意思的表示。在二审中，周某说装饰公司在一审中并没有确凿的证据证实上述地毯款的实际存在和支付，是装饰公司自己编造的所谓的地毯款。一审法院既然认定工程合作合同是无效的，那么依据此工程合作合同签署的补充协议认定由周某承担此23万元的地毯款没有事实与法律依据。装饰公司认为，补充协议中明确由周某承担，该补充协议及地毯款的发生事实，已经经过三个阶段的多次庭审，周某均对事实予以认可，对补充协议的真实性无异议，事实清楚，责任明确。无论工程合作合同无效还是补充协议无效，其无效的法律后果，并不导致责任条款无效，而仍需要责任主体来对此承担责任。因此，该23万元应当由周某承担。

焦点问题四：装饰公司向建设单位索要工程款在诉讼中所支付的律师代理费1万元应否由周某承担?

装饰公司在济宁市中级人民法院索要宾馆工程款时，支付了1万元的律师费，后双方在2004年7月29日签订的补充协议第7条中约定，在以后清欠工程中发生的一切费用由周某承担。周某也认可该费用应由其（周某自己）承担，且主张该律师费用已由其（周某自己）支付，但周某并未提交该1万元律师费由其（周某）支付的有效证据，并且该费用的发票一直由装饰公司持有。

三、法院裁决

其一，原审法院的一审及重审一审判决结果及法律依据均相同，原审法院作出判决如下：

（1）装饰公司支付周某工程款53.67万元；

（2）驳回双方其他的诉求。

原审法院认为，装饰公司应支付给周某的工程款为182.91万元，周某应承担的费用为：30万元（王某案）、23万元（地毯款）、3.2万元（周某领取的人工劳务费）、1.24万元（报销费用）、70.8万元（已领取的工程款）、1万元（索要工程款时的律师费），共计129.24万元。最终装饰公司应当支付给周某工程款53.67万元。

关于王某案的30万元的判决依据：本案根据王某案的二审法院判决书认定，装饰公司向王某支付了30万元款项，系周某向王某的借款，装饰公司对该款承担连带责任。根据2004年7月29日周某与装饰公司签订的补充协议第2条约定，由于此工程引起的王某案件，发生的各种费用由周某及其合伙人承担。对因王某案件引起的费用进行了明确，因此因王某一案产生的案款30万元应由周某承担。

关于杨某案97万元在本案原审判决中的依据：本案原审法院经审理认为，杨某一案中装饰公司与杨某之间的法律关系，与本案中装饰公司与周某之间的法律关系不同，且双方也没有对该案的费用予以明确，因此，装饰公司反诉称杨某案款应当由周某承担没有事实和法律依据。

关于对地毯款23万元的原审判决依据：2000年3月10日，装饰公司为宾馆工程支付地毯款23万元；在2004年7月29日，周某与装饰公司签订的补充协议第3条约定，公安分局扣缴23万元材料款，由公司出具当初的相关手续，周某承担。因此，该23万元款项系装饰公司替周某垫付，周某对此是知晓并明确的，因此该款应当由周某承担。

关于对装饰公司索要宾馆工程款支付的律师费1万元由谁承担，原审法院的判决依据：该1万元的律师费系装饰公司为索要工程款所花费，且在2004年7月29日周某与装饰公司签订的补充协议第7条中约定，在以后的清欠工程中发生的一切费用由周某承担。因此该1万元应当由周某承担。

其二，二审法院判决结果及法律依据。

第一次二审，当地中级人民法院以事实不清为由，发回原审法院重审；重审一审与原一审查明的事实及判决结果完全相同，双方均不服原审判决，再次上诉至二审法院；当地中级人民法院于2014年5月27日作出终审判决：

（1）撤销一审判决；

（2）改判决周某返还装饰公司多支付的工程款43.33万元。

二审法院认为，原审法院认定装饰公司与周某之间就支付杨某工程款没有约定、装饰公司与杨某之间的纠纷与本案不是同一法律关系，判决由装饰公司承担周某因涉案工程应付杨某的债务错误，应予纠正。装饰公司反诉周某返还因涉案工程多支付工程款的主张，证据充分，予以支持。一审法院在认定装饰公司应支付周某涉案工程款数额中未扣减装饰公司已支付杨某涉案工程款97万元，判决装饰公司支付周某工程款53.67万元欠妥。装饰公司因涉案工程所支付的款项中应由周某承担的费用共计226.24万元（周某所收取的75.24万元+王某案款项30万元+杨某案款项97万元+支付地毯款23万元+律师代理费1万元），装饰公司已实际超付周某涉案款43.33万元（装饰公司已付款226.24万元－装饰公司应付款182.91万元），故对装饰公司请求周某偿付垫付款43.33万元的请求予以支持。

其三，该省高级人民法院再审判决结果及法律依据。

周某不服当地中级人民法院作出的终审判决，向该省高级人民法院申请再审。该省高级人民法院受理本案再审，并经提审审理后，于2015年7月16日作出判决：维持当地中级人民法院作出的二审判决。

该省高级人民法院认为，本案的焦点问题就是装饰公司为王某案支付的30万元、为杨某案支付的97万元、被公安分局扣缴的23万元地毯款及1万元的代理费是否应由周某承担并从装饰公司应付周某的工程款中扣除。

关于王某案涉及的30万元，已经生效的判决认定周某向王某借款50万元用于宾馆装饰工程并判决周某偿还王某借款50万元及利息，装饰公司承担连带责任，此后，装饰公司与王某达成执行和解协议并向其支付了30万元。2004年7月29日，装饰公司与周某的补充协议也进一步证实了周某对该款是认可的。虽然周某主张该补充协议是被逼迫签订的，不是其真实意思表示，但其并没有对此提交相应的证据证明，因此，原审判决认定因王某案产生的30万元款项应由周某承担并无不当。

关于杨某案所涉97万元。由于周某挂靠装饰公司进行施工，装饰公司系对外公示的工程承包人，因此杨某向装饰公司主张权利。但在装饰公司与周某的内部关系中，周某系涉案工程的实际施工人，根据周某与装饰公司于1999年8月23日签订的工程合作协议，装饰公司仅收取8%的管理费，工程施工的所有事宜均由周某组织处理，因此，相应的工程欠款理应由周某承担。现装饰公司依据生效判决对杨某承担责任后要求从周某的工程款中扣减该款，符合法律规定。

关于装饰公司被公安分局扣缴的23万元。公安分局于2000年3月10日扣划了装饰公司23万元，结合2004年7月29日周某与装饰公司签订的补充协议来看，周某对装饰公司为宾馆工程支付地毯款23万元是知晓并认可的，应由周某承担此款。

对装饰公司索要工程款而支付的律师费1万元，双方补充协议也有约定，虽然周某主张该费用已经由其支付，但其并未提交该1万元律师费由其支付的有效证据，且该费用的发票一直由装饰公司持有，因此该笔费用应由周某承担。

四、案例评析

本案经过当地基层人民法院一审，当地中级人民法院审理后发回重审，一审法院重审后，双方不服均上诉，当地中级人民法院改判装饰公司胜诉；周某不服申请再审，最后由当地高级人民法院提审判决维持当地中级人民法院的判决而审结。虽经历艰难而漫长的诉讼过程，但本案仍然取得较好的代理效果。当地中级人民法院及当地高级人民法院均采纳了本案律师的代理意见，支持装饰公司的全部反诉请求。

法院的判决共5份，以当地中级人民法院于2014年5月27日作出的判决为例，对其所依据的事实、证据、法律作如下分析。

在本案对王某案30万元案款、23万元地毯款等问题，二审法院与原审法院的依据基本一致。装饰公司和周某签订的补充协议明确该款由周某承担，周某对此事实予以认可。虽然周某称该协议是被迫签订，但是根据谁主张谁举证的原则，周某并没有提出有效的证据来证明他的主张，所以法院最后认定该协议真实有效，根据该协议作出了由周某承担该款项的判决；在对地毯款一案的判决中，法院的主要依据是周某与装饰公司签订的补充协议第3条的约定，公安分局扣缴的23万元材料款，由公司出具当初的相关手续，并由周某承担；关于对1万元的律师费的判决，法院的主要依据是周某和装饰公司签订的补充协议第7条约定，在以后的清欠工程中发生的一切费用由周某承担，虽然周某主张该律师费用已经由其支付，但是周某并未提交该1万元律师费由其支付的有效证据，并且该费用应当由周某承担。

但本案更主要的代理重点，在于杨某案的97万元案款应否在本案中扣减，也就是说，杨某案97万元案款在涉案工程及本案中应由谁最终承担责任。这一重点，也是本案的难点，争议最为激烈，更为突出；在三级法院的审理中均是难点、重点，关乎公平、正义。按照原审判决由装饰公司最终承担杨某案的97万元，且不应向周某在本案中扣减，则装饰公司内外债务正反相加，正好承担了双倍的97万元工程款的责任，即被挂靠人装饰公司应双倍承担工程付款义务，这是全天下都讲不通的理论（判决）；对周某作为挂靠人来说，则在工程项目中的债务可以让被挂靠人（如装饰公司、总包单位）承担（且最终承担），周某自己还可以再向被挂靠人装饰公司主张同等的工程款（多么好的挂靠法律关系啊）！

本案代理律师强烈要求法律工作者（律师、法官），必须区分挂靠法律关系中的对内、对外法律责任，不得混淆；否则只能是糊涂官乱判（代理）糊涂案。

在对杨某案97万元案款应由谁最终承担责任的焦点问题上，二审法院和原审法院的判决是截然不同的。原审法院认为，装饰公司与周某的法律关系，与装饰公司与杨某之间的法律关系不同，并且装饰公司和周某对杨某案中的费用未予以明确，因此装饰公司称该款应当由周某承担没有事实和法律依据。而二审法院则认为，在涉案工程施工中周某欠付杨某的债务由装饰公司承担且装饰公司已按生效判决支付杨某96万元及执行费1万元，因装饰公司支付给杨某的上述款项系在涉案工程中装饰公司应支付给周某而由周某支付给杨某的债务，故装饰公司支付给杨某96万元及执行费1万元应由周某承担。

笔者认为，二审法院作出的终审判决，是在以事实为依据，以法律为准绳的基础上作出的公正、公平判决，事实认定清楚，适用法律正确；充分听取了代理意见，最终扭转了本案的判决结果，最大限度地维护了装饰公司的合法利益，把案件双方的各种法律关系都梳理得很明确，让人信服。

五、律师说法

近年来，随着经济的发展，以及国家基础设施建设不断推进，建设工程施工领域不断扩大。同时，在我国的建设工程施工领域，存在着普遍的无资质的实际施工人挂靠有资质的施工企业（或资质低的施工企业挂靠资质高的施工企业）的挂靠现象。然而，不论挂靠方式如何隐蔽，但根据建筑法、《最高人民法院关于审理建设工程施工合同纠纷案件适用法律问题的解释》（以下简称司法解释）、《建筑工程质量管理条例》《建筑业企业资质管理规定》的规定，各种挂靠均属于法律、法规、规章禁止的行为。对于挂靠人与被挂靠人签订的《合作协议》《分包协议》等合同一般都认定为无效。关于被挂靠企业与发包方签订的施工合同效力，按照司法解释的规定，只要是确有证据证明没有资质的实际施工人借用有资质的建筑施工企业名义与发包方签订总承包施工合同，则该施工合同也是无效合同。由此，给挂靠人、被挂靠人都带来了巨大的法律风险。笔者仅从建设工程施工的挂靠人和被挂靠人的角度，解析其潜藏的法律风险，并探讨其风险防范措施。

（一）建设工程施工被挂靠人的法律风险及其防范

鉴于我国建筑市场的现实，一些有资质的施工企业还无法完全拒绝挂靠，故作为被挂靠人，应当重视自身的风险防控。

1．被挂靠企业的法律风险

（1）对建设工程的安全质量承担连带赔偿责任。一是对建设工程本身不符合质量标准造成的损失，被挂靠企业与挂靠人承担连带赔偿责任；二是在建设工程施工过程中造成他人生命、身体、财产损失的，被挂靠企业与挂靠人承担连带赔偿责任。伤亡等安全事故一旦发生，往往给被挂靠企业带来非常严重的损失，有时完全可能带来毁灭性的后果，所收取的管理费可能远远不足以弥补所承担的损失。

（2）建设工程对外债务承担的法律责任。被挂靠企业作为法律上的承包主体，是该建设工程债权的享有者和债务的承担者。如果是以被挂靠企业的名义对外签订采购合同，在工程施工中往往出现挂靠人与供应商等第三人之间的债务纠纷，法院将会判决被挂靠企业承担给付责任，当被挂靠企业再向挂靠人行使追偿权时，往往会因为前者的承担能力欠缺而落空。

（3）因劳动、工伤争议损害经济利益和社会形象。在施工过程中，挂靠人往往会大量招聘建筑工人，虽然挂靠人与被挂靠企业之间可能会在协议中明确约定建筑工人的工资以及一切工伤事故均由挂靠人承担，但是此约定会因为违反劳动法律而归于无效，致使被挂靠企业仍为责任承担者。

另外，更多的情况是挂靠人与建筑工人之间根本不会签订任何合同，工人只知道自己在这个工地上班，直接招聘他的人是谁都不知道，一旦拿不到工资，就只有找登记备案的工程承包人也就是被挂靠企业，被挂靠企业承担用人单位应承担的所有责任。民工的过激讨薪等行为还会损害被挂靠企业的社会形象。

（4）管理费可能被没收。司法解释第4条规定，没有资质的实际施工人借用有资质的建筑施工公司名义与他人签订建设工程施工合同的行为无效，人民法院可以收缴当事人已经取得的非法所得。被挂靠企业的“非法所得”即指向挂靠人收取的管理费。

2．被挂靠企业法律风险的防范

（1）采用内部承包方式。被挂靠企业防范法律风险的根本之策就是不采取挂靠方式承包建设工程，而是采取内部承包协议的方式，因为内部承包是法律所允许的，将挂靠项目实实在在地转变为被挂靠企业的自有项目。

① 将挂靠人聘为被挂靠企业员工。内部承包协议的签订双方是施工企业和企业项目经理，也就是说只有企业的项目经理才能与企业签订内部承包协议。因此，被挂靠企业应当先与挂靠人（需有项目经理资质）签订劳动合同、建立劳动关系、购买社会保险。如果实际挂靠人并不具备项目经理人资质，最好与有资质的项目经理签订内部承包协议，实际挂靠人作为合同的担保人承担连带责任，这样被挂靠企业的权益更能得到保证。

② 由被挂靠企业或者项目经理组织、派遣项目的具体管理人员。建设工程的项目负责人、技术负责人、核算负责人、质量管理人员、安全管理人员等均由被挂靠企业与其签订劳动聘用合同，其工资以挂靠企业名义予以支付。

③ 加强工程款的管理。现实中挂靠人常常以各种方式套走工程款但又不用于项目本身，从而给项目的运作带来很大的障碍。因此，项目的建设资金应由被挂靠企业进行具体管理。在建设项目资金的管理上要有一套行之有效的规则，以确保项目资金完全用于项目支出。

（2）采用材料委托采购与劳务分包相结合的方式。这种方式实际上是将挂靠施工合同分为如下两个合同：一是建筑材料委托采购合同，被挂靠企业将建设工程的材料全部委托给挂靠人采购；二是将建筑劳务合法地分包给有劳务资质的挂靠企业完成。两个合同标的加起来就是该建设工程的所有工作。由于将施工任务分解为材料和劳务两部分，分别签订合同，比较隐蔽，若不同时发现两个合同存在则挂靠关系就不会被揭穿。否则，仍然存在双方被认定为挂靠或者转包关系的风险。

（3）严格控制合同履行过程中的风险。①被挂靠企业要成立专门的项目管理组，严格控制工程质量。甚至可以要求比工程监理更严格，因为质量一旦出现问题，被挂靠企业所受的损失将比所获得的利益大得多，甚至会危及被挂靠企业的生存。②严格财务管理。即将项目管理纳入被挂靠企业正常的财务管理中，严格防范挂靠人拿到发包人支付的工程款后挪用、占有甚至携款潜逃，必须监督挂靠人将款项用于项目建设。③完善劳务管理。被挂靠企业应积极督促挂靠人为各自招聘的建筑工人购买保险，以减少工伤事故发生时的风险承担。完善挂靠人与其招聘的建筑工人的劳动合同，让劳动争议发生后，工人第一时间追索的是挂靠人而不是被挂靠企业。

（4）发生纠纷后，被挂靠企业应当审慎选择是否暴露挂靠关系。总包合同的效力取决于中标企业与建设工程发包方签订总包合同时是否已经存在挂靠关系。如果在签订总包合同时已经签订挂靠合同（合同名称多种多样）或者虽未签订书面挂靠合同但由实际施工人组织投标，实际施工人纯粹只是借用了名义上的投标企业的资质，则投标企业与实际施工人之间是挂靠关系，总包合同无效、挂靠合同也无效；如果在签订总包合同时以自己名义参与投标，后来中标的企业没有与其他企业或个人达成一致意见或签订合同，约定中标后由该企业或个人实际施工，则中标企业与实际施工人之间是转包关系，总包合同有效、转包合同无效。

在现实中，挂靠和转包在相当多的情况下实际上很难界定，很多挂靠都是以转包或分包的形式出现的。当前国内很多施工企业采取挂靠方式承接工程时，一般都会在投标前事先和挂靠方签订一份内部协议，约定挂靠方和被挂靠企业在投标过程中的各自分工，一旦工程中标，则挂靠方和被挂靠企业再签订一个正式的合同。当然，这些协议都不会对外透露，一切都蒙在鼓里的发包方很难知悉，往往是施工合同履行过程中发生纠纷后，发包方才发现其中的玄机，只能在诉讼或仲裁过程中通过庭审进一步查清相关事实。

因此，一旦与发包方发生纠纷，选择总包合同有效或无效的决定权实际上在被挂靠企业或实际施工人，而非发包方。因此当总包关系发生纠纷时，被挂靠企业和挂靠人可以选择主张总包合同无效或者有效。如果实际施工方存在违约，则可以主张总承包合同无效，被挂靠企业可以拿出证据证明实际上是挂靠人借用其资质承接工程（而被挂靠企业与挂靠人合作举证他们之间签订有挂靠合同、双方是挂靠关系是很容易的），因为即使合同无效，也可以按照合同约定的结算条款办理结算手续，对被挂靠企业和挂靠人都没有法律风险。但对于发包方而言，总包合同无效，就意味着发包方不能依据合法有效的总包合同条款追究被挂靠企业的工期、质量或安全等违约责任，因为总包合同无效，违约条款也就随之无效。反之，如果发包方存在违约，被挂靠企业和挂靠人想对发包人进行索赔，就可以继续隐蔽两者之间的挂靠或转包关系，主张总包合同有效。

（二）建设工程施工挂靠人的法律风险及其防范

1. 建设工程施工挂靠人的法律风险

（1）工程质量不合格将无法获得工程款。根据司法解释的相关规定，如果挂靠人所施工工程经验收不合格，意味着施工合同目的无法实现，发包方自然没有任何义务再向被挂靠企业支付任何工程款，还可以追回此前已经支付的工程款，且挂靠人与被挂靠企业均应向发包方承担连带赔偿责任。至于挂靠人与被挂靠企业之间，则应根据双方过错程度大小或约定的内容对已经发生的工程投入损失承担相应比例的责任。

（2）总包合同无效后如果涉及“黑白合同”则丧失按“白合同”主张有利价款的依据。司法解释第2条规定如果施工合同无效，“承包人请求参照合同约定支付工程价款的，应予支持”，但并没有明确指出应该参照哪份合同。在现实中，发包方与承包人签订“黑白合同”的情况极为普遍。虽然司法解释规定的“应当以备案的中标合同作为结算工程价款的根据”，被视为挂靠人的一根救命稻草，但该条解释得以成为裁判依据的前提显然是中标备案的施工合同有效。如果中标备案的施工合同由于涉及“挂靠”问题被法院或仲裁机构认定为无效，而双方又另行签订了一份“黑合同”，究竟应该以哪份合同作为双方结算的依据呢?司法解释对该问题并没有作出明确规定。实践中，有的是依据实际履行的合同结算；有的是根据导致合同无效当事人过错大小分配合同之间的差价；有的是按照实际施工人的资质等级来结算工程造价。结算的方法各异，对于挂靠人来说就存在风险，被挂靠人风险也是很明显的。

（3）“非法所得”可能被收缴。司法解释第4条规定，挂靠合同无效后，法院可以收缴当事人已经取得的非法所得。挂靠人获得的非法所得就是挂靠人获取的施工纯利润，通常高于被挂靠企业收取的相应比例的管理费用。挂靠人的非法所得就是挂靠人获取的施工纯利润，即指挂靠人收到的该工程全部工程款减去挂靠人的实际投入（包括材料、设备及劳务费支出、自身管理费、被挂靠企业收取的管理费、被挂靠企业代扣代缴的税收）的差额。如果法院判令收缴，而挂靠人实际投入中的自身管理费部分又往往鉴定不实，说不定挂靠人会亏损。

（4）与被挂靠企业关系处理不好将影响到挂靠合同的签订和履行。实践中，挂靠人找好了项目以被挂靠企业的名义投标的事情并不少见，而被挂靠企业在中标后不将工程交给挂靠人施工的事情也时有发生。在施工过程中，因为种种原因挂靠人被被挂靠企业赶出施工现场的情况也是有的，一旦发生这种情况，挂靠人往往处于劣势。

2．建设工程施工挂靠人的法律风险应如何防范

（1）狠把质量关，守住生命线。由于工程验收合格是挂靠人主张工程价款的前提条件，所以挂靠人必须格外重视工程质量问题。如果质量验收不合格，总包合同和挂靠合同中的价款条款虽然不因该合同无效而无效，但根据司法解释的规定挂靠人却丧失了主张支付工程款的法律依据。如果质量合格，就增加了挂靠人主张自己合法权利的底气，获得相应工程款的可能性大大增加。

（2）善于运用司法解释直接向发包人主张权利。挂靠人实际上就是司法解释第26条所称的“实际施工人”，“实际施工人以转包人、违法分包人为被告起诉的，人民法院应当依法受理”，从该规定可以看出，挂靠人既可以起诉被挂靠企业索要工程款，也可以直接起诉发包方要求其偿还，但发包人仅需在欠付工程款范围内承担还款责任。如果发包人拒不付款而被挂靠企业又不予配合、被挂靠企业停业、破产等情况出现后，挂靠人可直接向发包人提起诉讼。

案例7

买卖合同纠纷案

● 杨正方

一、案情简介

某纸业有限公司（以下简称纸业公司）与某甲印务有限公司（以下简称甲公司）的买卖合同纠纷中，纸业公司作为原告，甲公司作为被告，某乙印务公司（以下简称乙公司）为第三人。本案中，纸业公司与甲公司之间未订立书面买卖合同，是否存在交易事实及交易习惯，就成为本案认定纸业公司与甲公司之间是否存在事实上的买卖合同关系的关键。本案中，诉讼标的涉及300多万元的商品纸买卖货款，原告纸业公司与被告甲公司、第三人乙公司均存在债权债务关系。其中，被告甲公司与原告对账、结算并接受发票签收回单确认的货款为148.58万元。于2014年3月31日、2014年5月6日，经原告纸业公司与被告甲公司、第三人乙公司对账，确认第三人乙公司接受发票签收回单确认的货款185.46万元。本案中，另一难点是，被告是否存在"自愿加入到第三人公司欠原告结算但未付货款185.46万元债务中并承担连带清偿责任"的争议。由此可知，本案虽是一般买卖法律关系的案件，但复杂的客观事实足以让专业人士难以厘清本案的法律事实及法律关系。

本案经过当地基层人民法院一审作出判决，甲公司不服提起上诉，中级人民法院以事实不清为由，撤销原判，发回基层人民法院重审。基层人民法院追加乙公司为本案第三人审理后，于2015年5月21日作出判决，判决甲公司向纸业公司支付货款人民币148.58万元及利息，乙公司支付纸业公司货款人民币185.46万元及利息，甲公司对乙公司所支付货款承担连带清偿责任。甲公司不服并上诉至中级人民法院，中级人民法院于2015年11

月10日作出生效裁判，判决驳回上诉，维持原判。

二、争议焦点

焦点问题一：纸业公司与甲公司之间是否存在买卖合同关系?

原告纸业公司称，2013年8月20日其与被告甲公司根据行业习惯订立口头合同，约定由纸业公司向甲公司提供商品纸，具体品牌、数量由甲公司确定，价格双方具体协商。同时，纸业公司陈述，与甲公司的交易习惯是：纸业公司无论是厂发还是库发货物，所有的发货均由购货方在收到货物后向其出具收货单；纸业公司凭购货方出具的收货单每一两个月由双方结算一次或两次，结算中购货方确认结算数额后，纸业公司向购货方开具双方认可的结算金额的发票，购货方收回向纸业公司出具的收货单，同时向纸业公司签收增值税发票回单作为确认结算的证明；纸业公司再凭购货方结算并签收确认的增值税回单向结算单位要求支付货款，并且在收取货款的同时向结算单位出具收款收据，交易流程全部完成。

被告甲公司辩称，甲公司与纸业公司之间不存在所谓的交易习惯。首先，原告纸业公司虽然提供了一份对账单用以证明双方商品纸买卖，但该对账单仅记载有金额，无送货日期、数量、单价等信息，无法证实双方存在多年的买卖交易内容，无法证实双方之间存在的交易习惯。其次，原告纸业公司所谓的与甲公司存在商品纸买卖合同关系，实际上是因甲公司曾借用过原告供给第三人乙公司的纸张，甲公司与乙公司约定，这批商品纸的货款由甲公司打给原告纸业公司，并由原告纸业公司开发票给被告甲公司。甲公司陈述的关于商品纸借用这一关系，也得到了第三人乙公司的肯定。由此可见，甲公司与纸业公司的对账单是基于与乙公司之间的借用合同关系产生的付款情形，而不是甲公司与纸业公司有直接的买卖合同关系。

本案在“原、被告之间是否存在买卖合同关系”的最基本的问题上，自始至终陷入对抗性的纷争，原、被告双方互不认可对方的证据，使得本案事实和法律关系扑朔迷离，难以厘清。

焦点问题二：甲公司与乙公司的关系对本案是否存在影响?

在本案重审一审诉讼过程中，原告纸业公司通过查询甲公司与乙公司工商登记资料，认为杨某和崔某既是乙公司的财务会计人员，又是甲公司的财务人员。对于这种财务混同、人员混同的行为，是“一套人马，多块牌子”的表现，可以认定乙公司和甲公司存在财产混同，因而两公司是应当承担连带清偿责任的。对此，纸业公司的主要依据是，2014年5月6日，原告纸业公司与被告甲公司对账，杨某在对账单上加盖甲公司的印章，由此可见，杨某此时的身份是甲公司财务会计人员，而根据工商登记，杨某为乙公司的财务人员。对于崔某，2013年12月12日，崔某代表乙公司会计与原告纸业公司结算货款，并签收了5张增值税发票结算回单；2014年2月27日，甲公司与纸业公司结算，崔某又代表甲公司的财务会计结算货款并确认签收了8张增值税发票结算回单。由此可知，崔某既是乙公司的财务会计人员，同时在2013年下半年至2014年上半年之间还是甲公司的财务会计人员，并为甲公司与纸业公司办理结算货款、对账等财务工作。

对此，被告甲公司称，对账单不是甲公司出具，首先来说该对账单样本与甲公司的对账单格式不符，并且该对账单只有印章而没有单位相关人员签字认可。至于该对账单上的盖章，是由于第三人乙公司的会计杨某疏忽错盖甲公司的公章形成，这并不能说明杨某就是甲公司的财务会计人员。杨某是第三人乙公司的员工，暂时保管甲公司的公章、财务印鉴、法人印鉴等，2014年5月6日，纸业公司到乙公司对账，由于两公司之间业务往来频繁，单据很多，金额较大，有300多万元，对账时间比较长。加上杨某的眼睛近视500度，对完账后将眼镜摘下休息，最后在纸业公司对账单上盖章时，误将甲公司的公章当成乙公司的公章，错盖在了原告纸业公司的对账单上。甲公司还称，甲公司与乙公司之间是独立的两个公司，不能因为乙公司员工工作的失误就认为两个公司之间财务混同，两公司不存在财产混同的问题。

关于法人财产混同的问题，一向是学术界颇具争论的问题，各种学说可谓众说纷纭，本案中双方当事人就此问题也各自提出了自己的观点，并列举了相关证据予以证明。对此问题的推敲成为本案的焦点问题之一。

焦点问题三：2014年5月6日，杨某结算确认的人民币89.98万元货款，该项货款应由谁承担?

本案中，涉及数量繁多的往来款项，在厘清法律关系的基础上，债权债务承担问题也是双方论证的焦点问题。

在基于认为原、被告之间存在买卖合同关系的认识上，以及认为被告甲公司与第三人乙公司存在人员混同、财务混同的情形，原告纸业公司认为该89.98万元的货款应由被告甲公司承担付款责任。根据重审第一次庭审时笔录中记载的甲公司代理人邹某的陈述，2014年4月16日至2014年5月6日，被告甲公司将公章、财务印鉴、法人印鉴、支票、银行凭证购买单交由杨某放在与第三人乙公司财务印鉴同一个抽屉暂时保管，便于杨某代被告甲公司办理银行方面的财务事宜，由此可知杨某同时处理甲公司和乙公司的财务。在此期间，杨某以被告甲公司的名义与原告纸业公司办理的结算、确认欠款、对账等事务的行为，应视为代理被告甲公司的行为，其法律后果应由被告甲公司承担。另外，2014年5月6日，原告纸业公司与被告甲公司就2014年3月31日对账单中第三人乙公司未确认的货款人民币90.72万元，经结算，原告纸业公司开具的付款单位为“甲公司”的发票确认货款金额为89.98万元，杨某经对账结算后接受发票9张，并未提出异议，且在9张发票回单联上均签字确认，杨某的该结算行为，应视为被告甲公司的结算行为，因此该89.98万元的货款应由被告甲公司承担付款责任。

被告甲公司针对该部分货款，则辩称甲公司与原告纸业公司未结算清的货款为58.6万元。首先，甲公司与纸业公司之间没有证据显示存在交易习惯，也没有商品纸买卖合同，如此一来两公司当然是没有买卖合同关系的，因而甲公司对纸业公司不直接承担付款义务；其次，根据合同相对性原则，与纸业公司有买卖合同关系的是第三人乙公司，应由第三人乙公司直接承担付款义务；最后，2013年10月至2014年2月，甲公司曾多次借用第三人乙公司的印刷纸，共计83.96万元，并约定由乙公司将货款直接付给纸业公司，由此可见，这笔货款是基于甲公司与乙公司的借用关系产生。目前，甲公司经第三人乙公司的认可，直接和纸业公司未结算清的货款为58.6万元，因本案真正的欠款主体是乙公司，所以原告诉讼标的额中的超出部分是无理请求，即被告甲公司只认可所谓的借用纸，同意付款的货款仅为58.6万元。

焦点问题四：甲公司对第三人乙公司已结算付款的185.46万元债务是否应承担连带责任?

本案中原告认为，2014年3月31日、2014年5月6日，被告甲公司与原告纸业公司的对账行为，可以视为甲公司自愿加入乙公司对纸业公司的债务中，是事实上的债务加入行为。根据双方2014年3月31日的对账单内容，甲公司在客户栏盖章确认欠款人民币334.78万元，第三人乙公司在客户栏盖章确认欠款243.82万元，并注明“未开发票，欠款账未对”，左上栏打印文字载明：“未开发票金额人民币90.72万元”，同时，第三人乙公司在上、下两个客户栏的中线上加盖印章予以确认对账的真实性，被告甲公司未在该对账单中提出任何有异议的内容，根据该2014年3月31日的对账单，应认定被告甲公司自愿加入第三人乙公司原来已结算且开发票确认的未付原告纸业公司货款185.46万元的债务中，甲公司应承担连带责任。另外，根据2014年5月6日被告甲公司与纸业公司的对账，被告甲公司在客户栏盖章确认截至2014年5月6日共计欠款人民币334.78万元，同时，被告甲公司还对2014年3月31日对账单中载明的“未开发票金额90.72万元”予以结算确认。

被告甲公司对此辩称，2014年3月31日纸业公司与被告甲公司、第三人乙公司对账，确认的是甲公司因借用乙公司印刷纸，而承担的还款义务，经协商甲公司将应偿还给乙公司的58.6万元货款直接交给原告。对于该部分58.6万元货款，很明显是属于履行承担。而对于乙公司确认的欠原告的货款185.46万元，甲公司当然不承担连带清偿责任。至于2014年5月6日的对账由杨某在对账单加盖甲公司的印章，因杨某并非甲公司的员工，仅由于杨某工作中的失误就认定杨某代表甲公司从事财务会计工作，是片面而牵强的，因而对于2014年5月6日所谓的甲公司与纸业公司的对账行为是不具有说服力的。

三、法院裁决

本案原一审判决为：被告甲公司支付原告纸业公司货款人民币334.78万元及利息。

二审法院在第一次审理中，因第三人乙公司直接自愿加入二审诉讼程序，故本案被二审法院以程序错误（应追加第三人为本案诉讼主体）、事实不清发回重审。

本案重审一审作出判决如下：

（1）被告甲公司支付原告纸业公司货款人民币148.58万元及利息；

（2）第三人乙公司支付原告某纸业公司货款人民币185.46万元及利息；

（3）被告甲公司对上述第二条规定的款项承担连带清偿责任；

（4）驳回原告纸业公司的其他诉讼请求。

原审法院重审确认了如下事实：纸业公司与甲公司及其与乙公司之间存在事实上的买卖合同关系，并对买卖货物交易之后的货款均进行了阶段性的结算、开具发票及回签发票回单联、对账确认、支付部分货款等继续履行涉案买卖合同义务的法律行为。

原审法院重审中，同时确认了被告甲公司对原告纸业公司之间的所负债务由两部分构成。自2013年8月26日起至2014年4月23日止，甲公司向纸业公司购货价款合计人民币359.48万元。其中人民币185.3万元货物到货地址为A地点，由乙公司对此货款最终结算价款为人民币185.26万元；价款人民币174.18万元的货物到货地址为B地点，由甲公司对此货款最终结算为人民币173.94万元。库存货发货共计52次，由2013年、2014年2本仓库保管账记载库存发货明细佐证；厂家发货的56次由销货统计的明细及结算明细佐证。自2013年8月26日起至2014年4月23日止，甲公司向纸业公司购货价款合计人民币359.48万元。

甲公司与乙公司工商登记资料显示：乙公司与甲公司办公、生产经营为同一住所，两公司之间属高度关联关系；2012年8月20日，杨某受甲公司的委托办理设立甲公司的各项工商登记事务，杨某在其自已的身份证复印件中正反面均注明“与原件一致，杨某公司员工”；杨某于2012年8月28日领取甲公司的企业法人营业执照正本1个、副本1个；2013年6月24日，增值税发票结算回单3张、2013年7月24日增值税发票结算回单2张、2013年8月19日增值税发票结算签收回单3张，共计8页，内容为：杨某作为第三人乙公司的财务会计人员与纸业公司对账、结算货款后，签收上述结算回单，显示杨某又是乙公司的财务会计人员，并办理与纸业公司之间的货款对账、结算等业务工作；2013年12月12日、12月19日增值税发票结算回单共5张、2014年2月27日增值税发票结算回单8张，共计13页，内容为：2013年12月12日，崔某代表乙公司财务会计与纸业公司结算货款并确认签收增值税发票结算回单5张；2014年2月27日，崔某又代表甲公司的财务会计与纸业公司结算货款并确认签收增值税发票结算回单8张。上述证据显示，崔某既是乙公司的财务会计人员，同时在2013年下半年至2014年上半年之间又是甲公司的财务会计人员，为甲公司与纸业公司办理结算货款、对账等财务工作。以上证据表明：杨某、崔某两人，同时既是甲公司、乙公司两公司的财务会计人员，同期间又分别作为甲公司、乙公司的财务会计人员与纸业公司办理结算货款、签收结算回单、对账等财务结算工作。

以上证据显示，纸业公司主张的本案货款金额人民币334.04万元，系由两部分构成，即甲公司与纸业公司已结算确认的未付款人民币148.58万元（58.6万元+89.98万元）、乙公司与纸业公司已结算确认的未付款人民币185.46万元（0.2万元+185.26万元）。

被告甲公司不服重审一审判决，上诉至二审法院，二审法院于2015年11月10日作出终审判决：

（1）驳回上诉，维持原判；

（2）二审案件受理费3.35万元，由上诉人甲公司承担。

二审法院在重审二审中认为，根据双方提供的证据及庭审查明的事实，能够证实甲公司、乙公司与纸业公司存在商品纸的买卖交易关系，以及买卖双方收货、对账、开具发票及回签发票回单联、付款的交易习惯。2014年5月6日，甲公司与纸业公司就2014年2月11日至4月23日的货款进行对账，结算货款金额为89.98万元，纸业公司出具了付款人为甲公司的同等金额发票，代表甲公司参与对账结算的会计杨某，在对账单上加盖了甲公司的公章，对发票回单进行了签字确认。上述行为均符合双方的交易习惯，甲公司应当对其确认的89.98万元货款承担付款责任。甲公司关于杨某不是其工作人员，杨某收取发票回单不能证实收到货物的主张不能成立，二审法院不予采信。

在2014年3月31日与5月6日的两次对账中，甲公司盖章确认的结算金额均包含乙公司确认未付货款的185.46万元。甲公司在对账中对乙公司的欠款金额盖章确认，该行为合法有效。甲公司作为具备独立法人资格的公司，应当对其公章的管理及财务人员的职务行为承担相应的法律责任，据此，一审法院认定甲公司的行为属于对乙公司债务的加入符合法律规定。

四、案例评析

本案经过原审法院一审，中级人民法院二审审理后发回重审，原审法院依据发回重审的裁定追加第三人乙公司参加本案诉讼，重新审理后，被告甲公司不服提起上诉，二审法院作出终审判决，维持原审判决，原告纸业公司全面胜诉。

在本案诉讼过程中，被告甲公司一直在否认与纸业公司之间存在买卖关系，并否认与乙公司之间的高度关联关系，以期达到拖延履行债务的目的。甲公司借没有书面买卖合同之由，无视原告提供的销货统计明细及结算明细、仓库保管账等证据确认的交易事实，否定与原告实际上的买卖合同关系，从而将自己应承担的付款义务推给第三人乙公司。同时被告甲公司又以与乙公司的借用关系为幌子，将债务加入行为混淆为履行承担，进一步逃避自己在第三人乙公司对原告纸业公司的债务关系中应承担的连带清偿责任。被告甲公司甚至提出“由于货物是由乙公司接收，乙公司是动产所有权人，因而应由乙公司承担付款义务”的荒谬观点，无视合同效力的相对独立性，混淆所有权和债权。

在诉讼中，原告纸业公司经调查显示，乙公司与甲公司办公、生产经营为同一住所，两公司之间财务混同、人员混同，是具有高度关联关系的两家公司。被告辩称的乙公司员工杨某只是代为保管甲公司公章，恰恰从侧面自证了两公司的财务混同、人员混同。试问，不具有高度关联性的两家公司的印鉴又怎么会由同一个人放置在同一抽屉内？这种一人持两个公司的印鉴，想代表哪个公司就代表哪个公司的财务人员，在对账单上加盖的被告甲公司的印章，无疑是能代表甲公司的，那么甲公司对自己对账确认的乙公司与纸业公司的185.46万元债务应承担连带清偿责任。这一点经法院查明，也得到了一审、二审法院的确认。

以上是对原告纸业公司与第三人乙公司的债权债务关系的厘清，并且明确了被告甲公司因债务加入而承担的连带清偿责任。

2014年2月，被告甲公司与原告纸业公司的已开发票结算的未付货款58.6万元，被告当庭自认，因此被告对该笔货款应向原告承担付款义务。2014年5月6日，被告甲公司的兼职会计杨某与原告纸业公司对账，原告向被告甲公司开具付款人为被告的发票9张共计货款89.98万元，杨某虽为乙公司财务人员，但其加盖的公章是甲公司的公章，应视为杨某此时是作为甲公司与原告进行对账。因此，被告甲公司对这该两笔债务共计148.58万元，应向原告纸业公司承担直接付款义务。一审、二审法院查明事实，也与原告所提供的证据证明的事实相符。

至此，看似纷繁复杂的原告与被告、第三人之间的债权债务得到厘清，原审法院经发回重审之后作出的重审一审判决也进一步确认了以上案件的事实和法律关系。虽经被告上诉，但二审法院的终审判决维持原判。重审一审、重审二审判决皆是在以事实为依据，以法律为准绳的基础上作出的，在具体案件中体现了司法的公平与公正，判决依据和结果无疑是令人信服的。

五、律师说法

当前，纷繁复杂的市场经济活动和鳞次栉比的公司企业的成立，促进了公司法的发展，而日趋完善的公司法等相关经济法律、法规，又规范了市场经济活动和公司企业的有序发展。在市场经济高速发展的今天，公司、企业的成立和发展或多或少存在这样或那样的问题，值得我们关注并规避。正如本案中纸业公司诉甲公司的买卖合同纠纷，我们在厘清法律关系、解决实际问题的同时，也能够从中得到一些在经济生活中更具指导意义的有益借鉴。

（一）法人财产混同是法人人格混同的主要表现之一

财产混同是对分离原则的背离，极易导致公司财产的隐匿、非法转移和被股东私吞、挪作他用。财产混同一方面表现为公司与股东财产的同一或不分，如公司与股东使用同一办公设施、公司财产无记录或记录不实，公司账簿与股东账簿不分或一体化；另一方面也可以表现在公司与股东利益的一体化上。财产混同可能是利益的一体化，即公司的盈利与股东的收益之间没有区别，公司的盈利可以随意转化为公司成员的个人财产，或者转化为另一个公司的财产，而公司的负债则为公司的债务。本案中，甲公司与乙公司存在法人人格混同的嫌疑，两公司运用关联关系，在诉讼中故意混淆视听，以达到拖延履行债务的目的，这就极有可能侵犯债权人的合法权益。

在实务中，法人之间存在的财产混同主要表现为以下几种方式。

（1）人员混同。这是指法人之间在组织机构和人员上存在严重的交叉、重叠。如公司之间董事相互兼任、公司高级管理人员交叉任职，甚至雇员也相同，最典型的情形是“一套人马，多块牌子”。

（2）业务混同。这是指法人之间从事相同的业务活动，在经营过程中彼此不分。如同一业务有时以这家公司名义办理，有时又以另一家公司名义办理，以至于与之交易的对方当事人无法分清与哪家公司进行交易活动。

(3) 财务混同。这是指法人之间账簿、账户混同，或者两者之间不当冲账。需要注意的是，法人依法合并财税报表，以及在分开记账、支取自由前提下的集中现金管理，不应被视为财务混同。

但本案中，法院虽未认定甲公司与乙公司之间人格混同，但对本案的认定“债务加入”的合法有效性具有重要意义。在本案中，如果甲公司与乙公司之间不存在任何的关联性，则很难在本案中认定债务加入是具有担保履行的性质，反之，就难以认定债务加入的合法有效性。

（二）债务加入的责任承担问题

债务加入，又叫并存的债务承担，是指债务人不脱离债的关系，第三人加入债的关系，与债务人共同承担债务。严格说，这并非债的主体变更，而是增加债务人的人数，由于第三人的加入，债务人增加，成为多数债务人之债。第三人加入后，与债务人之间成立连带关系，对同一债务负连带责任。债权人可以请求债务人履行义务，也可以径直向第三人请求履行义务。

债务加入应具备以下条件：一是债务加入须以原已存在的有效债务为前提，原有债务如果是无效的，债务加入则不发生效力。二是债务加入系因第三人以担保债的履行为目的加入到原有的合同关系中（原债务人与加入的第三人之间存在一定的关联性）。同时并不免除原债务人的义务，第三人成为主债务人之一，与原债务人共同向债权人履行债务。债权人可以单独要求第三人或债务人履行全部债务，也可以要求第三人与债务人共同履行全部债务。三是第三人加入后所承担的债务应与第三人加入前承担的原债务具有同一内容，不得超过原债务的限度，同时所承担的范围也是以原债务为限。承担后发生的利息及违约金、所受损害赔偿等，应一并承担。四是债务人不因第三人的行为而免除债务。

与债务加入不同，债务代为清偿的主要目的在于免除原债务人的偿还责任，由第三人与原债权人形成新的债权债务关系。

在审判实践中，常常有人将债务加入与履行承担混为一谈。所谓履行承担，又叫第三人代为履行，是第三人与债务人之间的一种合同，第三人依据该合同负有履行债务的义务。履行承担与债务加入都是第三人向债权人履行义务，但两者的区别是，履行承担中债权人对于第三人不享有债权，不得直接请求履行；而债务加入中债权人可以直接向第三人主张权利，第三人与原债务人承担连带清偿责任。

本案中，甲公司虽没有签订书面合同表示要加入纸业公司与乙公司之间的债务，但实际上履行了债务加入的行为，出具2份对账单，充分证明其两次自愿加入到乙公司与纸业公司的债权债务关系中，并自愿承担欠款的法律付款义务，这就是典型的债务加入，甲公司应与乙公司承担连带清偿责任。尤其是甲公司与乙公司之间存在事实上的各种关联性，如人员混同等。

（三）所有权人与合同相对人并不当然一致

在买卖合同中，很多人可能存在误区：认为合同相对人当然为物权所有人。这无疑是对物权法和合同法的混淆。根据物权法第23条规定，动产物权的设立和转让，自交付时发生效力，但法律另有规定的除外。而根据“合同相对性原则”，在动产买卖法律关系中，查明货物是否收到，是为了查明交易的真实性，而不是谁收到货即认定谁为买受人，收货人在交付货物时取得动产所有权，但不是机械地认定收货人必须承担支付货款的法律义务，合同的权利义务仍由合同相对人承担。

在本案中，该问题显现得更为典型，更具司法实践的指导意义。

律师介绍·杨正方

杨正方，山东储誉律师事务所创始人、主任，中华杨氏律师联谊会（律师联盟）常务理事。1964年生，出生在山清水秀的红色革命老区江西。正方，意为堂堂正正做人、做事，方能始终；“诚实做人，踏实做事”也成为他人生践行的信条，公平、正义是其不懈的追求，维护每一位当事人的利益是其永不停歇的脚步。

山东大学法学本科毕业，2000年之前从事教育工作，2000年起，专业从事律师工作，执业数十载，为数万名当事人提供了优质的法律服务，在法律行业积累了良好的口碑和广阔的人脉，不断探索法治精神和法律服务的真谛。

杨正方律师深耕在法律服务行业，专业能力不断达到新的高度，擅长建设工程、房地产、刑事辩护，公司、企业法律顾问、民商合同、投融资等领域。其专业的能力和丰富的执业经验，得到业内律师同人和当事人的一致认可，荣获多项名誉称号，同时担任济南市律师协会第七届代表、理事会理事、建设工程业务委员会副主任、实习人员管理委员会委员，并且多次参与地方法律法规的修订。

杨正方律师在前进的道路上不断奋斗，并积极主动地承担起社会责任，多年来身体力行地参与各种普法公益事业。多次参加社区普法活动，主动承接法律援助案件、免费诉讼案件和公益诉讼案件等。

杨正方律师及其合伙人2012年获得司法部批准，依法设立山东储誉律师事务所，杨正方系主任；律所自成立以来，依靠所内资深律师和专家学者的齐心协力，获得了蓬勃发展，规模和效益迅速提升，已经成为一颗冉冉升起的新星。

2015年11月，被“中国诉讼论坛·2015”组委会推荐为“中国专家诉讼律师”。

司法改革东风吹来，法律服务行业一片蓝海，前景广阔，杨正方律师将带领山东储誉律师事务所不断攀登新的高峰，为中国的法治建设和法律的普及贡献自己的一份力量！

联系电话：15588856816

电子邮箱：yzf@sdcylaw.com

联系地址：山东省济南市经一路88号明珠国际商务港27层

邮政编码：250001

第二章

杨律师以案释法：刑事案件

案例1

王某明合同诈骗案实现减少罪名辩护

● 杨汉卿

一、案情简介

2003年8月，被告人王某明同杨某军、李某贵等投资注册成立吉林春×鹅业发展有限公司，注册资本230万元，拟定生产加工鹅绒，在经营过程中，因建设项目收取工程质保金被公安机关以合同诈骗取保候审并退还保证金。2004年8月，王某明又与吉林市××厂合作设立吉林万×鹅绒有限公司，拟引进资金和陈某仁使用鹅绒技术，经营鹅绒加工项目，在公司设立后，按照约定对吉林市××厂厂房进行改造过程中，收取吉林××建设公司等6家企业工程质保金66万元并入公司财务账，该企业进驻××厂等进行施工并且在部分工程完工结算后，在未能支付工程款的情况下，王某明基于人身受威胁而消失。2005年10月被吉林市公安机关网上通缉，2011年10月28日被抓获。吉林市龙潭公安分局以合同诈骗移送审查起诉，吉林市龙潭区检察院以合同诈骗、虚假出资移送法院审判，吉林市龙潭区人民法院以合同诈骗罪判处王某明有期徒刑11年，并处罚金130万元。

二、指控事实

吉林省吉林市龙潭区人民检察院指控：被告人王某明谎称拥有专利技术、能够引进外资及虚假出资人民币150万元，邀请吉林省长岭县杨某军、李某贵以房地产作投资与其合伙，于2003年8月13日申请注册了吉林春×鹅业发展有限公司（以下简称春×公司），注册资本共计人民币230万元。同年11月，因杨某军、李某贵作为入伙投资的房产无法办理变更过户手续，经公正退出春×公司，至此，该公司实际注册资本为零。被告人王某明非但不向工商部门申请撤销该公司法人资格，反而于2003年11月7日至2004年4月间，伙同冯某党、杨某民（已追诉）虚构已引进香港中国国际××集团公司投资千万的事实，先后骗取单某军、张某礼、姜某亮入股金额共计人民币10万元；以收取工程质量保证金名义，骗得赵某猛、杨某燕、解某玲等人及长春××窗业竹枫公司共计人民币140万元。

2004年2月，被告人王某明租用吉林市高新技术开发区创业园D座638室（以下简称创业园）作为春×公司办公室。同年7月4日，因涉嫌合同诈骗，王某明被吉林省长岭县公安局取保候审。2004年8月，王某明又编造已从美国所罗门投资有限公司引进了资金，以春×公司名义与吉林市××厂合资组建万×源鹅绒有限公司（以下简称万×公司）。在实际注册过程中，被告人王某明在未取得吉林市××厂同意的情况下，仅以自然人身份出资人民币2万元，骗用吉林市××厂已经评估近700万元人民币的资本申请注册万×公司，被告人王某明伙同高某伟、黎某国、杨某远（均另案处理）等人编造虚假鹅绒制造项目，以万×公司的名义，先后在创业园及××厂其办公室内，与吉林市××机械有限公司、长春××集团吉润建设股份有限公司吉林分公司、吉林××建设公司、吉林市××建设有限公司以及吉林春×公司等单位签订工程合同，并收取质保金共计人民币66万元，骗取公民杨某人民币90万元；被告人王某明还变卖××厂库存及账外材料、机械设备、拆除厂房8座，造成直接经济损失价值人民币520.78万元；期间，被告人王某明将春×公司的票据作为给万×公司的垫付款载入账本，造成公司欠其个人款项50万余元的假象，并从万×公司支付了36万元偿还其个人债务。案发前后，王某明返还了部分被害人的股金和质保金。

公诉机关认为，被告人王某明违反公司法的规定，未在法定期限内转移出资实物的财产所有权，两次虚构出资高达人民币930万元，后果严重；采取虚构事实、隐瞒真相的手段，骗取公私财产，数额特别巨大，其行为分别触犯了《中华人民共和国刑法》第159条第1款，第224条第（4）项、第（5）项之规定，犯罪事实清楚，证据确实充分，应当以虚假出资罪、合同诈骗罪追究其刑事责任。

三、辩护观点

第一，起诉书指控王某明涉嫌虚假出资的罪名不能成立。

辩护人认为构成虚假出资罪，必须是违反公司法有关出资规定的行为；必须有虚假出资的行为；必须数额巨大、后果严重或者有其他严重情节。

本案公诉人指控被告人王某明虚假出资罪涉及两个公司：其中春×公司成立于2003年8月13日，公司注册资本230万元，王某明出资150万元，占67%，杨某军出资40万元，占16.5%，李某贵出资40万元，占16.5%，各方均以房屋和机械设备出资，验资机构对各方出资出具验资报告，证明已经履行出资义务。万×公司成立于2004年10月13日，注册资本702万元，吉林市××厂以实物出资700万元，王某明以货币出资2万元。吉林市××厂实物出资由吉林市正大资产评估事务所出具评估报告，评估值为703.03万元，王某明于2004年10月13日，缴存吉林市商业银行解放大路支行吉林市万×源鹅绒制品有限公司临时账户人民币2万元整。2004年10月13日，吉林华泰会计师事务所出具验资报告，各股东完全履行出资义务。王某明在设立万×公司时，应当遵守2004年的公司法。吉林××厂和王某明的上述行为，完全符合该法关于出资的规定。

至于公诉人指控2004年8月30日签订的《合资合作企业合同书》，其并非公司法规定的设立公司的必备条件，也不是公司法有关股东出资的必要条件。该合同书仅是对双方合作期间的权利义务进行约定，应属合同法调整范围，不属于公司法调整。

综合立案标准及案件事实证据，王某明不构成虚假出资罪。假设王某明构成个人合同诈骗罪，其成立公司目的是为了诈骗，根据刑法竞合原理，也只能以合同诈骗罪来处罚，而不能以虚假出资罪来处罚。

第二，起诉书指控王某明虚假出资755万元，属于认定事实错误，王某明在设立春×公司和万×公司时共计出资152万元。

春×公司于2003年8月在工商部门注册成立，注册资本230万元，其中王某明出资150万元，占67%；万×公司于2004年10月在工商部门注册成立，注册资本702万元，其中王某明出资现金2万元，占1%。从上述情况来看，被告人王某明在设立春×公司和万×公司分别出资150万元和2万元，均已到位，起诉指控的王某明虚假出资755万元是无任何事实依据的。

第三，起诉书指控王某明涉嫌个人合同诈骗罪属于适用法律错误，本案构成单位犯罪，应当追加春×公司、万×公司为被告，被告人王某明承担主要负责人的责任。

2003年8月，被告人王某明与杨某军共同设立春×公司，并出任法定代表人，负责具体公司经营。2004年12月至2005年5月，王某明同已倒闭的吉林市××厂共同出资成立万×公司，王某明任职董事长，并负责公司具体经营。辩护律师认为：王某明及春×公司、万×公司的行为应当构成单位犯罪，王某明承担负责人责任。理由如下。

（1）单位犯罪概念。单位犯罪是公司、企业、事业单位、机关、团体等法定单位，经单位集体研究决定或由有关负责人代表单位决定，为本单位谋取利益而故意实施的，或不履行单位法律义务、过失实施的危害社会，而由法律规定为应负刑事责任的行为。

（2）法律对单位犯罪的规定。刑法第30条规定："公司、企业、事业单位、机关、团体实施的危害社会的行为，法律规定为单位犯罪的，应当负刑事责任。"《最高人民法院关于审理单位犯罪案件具体应用法律有关问题的解释》第1条规定："刑法第三十条规定的'公司、企业、事业单位'，既包括国有、集体所有的公司、企业、事业单位，也包括依法设立的合资经营、合作经营企业和具有法人资格的独资、私营等公司、企业、事业单位。"春×公司和万×公司均是在工商部门依法注册，依法成立的有限责任公司，符合刑法对单位犯罪主体的要求。

（3）从本案被告王某明的行为动机看，本案具有单位犯罪性质。本案被告王某明实施的鹅绒制造项目是实现本单位的利益，而不是个人利益。单位犯罪中，犯罪人实施犯罪活动的动机是为了实现单位利益。共同犯罪中，各共同犯罪人实施犯罪活动的动机是为了实现个人目的。这是区分单位犯罪和共同犯罪的另一个重要标准。当某些犯罪分子利用单位的名义实施犯罪时，究竟是按照单位犯罪处理，还是按照共同犯罪处理，就必须考证是为了个人利益还是为了单位利益。而本案王某明行为完全是为了实现单位利益，这从公司账目可以看出来，所收取的每一分钱，都用于公司利益，王某明个人未获得任何个人利益，且万×公司账目及会计审计报告记载：公司目前仍欠王某明个人垫付资金52万余元。

（4）从本案承载犯意的最终主体看，本案具有单位犯罪性质。单位犯罪中，除了存在直接负责的主管人员和其他直接责任人员的犯意外，还存在一个单位犯意，并且最终是以单位整体犯意来追究的，即在单位犯罪中，犯罪活动是以单位的名义实施的，个人意志要通过单位的意志表现出来。共同犯罪中，除了各个共同犯罪人的犯意外，不存在其他犯意，犯罪活动一般就是以犯罪分子的名义实施的，不存在以另一个单位的名义实施犯罪的情况，即使是以另一个单位的名义实施的，也不能代表该单位的意志。这是区分单位犯罪和共同犯罪的一个重要标准。王某明的行为可以证明其犯意不是为了个人利益，也未为个人谋取任何利益，目的是引进资金，发展企业，救活企业。

（5）从公司成立、运营过程看，本案具有单位犯罪性质。单位犯罪在客观上必须是经单位决策机构决定或者由负责人决定实施犯罪。单位犯罪的特点在于：在单位故意犯罪的情况下，这种犯罪行为是经单位集体决定或者负责人决定实施的。这里的单位集体决定，是指经过单位决策机构决定。在一般情况下，单位决策机构是指单位有权作出决定的机构。从本案发生情况看，王某明设立春×公司和万×公司，目的是引进技术，引进资金，实现农户加工企业发展的模式，发展企业，扶助农民，共同致富。王某明的行为是代表公司的行为。

综上，辩护人认为：认定单位犯罪更为符合客观事实和法律规定。

第四，本案被告人王某明个人不存在以非法占有为目的，骗取他人财物的行为，尤其是万×公司账目清楚记载，王某明为企业发展垫付资金52余万元，更能证明其个人不具有非法占有他人财产的目的。

通过会见和阅卷，尤其是通过审查账目及会计审计报告，可以确认公司仍欠王某明个人垫付款。据吉林永泰会计事务所报告书记载：（1）王某明个人投资20万元；（2）截至2005年12月31日王某明个人垫付单位费用款52.52万元；（3）截至2005年12月31日王某明欠单位款项2.68万元。此证据可以充分证明王某明与吉林市××厂注册成立公司，不存在任何个人利益，不存在非法占有他人财物行为。若王某明个人存在非法占有他人财物的目的，没有必要自己垫资，也没有必要收取质保金后，交付公司财务，用于公司支出。

第五，起诉书指控被告人王某明以春×公司名义，以投资入股和收取质保金的方法，骗取他人财产140万元，属于认定事实错误。

从统计情况看，春×公司共计收取股金及工程质保金116.55万元，其中案后退还45万元，其余款项因各种原因未能履行合同而在案前退还当事人。起诉书认定的骗取140万元明显数额计算不准确。

第六，起诉书指控被告人王某明以万×公司名义，骗取吉林市天皓机械有限公司等5家公司工程质保金66万元，属于认定事实错误和适用法律错误，万×公司与上述公司纠纷性质属于民事法律调整范围，不应当追究被告人王某明刑事责任。

（1）认定王某明骗取质保金66万元不符合客观事实，实际是向万×公司交纳，且仅有53万元。万×公司在设立后，在实际经营过程中，分别与吉林市天皓机械有限公司、长春建工集团吉润建设股份有限公司吉林分公司、吉林××建设公司、吉林市隆华建设有限公司、吉林化建公司签订建设工程施工合同，由此上述公司承接万×公司办公楼、厂房、基地建设等项目建设施工，双方签订的合同及收取工程质保金行为，未违反国家强制性规定，真实、合法、有效，属于民法调整范围，不应当作为刑事犯罪来追诉。一是上述公司均与万×公司签订了建设工程施工合同，合同内容未违反国家强制性规定，合同真实、合法、有效；二是上述5家公司实际向万×公司交纳工程质保金53万元，此行为符合建设工程施工合同市场交易习惯，未违反国家强制性规定；三是万×公司所收取的质保金均开有收据，并且入万×公司账户，符合财务管理制度，被告人王某明未私自收取一分钱；四是部分工程已完工，有工程结算书，符合建设工程施工合同履行交易习惯，符合合同法规定；五是部分公司因万×公司未及时支付工程款，撤出施工现场，属于双方中止履行合同行为，符合合同法规定；六是虽然收据显示万×公司收取吉林冶建公司工程质保金20万元，但双方均认可实际收取质保金10万元，在认定犯罪数额上，应当按实际收取数额为准。

（2）被告人王某明与吉林××厂合作成立万×公司，并与5家公司签订建设工程施工合同，收取质保金未违反国家强制性规定，属于民事法律调整范围，此部分不应当认定王某明涉嫌犯罪。

一是陈某仁教授研发的鹅绒项目通过了国家可行性认证，陈某仁教授无资金、无场地，寻找投资人，使项目及早投入生产；二是××厂濒临破产，××厂有厂房，王某明与××厂合作是充分利用××厂优势，厂房经过改造后即可满足生产需要，成立万×公司是为实现陈某仁教授项目从研发到生产，发挥项目的科技优势，发展经济；三是在资金短缺的情况下，王某明找到了所罗门投资公司，所罗门公司同意投资陈某仁教授鹅绒项目，但需要满足基本生产条件后才能注入资金；四是万×公司决定改造××厂厂房等设施，目的是达到生产条件，由此与建设施工单位签订建设工程施工合同，进行项目初期工程改造、基地建设；五是王某明因向杨某借款、未及时支付工程款等被相关人员殴打、拘禁，致王某明离开吉林市，导致合作终止，陈某仁教授的项目无法继续进行；六是在工程改造期间，陈某仁教授派其子陈某等来到吉林市，指导万×公司如何进行厂房改造、培训工人等；七是陈某仁教授证实王某明确实是想干事，能干事的人，是真想把鹅绒项目做起来，可以陈某仁教授证言为证；八是王某明为发展公司，筹集资金、自己垫付资金等，均系以公司发展为目的，所有收入均未入公司账户；九是万×公司成立后，××厂指派安某颖为会计，实际上等于代表××厂负责万×公司财务，起到监督万×公司财务作用。

通过上述分析，可以确定王某明在整个操作过程中，一切在法律允许范围内开展工作，与各方形成的法律关系均未违反国家强制性规定，市场有风险，有经营即有风险，不能因发生风险即控告他人诈骗，这是不道德的，也是不合法的行为。王某明在吉林市的行为不应当认定为犯罪，不应当通过刑事法律解决，按民事法律规定来处理万×公司与各方当事人法律关系更为符合客观实际情况，更为符合建设法治国家的精神。

第七，起诉书指控被告人王某明骗取杨某现金90万元，属于适用法律错误，应当认定为民事纠纷，由万×公司承担民事责任，而不应当追究被告人王某明刑事责任。

关于“骗取杨某现金90万元”的事实，有借条，约定还款期限等，但本案未有被害人杨某本人陈述材料或讯问笔录，仅有法院民事立案及移交函为证，通过上述事实及证据可以证明此案应当认定为民事诉讼，不能为了加重被告人刑事责任而将事实累加。

第八，起诉书指控王某明给××厂造成直接经济损失价值人民币520万余元，因没有证据支持，不能认定系王某明个人给××厂造成的损失，也不认定为万×公司给××厂造成的损失。

辩护律师认为：案件卷宗第6卷第6页至第20页××厂变卖设备收据等相关证据均未有王某明及万×公司人员安某颖、王某国等人员签字，且上面会计签字也非安某颖签字，从上述证据不能确定是王某明或万×公司行为给××厂造成的损失。起诉书指控的王某明给××厂造成经济损失却未提交任何有力证据支持。因此，认定王某明给××厂造成损失520万余元没有任何依据。

综上所述，辩护律师认为：被告王某明在本案中不存在个人非法占有的目的，未骗取他人财物，所有行为均为公司法人行为，应当以单位犯罪追加春×公司为被告，以王某明为单位主要负责人和责任人追究其刑事责任。

四、法院裁决

法院认为，被告人王某明以非法占有为目的，在签订、履行合同中，骗取对方钱财，其行为构成合同诈骗罪，且数额特别巨大。公诉机关指控该起犯罪罪名成立。对于公诉机关认为被告人王某明构成虚假出资罪的公诉意见，法院认为，被告人王某明从开始就虚构其具有专利技术及能引进外资，其根本不具备设立公司可注册的资本。设立春×公司及万×公司，其目的是通过利用两家公司的名义对外进行合同诈骗活动，虚假出资设立公司系被告人为以后实施诈骗行为的手段。因此对于公诉机关认为其构成虚假出资罪的意见法院不予采纳。对于公诉机关认为被告人王某明在立案前返还给被害人的部分赃款，因其犯罪行为已为既遂，不应在犯罪数额中予以扣除的公诉意见，法院认为，多次诈骗的，并以后次诈骗财物归还前次诈骗财物，在计算诈骗数额时，应当将案发前已经归还的数额扣除，按实际未归还的数量认定，对于公诉机关的上诉公诉意见，法院不予支持。对于公诉机关指控被告人王某明诈骗公民杨某人民币90万元的公诉意见，法院不予认定。对于被告人王某明在吉林市利用万×公司进行合同诈骗，公诉机关指控的数额人民币66万元中，除包含工程质量保证金人民币53万元外，另外还有人民币13万元系工程承包方给被告人王某明的好处费。关于该好处费是否应认定为犯罪数额，法院认为，该好处费系由王某明同案的高某伟出具借条予以证实收取，但高某伟未到案，被告人王某明不承认收取此笔好处费，不能证实高某伟收取的钱款是否交予王某明，因此对于公诉机关指控的13万元好处费，法院不认定为被告人王某明的犯罪数额。对于被告人的辩护人所提出的合同诈骗罪应当认定为单位犯罪的辩护意见，法院认为，本案中春×公司、万×公司设立后，从未有实际经营活动，所有行为均系被告人王某明指使均以实施合同诈骗犯罪为主要活动，故不应以单位犯罪论处。因此对于辩护人的上诉意见，法院不予采纳。被告人王某明多次进行合同诈骗行为，具有酌定从重处罚情节。因被被告人王某明的犯罪行为造成被害单位重大经济损失，亦具有酌定从重处罚情节。依照《中华人民共和国刑法》第224条第1款第（4）项、第（5）项，第52条、第53条，第61条之规定，判决如下。

被告人王某明犯合同诈骗罪，判处有期徒刑11年，并处罚金人民币130万元。

五、案例评析

虚假出资，是指公司发起人、股东违反公司法的规定未交付货币、实物或者未转移财产权，数额巨大、后果严重或者有其他严重情节的行为。

虚假出资罪主体是特殊主体，即公司的发起人或者股东。这里的“公司”是指公司法所规定的有限责任公司和股份有限公司。“公司发起人”是指依法创立筹办股份有限公司的人。“股东”是指公司的出资人，包括有限责任公司的股东和股份有限公司的股东。行为人必须有违反公司法的规定，未交付货币、实物或者未转移财产权，虚假出资，或者在公司成立后又抽逃其出资的行为。根据《最高人民检察院、公安部关于公安机关管辖的刑事案件立案追诉标准的规定（二）》第4条规定，公司发起人、股东违反公司法的规定未交付货币、实物或者未转移财产权，虚假出资，或者在公司成立后又抽逃其出资，涉嫌下列情形之一的，应予立案追诉：一是超过法定出资期限，有限责任公司股东虚假出资数额在30万元以上并占其应缴出资数额60%以上的，股份有限公司发起人、股东虚假出资数额在300万元以上并占其应缴出资数额30%以上的。二是有限责任公司股东抽逃出资数额在30万元以上并占其实缴出资数额60%以上的，股份有限公司发起人、股东抽逃出资数额在300万元以上并占其实缴出资数额30%以上的。三是造成公司、股东、债权人的直接经济损失累计数额在10万元以上的。四是虽未达到上述数额标准，但具有下列情形之一的：（1）致使公司资不抵债或者无法正常经营的；（2）公司发起人、股东合谋虚假出资、抽逃出资的；（3）两年内因虚假出资、抽逃出资受过行政处罚二次以上，又虚假出资、抽逃出资的；（4）利用虚假出资、抽逃出资所得资金进行违法活动的；（5）其他后果严重或者有其他严重情节的情形。

具体到本案，被告人王某明与他人出资设立的春×公司和万×公司均出资到位，且不存在出资不实问题或抽逃出资情形，一审法院未支持检察机关指控的虚假出资罪，笔者认为是正确的。当然按现行公司法规定，股东设立公司实行认缴制以后，不存在虚假出资情形，也即不存在追究刑事责任问题。

合同诈骗罪，是指以非法占有为目的，在签订、履行合同过程中，采取虚构事实或者隐瞒真相等欺骗手段，骗取对方当事人的财物，数额较大的行为。

随着中国市场经济的不断发展，利用签订合同诈骗钱财的案件大有愈演愈烈之势，不仅侵犯了他人财产权，扰乱了市场秩序，而且与经济纠纷极难区分与识别，因而成为司法实践中的一个热点问题。刑法第224条规定，以非法占有为目的，在签订、履行合同过程中，骗取对方当事人财物，数额较大的，处3年以下有期徒刑或者拘役，并处或者单处罚金；数额巨大或者有其他严重情节的，处3年以上10年以下有期徒刑，并处罚金；数额特别巨大或者有其他特别严重情节的，处10年以上有期徒刑或者无期徒刑，并处罚金或者没收财产。本罪的诈骗行为表现为下列5种形式：(1) 以虚构单位或者冒用他人的名义签订合同的。(2) 以伪造、变造、作废的票据或者其他虚假的产权证明作担保的。这里所称的票据，主要指能作为担保凭证的金融票据，即汇票、本票和支票等。所谓其他产权证明，包括土地使用权证、房屋所有权证以及能证明动产、不动产的各种有效证明文件。(3) 没有实际履行能力，以先履行小额合同或者部分履行合同的方法，诱骗对方当事人继续签订和履行合同的。(4) 收受对方当事人给付的货物、货款、预付款或者担保财产后逃匿的。(5) 以其他方法骗取对方当事人财物的。行为人只要实施上述一种诈骗行为，便可构成本罪。

具体到本案，被告人王某明在经营春×公司期间，对外签订合同、收取质保金、股金等行为，笔者认为涉嫌合同诈骗，符合合同诈骗犯罪的基本特征，但被告人王某明在经营万×公司期间，均是以公司名义对外签订合同，由公司统一收取工程质保金，签订的建设工程施工合同也确实存在工程，部分工程通过竣工验收和结算，只是未能及时支付工程款，造成拖欠工程款，质保金未及时返还，同时对公司财务账目审计，可以发现王某明垫付52余万元资金，用于万×公司经营，至今公司未偿还王某明。笔者认为被告人王某明在经营万×公司期间，对外签订的合同不应当认定为合同诈骗，即使构成合同诈骗，也应当认定为单位犯罪，不应当由被告人王某明一人承担刑事责任。

公司、企业、事业单位、机关、团体实施的危害社会的行为，依法应当承担刑事责任，即单位可以成为犯罪主体。所谓单位犯罪就是公司、企业、事业单位、机关、团体等法定单位，经单位集体研究决定或由有关负责人员代表单位决定，为本单位谋取利益而故意实施的，或不履行单位法律义务、过失实施的危害社会，而由法律规定为应负刑事责任的行为。单位犯罪具有法定性，如果刑法没有规定单位可以犯某种罪，即使公司企事业单位机关团体的行为与法律规定犯罪行为相符，也不能给该公司企事业单位机关团体定此罪。

刑法第231条规定，单位犯本节第221条至第230条规定之罪的，对单位判处罚金，并对其直接负责的主管人员和其他直接责任人员，依照本节各该条的规定处罚。合同诈骗罪源于刑法第224条规定，即单位可以成为合同诈骗犯罪主体。

具体到本案，被告人王某明作为法定代表人，以万×公司名义对外签订建设工程施工合同，保证金统一由公司财务收取、由公司履行双方签订的合同义务，理应认定为公司行为，即使构成犯罪，也应当认定为单位犯罪，被告人王某明承担主要负责人责任。

区分合同诈骗罪与民事欺诈行为具有重要意义，也是是否承担刑事责任的重要标准。随着社会经济的发展，大量的民事案件、刑事案件交叉出现，在司法实践中，常常因为在两者之间区分不恰当，导致侦查机关插手民事纠纷并引起司法不公。客观正确区分合同诈骗罪与民事欺诈行为意义重大。

一是合同诈骗罪与民事欺诈行为概念不同。根据刑法第224条规定，合同诈骗罪是指以非法占有为目的，在签订、履行合同过程中，采取虚构事实或者隐瞒真相等欺骗手段，骗取对方当事人数额较大财物的行为。根据民法通则和合同法的规定，民事欺诈行为是指一方当事人对他方当事人故意作虚假陈述或故意隐瞒事实真相，诱使他方当事人陷于认识错误而与其签订合同的欺诈行为。

二是合同诈骗罪与民事欺诈行为之间的根本区别在于行为人是否具有

非法占有为目的。如果具有非法占有为目的，则构成合同诈骗罪，否则系民事纠纷。认定行为人是否具有非法占有为目的，要综合审查以下因素：（1）审查行为人主体资格；（2）审查行为人在签订合同时履行合同的能力；（3）审查行为人是否有积极履行合同的行为；（4）审查未履行合同的原因；（5）审查行为人在对方当事人履行或部分履行合同后的表现。

三是合同诈骗罪与民事欺诈行为的根本区别除了主观目的不同，在客观方面两者欺骗的内容和程度有本质的区别。合同诈骗罪中行为人虚构的事实、隐瞒的真相主要内容或者基本内容是虚假的，而且表现为作为；而民事欺诈行为主要是履约能力和服务质量方面，除了作为还有相当一部分不作为。另外，两者侵犯的客体不同：前者侵犯的是财产所有权和正常的社会主义市场管理秩序，而后者侵犯的是债权。

四是合同诈骗罪与民事欺诈行为在主观故意方面存在不同。合同诈骗罪只能存在于直接故意中，而民事欺诈行为可以存在于直接故意和间接故意中。

具体到本案，笔者认为被告人王某明在经营万×公司期间，有明确的可行性项目，有具体的施工项目，有合同履行能力，只是拖欠工程款，应当属于民事纠纷范畴，不宜认定为合同诈骗罪并追究刑事责任。对于法院判决结果，笔者是不认同的。

六、律师说法

随着当前国家经济的迅速发展，产生了大量的民事纠纷案件，当事人纷纷通过各种手段来维护自己的合法利益，更有当事人借助公检法机关力量，来维护自己的利益，从而导致大量刑民交叉案件出现。该类案件若区分不清楚，将导致公检法机关插手经济纠纷，从而造成当事人纷纷依靠公权机关解决经济纠纷的结果。

各种类型的公司、企业作为市场经济的主体，在各种经济活动中稍有不慎即有可能触犯刑事法律，公司企业及其主要负责人都有可能被追究刑事责任。刑事法律风险产生的直接后果是既追究责任人责任，又追究公司责任，采取双罚制，既处罚企业，又处罚直接责任人，不仅给个人和其所在企业带来无法估量的损失和影响，而且影响社会经济发展。

公司企业防范刑事法律风险势在必行，为此律师建议：

一是制定企业自身防范刑事风险的制度，建立风险防控长效机制。

二是聘请专业刑事律师担任刑事专项法律顾问，专项解决刑事风险防控。

三是强化企业高管刑事法律风险培训，提高刑事风险意识和管理技能。

四是确立企业经营行为刑事风险事前审查程序，做到防范在前。

案例2

孙某莉受贿案成功实现减少事实辩护

● 杨汉卿

一、案情简介

2013年9月3日，国家某部委处长孙某莉，因涉嫌受贿被纪委带走审查，9月5日被刑事拘留，2014年6月5日，北京市西城区人民检察院依法提起公诉，2014年9月11日作出（2014）西刑初字第464号刑事判决，以受贿罪判处被告人孙某莉有期徒刑10年，认定被告人孙某莉受贿杨某一块价值5.4万元卡地亚手表、5000美元、1万欧元、董某海行贿10万元人民币、马某生行贿5万元人民币。被告人孙某莉不服提出上诉。北京市第二中级人民法院于2014年12月16日作出（2014）二中刑终字第1330号刑事裁定书，撤销原判，发回重审。2015年3月24日，西城区人民法院作出（2015）西刑初字第56号刑事判决书，判决孙某莉有期徒刑10年，认定事实与第一次认定事实完全一致，被告人孙某莉不服提出上诉，2015年7月10日，北京市第二中级人民法院作出（2015）二中刑终字第628号刑事判决书，撤销北京市西城区人民法院（2015）西刑初字第56号刑事判决书，仍然判处孙某莉有期徒刑10年，但一审认定受贿卡地亚手表价值采纳辩护意见未予以认定。本案律师是孙某莉第一次二审期间接受委托，担任其辩护人的。在二审期间，通过阅卷发现一审存在程序违法和认定事实证据之间存在重大差异，提出二审开庭审理，导致该案发回重审。通过第二次一审、二审，最终达到减少认定事实辩护成功效果。

本案律师通过详细阅卷，制作阅卷提纲、案情分析表、案件事实对比表等30余份，全面分析案情，发现孙某莉受贿事实存在证据不足问题，从而作出减少事实的辩护方案，最终实现辩护目的。

二、指控事实

北京市西城区人民检察院指控事实如下。

被告人孙某莉于2008年至2011年期间，在担任国土资源部规划司投资管理处调研员、处长期间，利用负责建设项目土地预审的职务便利，为山东让古戎投资控股集团有限公司谋取利益，先后收受该公司董事长杨某给予的卡地亚手表一块、1万欧元、5000美元，折合人民币共计约18.2万元。

被告人孙某莉于2009年在担任国土资源部规划司投资管理处处长期间，利用负责建设项目土地预审的职务便利，为中地宝联（北京）建设工程有限公司谋取利益，先后收受该公司董事长董某海给予的人民币10万元。

被告人孙某莉于2012年，在担任国土资源部规划司投资管理处处长期间，利用负责建设项目土地预审的职务便利，为黑河市热电厂谋取利益，收受该厂厂长马某生给予的人民币5万元。

检察机关认为，被告人孙某莉身为国家工作人员，利用职务上的便利，非法收受他人财物，为他人谋取利益，其行为触犯了《中华人民共和国刑法》第385条、第383条第（1）项之规定，犯罪事实清楚、证据确实充分，应以受贿罪追究其刑事责任。依照《中华人民共和国刑事诉讼法》第141条之规定，提起公诉，请依法判处。

三、辩护观点

（一）关于非法证据排除的辩护意见

1．关于非法证据予以排除的现行有效的法律依据。

（1）刑事诉讼法明确规定采用刑讯逼供等非法方法收集的犯罪嫌疑人、被告人供述和采用暴力、威胁等非法方法收集的证人证言、被害人陈述，应当予以排除。不得以连续传唤、拘传的形式变相拘禁犯罪嫌疑人。传唤、拘传犯罪嫌疑人，应当保证犯罪嫌疑人的饮食和必要的休息时间。

（2）根据《最高人民法院关于适用〈中华人民共和国刑事诉讼法〉的解释》的规定，使用肉刑或者变相肉刑，或者采用其他使被告人在肉体上或者精神上遭受剧烈疼痛或者痛苦的方法，迫使被告人违背意愿供述的，应当认定为刑事诉讼法第54条规定的“刑讯逼供等非法方法”。

（3）《人民检察院讯问职务犯罪嫌疑人实行全程同步录音录像的规

定》规定，讯问笔录应当与讯问录音、录像内容一致或者意思相符。禁止记录人员原封不动复制此前笔录中的讯问内容，作为本次讯问记录。

2．被告孙某莉的供述因调查取证程序不合法、重复粘贴、疲劳审讯等无法排除合理怀疑，应当作为非法证据予以排除，不能作为定案依据。

（1）通过对讯问被告人孙某莉的笔录统计，发现2013年9月3日即被检察机关传唤，至9月4日23时30分前，侦查人员未出示任何合法的法律文书，以非法限制人身自由形式，连续制作五份讯问笔录，且讯问人均标注为检察机关工作人员，依据刑事诉讼法有关讯问的规定，在无任何合法手续的情况下，此组证据应当作为非法证据予以排除，不应当作为定案的依据。

（2）检察机关侦查人员未给予被告人孙某莉必要的休息，制作的笔录应当按非法证据予以排除。

（3）检察机关涉嫌对被告人孙某莉持续审讯，属于疲劳审讯，应当认定属于司法解释规定的在精神上使用痛苦方法，迫使被告人孙某莉作出有罪供述，2013年9月5日刑事拘留前所制作的笔录，应当按非法收集的证据予以排除，不能作为定案依据。

（4）讯问录像与笔录记载的事实严重不一致，笔录复制粘贴被告人供述，因违反刑事诉讼法和检察机关规定，应当作为非法证据予以排除。

依据以上分析，本案辩护人认为：被告人孙某莉供述笔录存在多处大量复制粘贴行为，应当依据刑事诉讼法相关规定的立法理念和最高人民检察院规定，作为非法证据予以排除。同时，从讯问时间、地点、次数、笔录记载内容重复程度等方面断定，被告人孙某莉一直处于被侦查机关讯问的状态，未保障其得到必要的休息，持续审讯、疲劳审讯，应当认定采用在精神上使用痛苦的方法收集证据，应当认定被告人孙某莉的供述作为非法证据予以排除，不应当作为定案依据。

3．证人董某海持续在检察机关控制，涉嫌持续讯问、疲劳讯问，无法排除合理怀疑，不应当作为定案依据。

从对证人董某海讯问统计的记录来看，董某海自2013年9月16日9时33分起至9月17日凌晨2时42分止，董某海一直在检察机关接受侦查机关办案人员的讯问，在连续讯问长17个多小时，并且未保障充分必要的休息，应当认定疲劳讯问证人，应当按非法证据予以排除。同时，董某海2013年10

月28日15时00分至15时40分笔录，制作时间历时40分，制作笔录7页、字数3400字，笔录出现复制粘贴前次笔录等情况，此笔录违反刑事诉讼法有关规定和最高人民检察院的规定，也应当按非法证据予以排除，不应当作为定案的依据。

本案辩护人认为：有充分理由相信检察机关对证人董某海调查取证时，无法排除合理怀疑，涉嫌暴力取证或疲劳讯问，违反法律规定，应当按非法证据予以排除，不应当作为定案依据。

（二）关于定性和事实辩护意见

辩护人对指控被告人孙某莉受贿5000美元事实的认定不持有异议，但对起诉书指控被告人孙某莉受贿手表价值5.4万元有异议，不予认可；对指控被告人孙某莉受贿1万欧元、10万元人民币和5万元人民币的事实有异议，在证据不能形成完整证据链条的情况下，不应当按受贿事实认定。

1．关于被告人孙某莉受贿手表事实不持有异议，但对认定扣押的手表与被告人孙某莉受贿的手表一致持有异议，结合本案证据，完全有理由认定本案扣押的手表与被告人孙某莉受贿的手表非同一块手表，同样也不能依据本案扣押手表的发票认定被告人孙某莉受贿手表价值5.4万元。

(1）证人杨某证实购买时间与礼品发票记录购买时间存在巨大差异。按公诉人提交的证据和法庭核实事实，本案扣押手表购买时间为2008年5月14日，而杨某的证词是2008年中秋节（9月）前购买，时间相差近半年。

(2）本案扣押手表与杨某供述被告人孙某莉送还的手表非同一块手表。本案扣押手表，经辩护人与审判长当庭辨别，可以确认扣押手表未曾使用过，而本案重要证人杨某证实被告人孙某莉送还的手表明显使用过，因此可以证明本案扣押手表与被告人孙某莉送还杨某的手表并不是同一块手表。

(3）扣押手表系证人杨某提供检察机关，来源不清，不能证明此表系被告人孙某莉送还的手表。依据本案调取证据通知书和扣押笔录，扣押卡地亚手表系证人杨某自己交到检察机关，手表来自何处，仅有证人杨某的陈述，但无其他证据证明，结合杨某的证言，被告人孙某莉送还的手表明显使用过，二者之间又产生矛盾。因此不能认定此扣押手表系被告人孙某莉送还的手表。

（4）被告人孙某莉供述和证人桑某光证词均证明孙某莉收受的手表盒内未有发票。被告人孙某莉的所有供述均称在收受的手表盒内，未见到发票。证人桑某光证词（证据一卷宗第33页）证实："2012年我发现孙某莉有一块手表，我上网一查这还是一块价值十几万的名表，我问她怎么回事，她说别人送给她的，我就说，这表不能要赶快退回人家。"因此，可以证明被告人孙某莉供述未见到发票是客观真实的，也充分说明手表盒内根本没有发票。

（5）依据物品名称为礼品的发票认定被告人孙某莉受贿的手表价值5.4万元无任何事实和法律依据。依据控方提交证据和法庭核实的事实，认定本案证据天罡世纪（北京）贸易有限公司2008年5月14日出具的礼品发票与本案扣押的手表相一致。但从本案证据来看，扣押手表与被告人孙某莉受贿的手表非同一块手表，且被告人孙某莉及其配偶桑某光均未在手表盒内见到发票，所以凭借此发票标注价格确认被告人孙某莉受贿的手表价值，无任何事实和法律依据。

依据以上分析，本案辩护人认为：依据本案证据礼品发票、证明书、被告人孙某莉供述、桑某光的证言，可以确定本案扣押手表与被告人孙某莉收受手表非同一块手表；在此基础上，以发票确定的价格，认定被告人孙某莉受贿的手表的价值为5.4万元人民币无任何事实和法律依据。

2．关于被告人孙某莉受贿5000美元事实，辩护人不持有异议，可以认定受贿事实。

被告人孙某莉收受杨某5000美元的事实有其本人供述、证人杨某、桑某光等证实，证据确实充分，可以排除合理怀疑，应当认定受贿5000美元事实。

3．关于被告人孙某莉受贿1万欧元事实，辩护人认为此事实不存在，应当按事实不清，证据不足，不应当作为受贿事实认定。

（1）证人张某、郑某君出庭证实被告人孙某莉与其配偶桑某光在2009年年初拟去欧洲兑换过欧元，证明被告人孙某莉家中存有欧元。

（2）被告人孙某莉供述未收受1万欧元与主动退还杨某手表和5000美元相互印证，可以确信被告人孙某莉未收受杨某的1万欧元。

被告人孙某莉在审查起诉和审判阶段均供述退还卡地亚手表、5000美元并不是临时决定退还，而是多次与杨某联系之后，确定在2013年年初前去济南退还。不存在着急忘记退还的可能。

按原一审判决认定的卡地亚手表价值5.4万元人民币，5000美元折合人民币3.18万元，合计8.58万元人民币，与1万欧元折合人民币9.63万元相比之下，1万欧元价值比手表、美元价值之和多1.05万元。被告人孙某莉怎可能忘记1万欧元这个大数呢？这不符合常理和情理。

被告人孙某莉收受杨某所送的手表、5000美元均未使用和动用，送还杨某时，均原物送还，认定被告人孙某莉存入银行不符合被告人孙某莉针对杨某行贿事实处理原则。唯一解释就是被告人孙某莉未收受杨某的1万欧元。

从被告人孙某莉当庭陈述，决定退还杨某手表、5000美元是在多次与杨某联系之后，与配偶桑某光一起去济南退还的，具有充足的时间，自银行提取欧元，退还杨某，而不是其侦查阶段所供述的是着急忘记了。同时，审讯录像可以印证着急忘记退还了，是侦查办案人员提示这么讲的。

被告人孙某莉当庭供述，之所以退还杨某手表、5000美元目的是切断与杨某的一切往来，为什么留一部分，退一部分，且这笔钱对被告人孙某莉家庭或个人根本不会产生任何影响。

（3）被告人孙某莉侦查期间供述未退还1万欧元属于不符合常理，并且系侦查人员提示说法，不应当将被告人孙某莉原侦查期间的供述作为定案依据。1万欧元价值明显大于手表加5000美元价值，被告人孙某莉在侦查期间供述，是因着急而未退还1万欧元。辩护人从审讯录像中看到，被告人孙某莉在供述此事实是带有疑问的，并且是因着急而未退还，是检察机关侦查人员提示和说明未退还原因的，而非被告人孙某莉本意，结合被告人孙某莉当庭不供认此笔事实，可以充分说明被告人孙某莉在侦查期间供述不具有客观真实性，不应当作为定案依据。

（4）被告人孙某莉供述、杨某的证词与银行卡记录明显不一致，不能简单推断银行卡中的欧元即是杨某所送。

被告人孙某莉供述去欧洲考察，配偶桑某光将自己保存的欧元给被告人孙某莉使用，既符合常理，又符合情理，结合被告人孙某莉平时生活简朴和经常将桑某光存放家中的现金存入银行的习惯，被告人孙某莉将桑某光给的欧元存入银行是很正常的事情。

被告人孙某莉侦查期间供述，收受杨某的1万欧元后，在出国回来后存入银行；证人杨某证实知道孙某莉要出国去欧洲，即送1万欧元，其目的是供孙某莉出国使用；而被告人孙某莉招商银行卡记录：2009年6月28日，7月3日、4日出国前存入1万欧元，7月13日出国归来后存入3500欧元。从上述情况看，被告人孙某莉供述与银行卡记载的事实明显不符合，结合当庭被告人孙某莉供述欧元系来自其配偶桑某光，出庭证人作证情况，可以证明被告人孙某莉家中存有欧元，不能简单地以被告人孙某莉银行卡中有欧元即推断为此欧元系杨某所送。

（5）被告人孙某莉自案件进入审查起诉和审判阶段，持续否认收受1万欧元，相比其他指控的犯罪事实、原审判决结果，应当认定被告人孙某莉当庭供述未收受1万欧元具有客观真实性。

（6）被告人孙某莉供述作为非法证据予以排除后，证明其收受1万欧元的事实仅有杨某本人证词，证据无法形成有效证据链条，达不到证据确实充分的条件。

本案辩护人认为：被告人孙某莉供述未受贿杨某的1万欧元的事实具有客观真实性，而本笔受贿事实因证据未达到确实充分，无法排除合理怀疑，不应当认定被告人孙某莉受贿1万欧元的事实。

4．关于被告人孙某莉受贿10万元人民币事实，辩护人认为事实不清，证据不足和被告人孙某莉受贿的事实不符合刑法关于受贿罪构成要件，不具备为他人谋取利益的情形，不应当作为受贿犯罪认定。

（1）证人董某海证实行贿被告人孙某莉10万元人民币，现金来源于公司财务支出。而本案证据，中宝地联公司财务数据确无此笔支出，无法得出财务来源于公司财务支出的结论。由此可以证明，证人董某海的证词不具有客观真实性，不能证明董某海行贿的事实。

（2）被告人孙某莉供述收受董某海10万元人民币后存入银行，但被告人孙某莉银行卡却无10万元人民币存入记录。

（3）证人董某海的证词应作为非法证据予以排除，不应当作为定案的依据。

（4）指控被告人孙某莉受贿10万元人民币事实，不存在为他人谋利，不符合刑法关于受贿罪犯罪构成，不应当认定为受贿犯罪。从刑法规定来看，非法收受他人财物并为他人谋取利益的行为是受贿罪；从本案全案的证据来看，被告人孙某莉在国土资源部只负责建设用地预审其中一个环节，是程序性审查，即符合国家法律法规规定和政策，应当通过建设用地预审，否则，不应当通过建设用地预审；从公诉机关举证情况来看，被告人孙某莉在负责中宝地联公司项目审批时，不存在任何违规行为；从中宝地联公司项目来看，均属国家重点铁路建设工程项目；从本案证据中宝地联公司与委托人签订的委托合同约定来看，中宝地联公司负责协助办理各种资料、协助建设用地预审审批等，并以建设用地预审审批通过为付款条件等，均无法证实被告人孙某莉为中宝地联公司谋取任何利益；或者说，被告人孙某莉的行为不存在为中宝地联公司谋取利益，只是正常履行自己的职责，虽然收受他人财物，但不具有为他人谋取利益的行为，不符合受贿罪构成要件，此事实不应当认定为受贿事实。

5．关于被告人孙某莉受贿5万元人民币事实，辩护人认为事实不清，证据不足和被告人孙某莉的受贿事实不符合刑法关于受贿罪构成要件，不应当作为受贿犯罪认定。

证人马某生证实行贿被告人孙某莉5万元人民币，现金来源于政府奖励热电厂的奖金支出。而本案证据，热电厂收到的政府奖金的支出，有详细记载，却未有一笔支出系支付给被告人孙某莉，由此可以证明，马某生的证词，不具有客观真实性，不能证明马某生行贿的事实，也不能得出行贿资金来源于热电厂奖金的结论。

被告人孙某莉供述收受马某生5万元人民后币存入银行，但被告人孙某莉银行卡却无5万元人民币存入记录，证明此5万元人民币不存在。

指控被告人孙某莉受贿5万元事实，不存在为他人谋利，不符合刑法关于受贿罪犯罪构成要件，不应当认定为受贿犯罪。

本案辩护人认为：被告人孙某莉收受董某海10万元和马某生5万元人民币，仅有被告人孙某莉供述和证人的证词，却无法印证行贿资金来源与去向，本案所有证据之间无法形成有效证据链条，未达到证据确实充分，无法排除合理怀疑，不应当认定被告人孙某莉受贿15万元。

综上所述，辩护人认为被告人孙某莉受贿的手表因无法认定与扣押手表一致，不应当按礼品发票价格认定受贿数额；1万欧元因被告未实际收受，不应当作为受贿犯罪事实加以认定；10万元和5万元人民币因事实不清、证据不足，无法形成有效证据链条及不符合受贿罪构成要件，不应当认定为受贿数额。

四、法院裁决

一审法院认为，被告人孙某莉身为国家工作人员，利用职务上的便利，非法收受他人财物，为他人谋取利益的行为，侵犯了国家机关的正常管理活动和国家工作人员职务行为的廉洁性，已构成犯罪，依法应予惩处。北京市西城区人民检察院指控被告人孙某莉犯受贿罪成立。在本案的侦查阶段，侦查机关的工作人员针对涉案事实对被告人孙某莉和相关行贿人员进行了针对性明确的多次调查、讯问及讯问，上述取证行为并未违反刑事诉讼程序，侦查机关依法取得的被告人供述及证人证言应当作为本案的定案依据，故对于辩护人提出的“被告人孙某莉供述和证人董某海证言属非法证据，不应作为定案依据”的辩护意见，一审法院不予采纳；证人杨某作为行贿人，其对向被告人孙某莉行贿的请托事项、行贿时间、行贿地点、贿赂款物、金额和特征等细节的陈述始终稳定、清晰，且得到在案其他证据佐证，对于被告人孙某莉提出的“没有从杨某处收取过1万欧元”的辩解和辩护人所提“被告人孙某莉并未从杨某处收取过欧元”的辩护意见，一审法院不予采信和采纳；现在案扣押手表的购买来源和起获过程均已得到核实，亦与证人杨某的证言吻合，被告人孙某莉虽当庭辩称“不能确认在案扣押手表与自己受贿所收取的手表为同一”，但其不能针对所收受手表的品牌、价格、外形特征等进行明确表述，故一审法院认定该手表即为被告人孙某莉受贿所得符合刑事诉讼对证据和事实的采信及认定标准，故对于被告人孙某莉的上述辩解和辩护人所提“公诉机关将在案扣押的手表认定为被告人孙某莉受贿所得的证据不足”的辩护意见，一审法院亦不予采信和采纳；证人董某海和被告人孙某莉针对行贿、受贿事实的证词能够相互印证，且得到在案其他证据佐证，对于辩护人所提“公诉机关指控被告人孙某莉从董某海处收受贿赂款人民币10万元的证据不足”的辩护意见，一审法院不予采纳；被告人孙某莉作为建设项目土地预审工作经办部门的负责人，其在明知行贿人请托事项的情况下，仍对贿赂款项积极予以接受的行为，是对“为行贿人谋取利益”的暗示许诺，其上述行为已构成受贿既遂，对于辩护人所提“被告人孙某莉并未利用职务便利为马某生及相关企业谋取利益”的辩护意见，一审法院不予采纳；被告人孙某莉在未被查获前，并无主动投案的具体行为，故对其及辩护人所提“有自首情节”的辩解和辩护意见，一审法院亦不予采信和采纳；辩护人所提“被告人孙某莉在到案后委托家属积极退赃”的辩护意见属实，一审法院予以采纳；但对于辩护人提出的“对被告人孙某莉减轻处罚”的请求，缺乏法律依据，一审法院不予考虑。被告人孙某莉在因涉嫌犯受贿罪被采取强制措施后，能主动交代侦查机关尚未掌控的其他受贿行为，可依法从轻处罚；被告人孙某莉在被羁押后，能通过家属退出全部违法所得，可酌情从轻处罚。据此，一审法院依照《中华人民共和国刑法》第385条第1款、第386条、第383条第1款第（1）项、第2款、第64条及《最高人民法院关于处理自首和立功具体应用法律若干问题的解释》第4条之规定，判决如下：被告人孙某莉犯受贿罪，判处有期徒刑10年。随案移送的卡地亚手表一块及5000美元，予以没收。在案扣押款项人民币36.63万元，其中的人民币24.55万元予以没收，余款退回北京市西城区人民检察院。

二审法院认为，上诉人（原审被告人）孙某莉身为国家工作人员，利用职务上的便利，非法收受他人财物，为他人谋取利益，其行为侵犯了国家机关的正常管理活动和国家工作人员职务行为的廉洁性，已构成受贿罪，依法应予惩处。孙某莉因涉嫌犯受贿罪被采取强制措施后，能主动交代侦查机关尚未掌握的其他受贿行为，可依法从轻处罚；孙某莉在被羁押后，能够通过家属退出全部违法所得，可酌情从轻处罚。一审法院根据孙某莉犯罪的事实定罪及适用法律正确，量刑适当，审判程序合法，唯认定孙某莉收受杨某卡地亚手表一块证据不足，二审法院予以改判。北京市人民检察院第二分院关于本案定性准确，量刑适当，适用法律正确的出庭意见成立，二审法院予以采纳；关于建议驳回上诉，维持原判的意见二审法院不予支持。据此，根据孙某莉犯罪的事实、犯罪的性质、情节及对社会的危害程度，依照《中华人民共和国刑法》第385条第1款、第386条、第383条第1款、第67条第3款、第61条、第64条，《最高人民法院关于处理自首和立功具体应用法律若干问题的解释》第4条及《中华人民共和国刑事诉讼法》第225条第1款第（3）项之规定，判决如下：撤销北京市西城区人民法院（2015）西刑初字第56号刑事判决。上诉人（原审被告人）孙某莉犯受贿罪，判处有期徒刑10年（刑期从判决执行之日起计算；判决执行以前先行羁押，羁押1日折抵刑期1日，即自2013年9月3日起至2023年

9月2日止）。在案扣押的5000美元及24.55万元人民币予以没收，余款12.08万元人民币及卡地亚手表一块退回北京市西城区人民检察院。

五、案例评析

（一）在认定受贿罪上，法院应当坚持罪刑法定原则

刑法第3条规定，法律明文规定为犯罪行为的，依照法律定罪处刑；法律没有明文规定为犯罪行为的，不得定罪处刑。该原则要求：行为人的行为构成犯罪必须有法律明确规定，犯罪构成要件是行为人的行为是否构成犯罪的法定标准，而不仅仅是看行为有什么样的社会危害后果以及社会危害后果是否严重。通俗地说，就是对某种危害社会的行为是否认定为犯罪行为以及是否给予刑罚处罚、给予什么样的刑罚处罚，都必须以法律的明文规定为准。在形式上，刑法应当是成文法，而非习惯法；在实质上，刑法规范必须明确具体，具有合理性，禁止含混模糊、处罚不当的行为。

依据刑法第385条规定，国家工作人员利用职务上的便利，索取他人财物的，或者非法收受他人财物，为他人谋取利益的，是受贿罪。受贿罪侵犯了国家工作人员职务行为的廉洁性及公私财物所有权。受贿罪严重影响国家机关的正常职能履行，损害国家机关的形象、声誉，同时也侵犯了一定的财产关系。受贿罪在主观方面表现为故意，目的是非法占有公私财物。在客观方面表现为利用职务便利，索取他人财物，或非法收受他人财物为他人谋取利益。

具体到本案，被告人孙某莉收受他人财物，为行贿人杨某谋取利益，符合受贿罪特征，法院依法判决其构成受贿罪，符合刑法的罪刑法定原则。

（二）认定犯罪应当达到事实清楚，证据确实充分

刑事诉讼法第53条规定，对一切案件的判处都要重证据，重调查研究，不轻信口供。只有被告人供述，没有其他证据的，不能认定被告人有罪和处以刑罚；没有被告人供述，证据确实、充分的，可以认定被告人有罪和处以刑罚。证据确实、充分，应当符合以下条件：一是定罪量刑的事实都有证据证明；二是据以定案的证据均经法定程序查证属实；三是综合全案证据，对所认定事实已排除合理怀疑。

具体到本案，被告人孙某莉受贿董某海10万元和马某生5万元人民币，仅有被告人孙某莉供述和证人董某海、马某生的证言，对证人证明资

金来源无相关证据予以支持，被告人孙某莉供述受贿资金存入银行，但银行卡并无该二笔资金记录，从证据角度讲，该二笔受贿款证据没有形成有效证据链条，未达到证据确实充分，无法排除合理怀疑，依法不应当认定被告人孙某莉受贿15万元。

六、律师说法

通过被告人孙某莉受贿案件的分析，可以明确该案对国家公职人员具有非常重要的警示教育意义，可以加深对反腐倡廉重要性的认识，并有利于进一步增强廉洁从政意识。

一是作为国家公职人员要加强学习，不断改造，牢固树立正确的理想信念。在改造客观世界的同时，要努力改造自己的主观世界，树立起正确的世界观、人生观和价值观。同时，不断地增强法纪观念，提高遵纪守法的意识，打牢思想道德和党纪国法这两道防线，在思想上和行动上构筑起拒腐防变的严密堤坝。

二是作为国家公职人员要淡泊名利，心胸豁达。正如毛泽东同志说的，我们的干部不论职务高低，都是人民的勤务员。革命工作有分工不同，没有高低贵贱之分。自觉做到淡泊名利，正确对待仕途，尽己所能为人民多做些有益的事。

三是作为国家公职人员要珍惜荣誉，谨慎行事，正确对待手中的权力。行政工作人员应时刻想到，手中掌握的权力是人民赋予的，权力越大，社会责任就越重，越应更好地为人民服务。在运用权力时，要“如履薄冰、如临深渊”，谨慎行事，自觉做到慎权、慎微、慎欲、慎独。

四是作为国家公职人员要一身正气，两袖清风，正确对待个人的利益。党员干部只有时刻牢记党的宗旨，把人民的福利摆在首位，才可能在各种“利欲”诱惑面前不屈不移，保持政治上坚定、道德上纯洁。

五是作为国家公职人员要时刻警醒，遵纪守法，努力克服思想认识上的误区。

吸取教训，摆正自己与党和人民的位置，强化全心全意为人民服务的宗旨观念，正确认识和对待名利，严于律己，自觉抵制各种诱惑，乃人生之正道。

案例3

多年冤狱无罪释放　庞某祥终获清白

——广西壮族自治区北海市庞某祥抢劫无罪辩护成功案

● 杨汉卿

一、案情简介

2007年8月9日，广西壮族自治区浦北县人庞某祥因涉嫌抢劫被北海市公安机关抓获，2007年8月11日被刑事拘留，同年9月15日经检察机关批准执行逮捕，2008年4月11日，北海市人民检察院向北海市中级人民法院提起公诉，北海市中级人民法院经过审理认定被告人庞某祥参与4起抢劫案，即（1）2007年1月8日晚，庞某祥伙同陈某、王某、香某武在北海市抢劫摩托车1辆，打死1人；（2）同年1月10日晚，庞某祥伙同陈某、王某、香某武在北海市抢劫摩托车1辆；（3）同年3月19日晚，庞某祥伙同陈某在北海市抢劫摩托车1辆，造成1人死亡；（4）同年3月29日晚，庞某祥伙同陈某、王某、香某武在北海市抢劫摩托车1辆。2008年10月23日，北海中院以（2008）北刑初字第31号刑事附带民事判决书首次作出判决，判处被告人庞某祥犯抢劫罪，判处死刑，缓期2年执行，剥夺政治权利终身，并处没收个人全部财产；2009年8月4日，广西壮族自治区高级人民法院（2008）桂刑一终字第178号刑事附带民事裁定书，以被告人的部分犯罪事实不清、证据不足，裁定撤销原审判决，发回重审；2010年4月30日，北海市中级人民法院经过审理，认定被告人庞某祥参与抢劫3起（3月29日抢劫未认定），以（2009）北刑初字第55号刑事附带民事判决书第2次判决，判处被告人庞某祥犯抢劫罪，判处死刑，缓期2年执行，剥夺政治权利终身，并处没收个人全部财产；2011年12月8日，广西壮族自治区高级人民法院第2次以（2010）桂刑一终字第101号刑事附带民事裁定书，裁定撤销原判决，发回重审。2012年8月9日，本案律师接受庞某祥母亲的委托，并经庞某祥同意，正式担任庞某祥的辩护律师。8月13日本案律师向广西壮族自治区北海市中级人民法院承办法官递交律所函及授权委托书。

本案代理律师通过详细阅卷，制作阅卷提纲、案情分析表、案件事实对比表等20余份材料，全面分析案情，发现认定庞某祥涉嫌抢劫事实的证据漏洞百出，矛盾重重，决定作无罪辩护。

此后本案代理律师多次与北海市中级人民法院承办法官沟通案件情况，指出案件疑点、申明辩护观点，期望再审法官慎重考虑，并督促法院尽快开庭审理。2013年11月19日，北海市人民检察院以证据发生变化，不符合起诉条件为由，撤回对被告人庞某祥、香某武的起诉，原北检刑诉（2012）62号起诉书、北检刑诉（2008）18号起诉书认定抢劫部分的第2、3、4、5、6起抢劫事实的内容即行作废。2013年11月21日，北海市中级人民法院以（2012）北刑二初字第8号刑事附带民事裁定书，以北海市人民检察院撤回对被告人庞某祥、香某武起诉的决定符合有关法律规定，对此予以准许。至此，庞某祥因涉嫌抢劫4起案件被羁押，终于在6年半抗争后获得自由。

二、指控事实

北海市人民检察院以北检刑诉（2008）18号起诉书指控被告人庞某祥参与抢劫5起，造成2人死亡，3人受伤。具体内容如下（按起诉书序号列）。

2007年1月8日晚，被告人庞某祥伙同陈某、王某、香某武（另案处理）商谋抢劫搭客的摩托车。当晚11时许，陈某和王某按照分工，持木棍预先埋伏在北海市西藏路中皇花园西侧围墙旁的小路旁，庞某祥、香某武去市区物色搭客摩托车。当庞某祥、香某武搭乘杨某崇驾驶的摩托车至陈某、王某埋伏的地点附近时，香某武持刀威胁司机下车，杨某崇下车后持刀反抗，三被告见状当即拿起木棍上前对杨某崇进行殴打，在打斗中，香某武被杨某崇持刀捅中屁股，但杨某崇终因寡不敌众被打倒在地，被告人一伙意欲抢走摩托车，但因摩托车打不着火而将车丢弃在现场，次日早上7时许，杨某崇被群众发现时已经死亡。

2007年1月10日晚，被告人庞某祥伙同陈某、王某、香某武商谋以同样的方法抢劫摩托车。陈某、王某、香某武按照预先分工，在北京路与站前路交界处附近分两个地方埋伏，庞某祥去物色搭客摩托车，次日凌晨3时许，当庞某祥搭乘卢某德驾驶的摩托车，到达北京路万科花园附近陈某埋伏的地方时，陈某、庞某祥持刀、棍对卢某德进行抢劫，抢走卢某德的摩托车。陈某驾驶抢得的摩托车逃跑，卢某德拦截一辆出租车奋力追赶，两人在逃至北铁公路亚叉岭路段时，由于摩托车撞到路牙倒地，两人被迫弃车逃跑。

2007年2月3日晚，被告人庞某祥伙同陈某、王某、香某武商谋以同样的方法抢劫摩托车，庞某祥、王某、香某武按照预先分工，在合浦县城325国道德英饲料厂门前左侧埋伏，陈某去物色搭客摩托车，9时40分左右，当陈某在合浦旧车站附近搭乘梁某驾驶的摩托车到达庞某祥、王某、香某武埋伏的地点时，4人持砍刀、铁水管和木棍对梁某进行殴打，将其打伤并抢走摩托车，然后逃离现场。

2007年3月19日晚，被告人庞某祥、陈某商谋以同样的方法抢劫摩托车，按照预先分工，陈某到四川南路与站前路交界处往西的百合花园工地一平房旁埋伏，庞某祥携带一把尖刀去物色搭客摩托车。次日凌晨零时许，庞某祥搭乘马某涛驾驶的摩托车到达陈某埋伏的地点附近时，陈某当即拿起预先准备的木棍上前朝马某涛猛打，致使马某涛当场昏迷倒地，庞某祥迅速驾驶抢得的摩托车搭陈某逃离现场，马某涛经医院抢救无效于3月23日死亡。

2007年3月29日晚11时许，被告人庞某祥伙同陈某、王某、香某武商谋以同样的方法抢劫摩托车。由庞某祥、王某按照预先分工在北京路与站前路交界处往东九中大门附近路段埋伏，陈某、香某武去物色搭客摩托车。当陈某、香某武在北京路与长青路交界处的路口搭乘陈某海驾驶的摩托车到达庞某祥、王某埋伏的地点后，4人持刀、砖头对陈某海进行威胁，搜身抢走陈某海身上的钱和一部大灵通手机、摩托车，然后逃离现场。

认定上述事实的证据有：(1) 物证书证；(2) 被害人陈述；(3) 证人证言；(4) 被告人供述；(5) 勘验检查笔录；(6) 鉴定结论等。

检察机关认为，被告人陈某、庞某祥、王某多次抢劫他人，数额巨大，并致人死亡，其行为触犯了《中华人民共和国刑法》第263条第（4）项、第（5）项之规定，犯罪事实清楚、证据确实充分，应以抢劫罪追究其刑事责任。在抢劫共同犯罪活动中，3被告均起主要作用，均是主犯，应依照《中华人民共和国刑法》第26条的规定按照其所参与的全部犯罪处罚，依照《中华人民共和国刑事诉讼法》第141条之规定，提起公诉，请依法判处。

三、辩护观点

该案经过二次发回重审后，本案律师作为被告人庞某祥第3次一审程序的辩护人，在同法官沟通期间，主要提出如下辩护观点。

被告人庭前供述和辩解出现反复，庭审中不供认，且被害人陈述、证人证言、现场痕迹物证又不能与被告人有罪供述吻合，被告人的有罪供述，不能作为定案的依据，法庭不应当采信庭前有罪供述。

本案律师详细整理被告人庞某祥、陈某、王某、香某武在侦查期间历次供述笔录，按人分别制作讯问供述情况列表，除王某一直作有罪供述（系列抢劫案件系其为立功而检举揭发）外，其余3人供述均出现反复，并且非常明显：在侦查机关办公室讯问时，均作出有罪供述，在看守所讯问室讯问时，3被告均不承认抢劫摩托车事实。另外，在历次法庭开庭审理期间，3人推翻原来有罪供述，均声称在侦查期间受到刑讯逼供，有罪供述也是刑讯逼供的情况下作出，而且是按侦查人员要求供述的。

通过对3名被告人供述情况分析，被告人陈某、庞某祥、香某武供述反复，最后一次不供认犯罪后，未再作有罪供述，尤其是陈某、庞某祥自第一次庭审以来，一直未作过有罪供述。2010年7月1日开始施行的《最高人民法院、最高人民检察院、公安部、国家安全部、司法部关于办理死刑案件审查判断证据若干问题的规定》第22条规定，对被告人供述和辩解的审查，应当结合控辩双方提供的所有证据以及被告人本人的全部供述和辩解进行。被告人庭前供述一致，庭审中翻供，但被告人不能说明翻供理由或者其辩解与全案证据相矛盾，而庭前供述与其他证据能够相互印证的，可以采信被告人庭前供述。被告人庭前供述和辩解出现反复，但庭审中供认的，且庭审中的供述与其他证据能够印证的，可以采信庭审中的供述；被告人庭前供述和辩解出现反复，庭审中不供认，且无其他证据与庭前供述印证的，不能采信庭前供述。《最高人民法院关于适用〈中华人民共和国刑事诉讼法〉的解释》第83条规定："审查被告人供述和辩解，应当结合控辩双方提供的所有证据以及被告人的全部供述和辩解进行。被告人庭审中翻供，但不能合理说明翻供原因或者其辩解与全案证据矛盾，而其庭前供述与其他证据相互印证的，可以采信其庭前供述。被告人庭前供述和辩解存在反复，但庭审中供认，且与其他证据相互印证的，可以采信其庭审供述；被告人庭前供述和辩解存在反复，庭审中不供认，且无其他证据与庭前供述印证的，不得采信其庭前供述。”根据此规定，结合被告人供述情况，被告人陈某、庞某祥、香某武有罪供述，因未有其他证据相互印证，不能作为定案依据，也就是说不能作为认定被告庞某祥有罪的证据。

被告人供述同案犯情况不一致，相互之间无法印证，同样被告人的有罪供述不能作为定案依据。

1．被告人对同案犯绰号、姓名、住址等供述无法相互印证，不能作为定案的依据。一是同一被告人在不同供述笔录中，对同案犯情况供述不一致；二是不同被告人对同案犯情况供述不一致，比如陈某与庞某祥供述根本找不到相同点；三是供述参与作案人数不相同；四是被告人供述的同案犯情况与指控被告情况不相符。

2．被告对同一案件作案时间、地点、作案过程等供述不一致，无法相互印证，同样不能作为定案依据。具体情况在个案分析中阐述。

3．被告与被害人陈述、证人证言之间存在矛盾，且被害人陈述、证人证言不能直接指向被告人，相互之间不能印证，同样各被告的有罪供述也不能作为定案依据。具体情况在个案分析中阐述。

4．被告人对起诉指控的绰号不予以认可，案卷证据材料也未有证据证实，在日常生活中也无人以指控的绰号称呼被告人。除能够证实“二十二”为陈某绰号外，其他绰号均无法与被告人对号入座。

通过上述分析，可以确认被告有罪供述相互矛盾，无法相互印证，同样，各被告有罪供述不能作为定案的依据。

被告人庞某祥供述与辨认笔录参与作案人数、绰号存在重要矛盾点，完全可以推翻被告人的有罪供述。

被告人陈某供认参与作案人数为5人，后改为4人，被告人庞某祥、王某、香某武供认参与作案人数为4人，辨认笔录认定的也是4人，但这里有一个致命的问题，那就是按庞某祥有罪供述确认的作案人员与辨认笔录确认的作案人数不一致。庞某祥供认参与作案的是："二十二""老孔二""大颠佬"加庞某祥共计4个人，抢劫卷B卷（P.232）庞某祥辨认笔录确认：09号为"老孔二"，10号为"大颠佬""大费佬"，姓名住址不详。抢劫卷补充材料第一卷（P.1）：2009年11月28日，北海市公安局刑侦支队城西责任区大队出具说明，确认宠某祥辨认的9号照片是同案犯"老孔二"，该人为王某；10号照片是"大费佬""大颠佬"，该人是陈某。在本案起诉书指控及原一审、二审均认定"二十二"为陈某，此处又认定"大颠佬"为陈某，由此可以推断出：庞某祥有罪供述供认的作案人应当为3人，而本案指控的被告为4人，通过此分析，完全可以推翻庞某祥的有罪供述，可以确认庞某祥受到刑讯逼供，其有罪供述是虚假的。从本案处分析，认定庞某祥参与抢劫是一起冤案、错案。

辨认所选取照片不符合辨认要求，被告人辨认照片认定同案犯不具有可信度，辨认笔录不能作为定案依据。

辨认笔录所选取照片不符合辨认要求。从辨认笔录附带照片，可以看出每个照片存在胖瘦、脸形、五官、发型有明显区别，不符合辨认要求。在司法实践中，辨认照片或辨认具体的人，应当选取总体上胖瘦、脸形、五官、发型趋于一致，不能有明显差异，也就是说，照片人物特征应当基本一致。而本案却能够看出照片中每个人的明显特征。

抢劫卷B卷陈某的辨认笔录记载（P.231）：辨认10号为"光头佬"，此组照片共有12张，其中表现为前额光的充其量有两个人，一胖一瘦；3号为香某武，12张照片中没有看到其他11个人有痣，若想辨认香某武，这组12张照片人物必须都在相同或相近部位有一颗痣才符合要求。

抢劫卷B卷庞某祥的辨认笔录记载（P.232—233）：辨认9号"老孔二"、10号为"大颠佬"，从这组12张照片可以看出"老孔二""大颠佬"发型应当头发较长，但除此二人外，还有一人与二人发长相近，其余人均为短发，且近于光头。

抢劫卷B卷王某的辨认笔录记载（P.234—235）：6号照片是陈某，3个人的发型与陈某类似，其余均为平头或光头，因陈某与王某系表亲，相互之间认识，此辨认没有任何意义，但通过此辨认笔录，可以确认侦查机关在弄虚作假。

抢劫卷B卷王某的辨认笔录记载（P.236—237）：辨认8号为"光头

佬”，此组为10人，此10人身高、脸形、胖瘦、发型均存在差异。

抢劫卷B卷王某的辨认笔录记载（P.238—239）：辨认4号为香某武，此组为12张照片，发型相近有4个人，脸形相近有3个人，其余均具有明显特征，根本不符合辨认要求。

抢劫卷2012年补充材料卷王某的辨认笔录记载：辨认4号为香某武，此组照片为7个人，身高、脸形、胖瘦、发型均存在差异，尤其未看到7个人均在相同或相似部位有一颗痣这个明显标志。

补查卷香某武辨认笔录（P.62）：辨认7号为陈某，此组12张照片，情况同前所述，脸形、胖瘦、发型均存在差异。

补查卷香某武辨认笔录：辨认2号为“光头佬”，从此组12张照片中可以看出只有6号1张照片略显前额光。

补查卷香某武辨认笔录（P.59）：辨认6号照片为“细佬哥”，此组12张照片，情况同前所述，脸形、胖瘦、发型均存在差异。

通过以上分析，可以断定辨认过程不具有真实性，不具有可信度，侦查机关为办成铁案在弄虚作假，辨认笔录不能作为定案依据。

四、法院裁决

2013年11月21日，北海市中级人民法院作出的（2012）北刑二初字第8号刑事附带民事裁定书认定：北海市人民检察院以北检刑诉（2008）18号起诉书指控被告人陈某、庞某祥犯抢劫罪，被告人王某犯抢劫罪、盗窃罪，于2008年4月14日向本院提起公诉，本院于同年10月23日作出（2008）北刑初字第31号刑事附带民事判决。被告人陈某、庞某祥不服，提出上诉，广西壮族自治区高级人民法院以原判认定的部分事实不清，证据不足为由，于2009年8月4日作出（2008）桂刑一终字第178号刑事附带民事裁定，撤销原判，将本案发回重审。北海市中级人民法院经重审后，于2010年4月30日作出（2009）北刑初字第55号刑事附带民事判决。被告人陈某、庞某祥不服，提出上诉。广西壮族自治区高级人民法院以原判认定的部分事实不清，证据不足为由，于2011年12月8日作出（2011）桂刑一终字第101号刑事附带民事裁定，撤销原判，将本案再次发回重审。在该案审理期间，北海市人民检察院于2012年8月29日对被告人香某武抢劫罪向北海市中级人民法院另行提起公诉。经北海市中级人民法院审查，指控香某武抢劫犯罪的事实是与陈某、庞某祥等人共同实施的，属共同犯罪，遂决定将被告人陈某、庞某祥、王某抢劫案与被告人香某武抢劫案合并审理，在诉讼过程中，北海市人民检察院于2013年11月19日以证据发生变化，不符合起诉条件为由，撤回对被告人庞某祥、香某武的起诉，原北检刑诉（2012）62号起诉书、北检刑诉（2008）18号起诉书认定抢劫部分的第2起、第3起、第4起、第5起、第6起抢劫事实的内容即行作废。

北海市中级人民法院认为：北海市人民检察院撤回对被告人庞某祥、香某武起诉的决定符合有关法律规定，本院予以准许；附带民事诉讼原告人杨某金、罗某兰、周某丽、马某如、马某慧、马某恒的起诉不符合法律规定的起诉条件，本院予以驳回。依照《最高人民法院关于适用〈中华人民共和国刑事诉讼法〉的解释》第242条、第160条、第138条及《中华人民共和国刑事诉讼法》第99条的规定，裁定如下：（1）准许北海市人民检察院撤回对被告人庞某祥、香某武的起诉；（2）驳回附带民事诉讼原告人杨某金、罗某兰对被告人陈某、庞某祥、王某的起诉；（3）驳回附带民事诉讼原告人周某丽、马某如、马某慧、马某恒对被告人陈某、庞某祥的起诉。如不服本裁定，可在接到裁定书的第2日起5日内，通过北海市中级人民法院或者直接向广西壮族自治区高级人民法院提出上诉，书面上诉的，应当提交上诉状正本1份，副本2份。该裁定送达后，庞某祥未提出上诉。2013年11月22日，北海市人民检察院对庞某祥作出不起诉决定，将庞某祥予以释放。

五、案例评析

庞某祥涉嫌抢劫4起，致2人死亡案，在经历两次北海市中级人民法院审判判处死刑缓期执行，两次广西壮族自治区高级人民法院审理发回重审后，在长达两年的北海市中级人民法院第3次一审期间，检察机关认定其构成抢劫罪，依法向北海市中级人民法院提起公诉。北海市中级人民法院拟定合并审理该案，期间本案律师曾致函北海市中级人民法院，要求尽快开庭审理该案。在法院一拖再拖情况下，2013年9月初，本案律师前往北海市中级人民法院同该案审判长沟通开庭时间，并向承办法官提出案件主要疑点，可以确认该案为一起错案，坚信庞某祥无罪，并商定10月初开庭审理该案，但法院仍迟迟不开庭审理，导致后来的检察机关撤回起诉，庞某祥被释放，检察机关作出不起诉决定。

（一）抢劫罪的显著特征是以暴力、胁迫或其他方法抢劫公私财物，多次抢劫或致人重伤、死亡的，处10年以上有期徒刑、无期徒刑或死刑

刑法第263条规定，以暴力、胁迫或者其他方法抢劫公私财物的，处3年以上10年以下有期徒刑，并处罚金；有下列情形之一的，处10年以上有期徒刑、无期徒刑或者死刑，并处罚金或者没收财产：（1）入户抢劫的；（2）在公共交通工具上抢劫的；（3）抢劫银行或者其他金融机构的；（4）多次抢劫或者抢劫数额巨大的；（5）抢劫致人重伤、死亡的；（6）冒充军警人员抢劫的；（7）持枪抢劫的；（8）抢劫军用物资或者抢险、救灾、救济物资的。

本案起诉指控抢劫共计4起，属于多次抢劫情形，其中有2起案件造成被害人死亡，属于致人死亡情形。假设事实清楚，证据确实充分，被告人完全可以判处无期徒刑或死刑。

人民法院认定犯罪应当重证据，不轻信口供，做到事实清楚，证据确实充分。刑事诉讼法第53条规定，对一切案件的判处都要重证据，重调查研究，不轻信口供。只有被告人供述，没有其他证据的，不能认定被告人有罪和处以刑罚；没有被告人供述，证据确实、充分的，可以认定被告人有罪和处以刑罚。证据确实、充分，应当符合以下条件：（1）定罪量刑的事实都有证据证明；（2）据以定案的证据均经法定程序查证属实；（3）综合全案证据，对所认定事实已排除合理怀疑。

具体到本案，存在以下问题。一是各被告人之间系通过绰号串联在一起，互相不知道对方的真实姓名、住址；二是各个被告人供述的绰号不完全相同，是通过公安机关组织辨认、办案说明统一绰号对应人员；三是各被告人在侦查阶段，在侦查机关讯问时均作出有罪供述，在看守所羁押后均推翻有罪供述，明显有刑讯逼供嫌疑；四是本案的抢劫财物为摩托车，但本案重要物证即赃物摩托车去向没有查清，没有查获一台摩托车；五是认定4名被告人抢劫证据时仅有4名被告人在羁押前作有罪供述，除此以外，被害人陈述或证人的证言、现场勘验，均不能指向4名被告人等。

基于案件存在以上问题，根本未达到事实清楚，证据确实充分标准，仅从证据证明力角度上讲，也不应当认定被告人庞某祥犯有抢劫罪。

（二）一审法院裁定准许检察机关撤回对被告人庞某祥起诉，对被告人庞某祥明显不公平

庞某祥涉嫌抢劫4起，致2人死亡案，涉及4名被告人，历经两次一审，判处死刑，两次二审发回重审，在第3次一审期间，在第4个被告香某武到案并有供认参与抢劫的犯罪事实的情况下，检察机关居然以“证据发生变化，不符合起诉条件为由，撤回对被告人庞某祥、香某武的起诉”。具体是什么证据发生变化，辩护人不清楚，可以肯定的是与辩护人向法官提出的证据存在重大瑕疵一定有关，即公安机关在侦查期间制作的辨认笔录与办案说明存在重大瑕疵，按侦查讯问笔录认定为4人抢劫，按辨认笔录，各被告人之间系通过绰号联系在一起，根本不清楚各自真实姓名，综合辨认笔录指认结果，侦查人员制作办案说明，其中2个绰号同时指向了一个人，由此造成按绰号认定被告人则是3人抢劫，但公安机关实际抓获4人。这应当是检察机关发现的证据发生变化，并且是在辩护人提示下发现的。

该案历经两次一审、两次二审发回重审，即使检察机关提出撤回起诉，人民法院也不应当准许撤回，应当依法宣告庞某祥无罪。刑事诉讼法第195条规定：“在被告人最后陈述后，审判长宣布休庭，合议庭进行评议，根据已经查明的事实、证据和有关的法律规定，分别作出以下判决：（一）案件事实清楚，证据确实、充分，依据法律认定被告人有罪的，应当作出有罪判决；（二）依据法律认定被告人无罪的，应当作出无罪判决；（三）证据不足，不能认定被告人有罪的，应当作出证据不足、指控的犯罪不能成立的无罪判决。”具体到本案，虽然该案第二次发回重审后，一年多的时间里，一审法院始终未开庭审理该案，但该案却已有两次一审程序，并且均判决认定有罪，在第3次一审期间，法院不应当裁定准许撤诉。从本案辩护人掌握的在案证据，完全可以证明公诉机关指控的犯罪事实证据明显不足或者说指控的事实根本没有任何合法证据指向庞某祥，在已经历两次一审、两次二审的情况下，法院第3次一审时，应当通过开庭审理，全面审查证据，作出无罪判决，给被告人庞某祥一个公开、公平、公正判决，这既是对被告人的交代，也是对家属和社会的交代，同时，也让被害人及其亲属全面认识该案，庞某祥等到底是否为作案人。反之，一审法院通过裁定准许撤回起诉，取保候审释放，宣布不起诉决定，

这让庞某祥不明不白地走出看守所，也不明不白地回到社会。这样的回归，对庞某祥来说，并没有洗脱抢劫罪罪名，仍然生活在嫌疑之中，对庞某祥来说是极其不公平的，更是对国家法律的亵渎。

（三）强化证据意识、无罪意识，可以有效防止冤假错案的发生

纵观庞某祥抢劫一案，全案并不复杂，参与抢劫4起，认定有罪的证据有：被告人在侦查机关讯问有罪的笔录、报案笔录、被害人陈述、现场勘验笔录、尸体检验报告等证据，但这些证据中，报案笔录、被害人陈述、现场勘验笔录、尸体检验报告均不能指向庞某祥等被告人，唯有各被告人在侦查机关讯问室讯问笔录中有供认抢劫犯罪供述，且各被告人是通过绰号纠集到一起，互相之间不知道各自的真实姓名、年龄、家庭住址等基本情况，并且各被告人在看守所供述均推翻有罪供述，这些证据或者这些细节足以引起承办检察官、法官、辩护人注意，进而产生对证据真实性的合理怀疑。为什么原来两次一审的检察官、法官都没有发现呢？笔者认为这是因为我国长期以来只重视打击犯罪，不重视保护被告人权利；只相信侦查机关，不相信被告人辩解；只看有罪证据，没有看到无罪证据和证据矛盾；宁可相信侦查机关，也不相信被告人供述；只记住了刑事诉讼法规定的互相配合，而忘记了刑事诉讼法同样规定的互相制约。

（四）人民法院敢于依法排除非法证据，宣告无罪，是防止侦查机关刑讯逼供最有效的途径

侦查机关主要任务是通过侦查破案，抓获犯罪嫌疑人，打击犯罪。确切地说，破案抓人最重要。案件破了，人也抓获了，侦查人员该立功的立功，该获奖的获奖。至于犯罪嫌疑人怎么判决那是法院的事情。虽然一些侦查人员不关心怎么判，但是一次次通过刑讯逼供取得被告人供述，一次次实现法院有罪判决，使得一些侦查人员更加肆无忌惮。久而久之，冤假错案就在这种状态下产生了。

具体到本案，庞某祥涉嫌抢劫4起，历经两次一审、两次二审，一审法院均认定事实清楚，证据确实充分，依法定罪判刑。在第3次一审期间，公诉机关以证据发生变化为由，撤回起诉，最终导致公诉机关作出不起诉决定。这样一个证据漏洞百出、矛盾重重的案件，在只有3个被告人到案的情况下，能够认定事实清楚，证据确实充分，而在第4个被告到案并认罪的情况下，居然以证据发生变化为由撤回起诉。其根本原因，本案

辩护人认为是检察官、法官没有认真研究该证据合法性、真实性，而习惯有罪推定。笔者认为，作为检察官、法官在承办任何一件刑事案件上，都应当首先建立被告人无罪思维意识、悉心听取辩护人辩护意见，这是杜绝冤假错案最好的方式。

同时，人民法院敢于依法排除非法证据，或者说只要有合理怀疑，认为被告人口供可能是刑讯逼供结果的，坚持予以排除；证据确实不充分，证据之间存在矛盾点，有合理怀疑证据不具有客观真实性的，坚持宣告无罪，哪怕错放一人或百人，长此以往，侦查机关知道刑讯逼供的口供法院不会采信，也就不再采取刑讯逼供来获取被告人口供，而是更能从侦查角度收集犯罪证据。如此下去，冤假错案必定大面积减少。具体到本案，认定庞某祥等人有罪的证据，仅本人的供述，并且这样的供述只有在侦查机关审讯室审讯情况下，作出有罪供述，而被送至看守所后，庞某祥等被告人均拒不供认犯罪事实。这是被告人有可能受到刑讯逼供的合理怀疑的理由，但是我们的承办人员视而不见，一味地有罪推定。所以说，人民法院敢于依法排除非法证据，宣告无罪，是防止侦查机关刑讯逼供最有效的途径。

（五）庞某祥无罪辩护有事实和证据予以支撑，合理合法，证据确实充分

本案辩护人在详细阅卷基础上提出无罪辩护，是基于在案证据存在矛盾、被告人供述无法相互印证的事实。最关键的是4名被告人互不相识，互不清楚家庭住址，互不清楚姓名、年龄，完全靠绰号联系在一起，这是一个非常反常的问题。为什么会产生这样的致命错误？理由只有一个，侦查机关为完成破案任务在造假。

本案辩护人基于对案件证据的分析，提出庞某祥无罪辩护意见是有证据支撑的，而非无理辩三分。

六、律师说法

庞某祥自涉嫌抢劫被抓获到获得自由，被羁押6年多，长达2297天。这2297天对庞某祥来说简直是一场噩梦，虽然人身恢复自由，终于获得无罪释放，但带来的是身体受到严重摧残，不能从事重体力劳动，家庭破碎，妻离子散。同时，其丧失了对国家法治建设的信心。

有错必纠，彰显法律的尊严，既是司法文明的体现，又是社会主义法治建设的必然要求。期望我们的法院能够牢牢把握无罪推定、疑罪从无原则，维护司法尊严和权威，捍卫职业的荣誉，毕竟社会的公平正义伤不起，公民的权益更伤不起。记得最高人民法院常务副院长沈德咏说过这样一句话："要像防范洪水猛兽一样来防范冤假错案，宁可错放，也不可错判。错放一个真正的罪犯，天塌不下来，错判一个无辜的公民，特别是错杀了一个人，天就塌下来了。"期待通过司法改革，能够强化法官证据意识、无罪意识、排除非法证据意识，以此来推动无罪率的提升。

案例4

于某达涉黑犯罪案件辩护

● 杨汉卿

一、案情简介

于某达，外号“二达子”，男，1978年11月18日出生，汉族，大专文化，长×县人，长×县××房地产开发有限公司董事长，住长×县长×街。因涉嫌组织、领导黑社会性质组织罪，于2010年10月31日被刑事拘留，于2010年12月1日被逮捕，现在沧州监狱服刑。2011年12月14日吉林省乾安县人民法院（2011）乾刑初字第108号刑事判决书以被告人于某达犯有组织、领导黑社会性质组织罪，判处有期7年；犯非法持有枪支罪，判处有期徒刑5年；犯串通投标罪，判处有期徒刑1年，并处罚金人民币10万元；犯强迫交易罪，判处有期徒刑2年，并处罚金人民币30万元；犯非法经营罪，判处有期徒刑3年，并处罚金人民币4573.14万元；犯故意伤害罪，判处有期徒刑5年6个月；犯妨害公务罪，判处有期徒刑1年6个月；犯盗伐林木罪，判处有期徒刑2年，并处罚金人民币4000元；犯帮助伪造证据罪，判处有期徒刑1年6个月；犯窝藏罪，判处有期徒刑1年；犯行贿罪，判处有期徒刑1年。数罪并罚，决定执行有期徒刑20年，并处罚金人民币4613.54万元。2011年12月22日被告人于某达提出上诉。2011年12月29日松原市中级人民法院（2011）松刑终字第183号刑事裁定书裁定：原审判决认定事实清楚，证据确实、充分，定罪准确，量刑适当，审判程序合法。驳回上诉，维持原判。

二、指控事实

自2004年以来，被告人于某达、郑某良纠集多名两劳释放和社会闲散人员，组织实施非法持有枪支、串通投标、强迫交易、妨害公务、寻衅滋事、盗伐林木、故意伤害、敲诈勒索等一系列危害公共安全、破坏社会主义市场经济秩序、妨害社会管理秩序、欺压百姓的违法犯罪活动，并逐步形成带有黑社会性质的犯罪集团，在长×县造成了较大的恶性影响。参与于某达、郑某良犯罪集团的犯罪人数也逐年增加。刑满释放人员和社会闲散人员王某沣、孙某东、王某、于某军、复某龙、刘某阳、张某扬、张某英、温某军、沈某健、李某红等人先后加入该组织。于某达、郑某良纠集的这些人员不仅随时参与于某达、郑某良组织的违法犯罪活动，同时也借用该组织的势力，纠集其他人员进行故意伤害、敲诈勒索、寻衅滋事、强迫交易等犯罪活动。于某达、郑某良依仗其在社会上的恶名，依仗人多势众，无视国家法律，有组织有预谋地进行违法犯罪活动。在这个犯罪组织中，于某达、郑某良系该组织明确的组织者、领导者，王某沣、孙某东为该组织骨干成员，王某、于某军、夏某龙、刘某阳、张某扬、张某英、温某军、沈某健、李某红为该组织一般参加人员。

于某达、郑某良对该组织有严密的管理方式，其手下称于某达为“二哥”或是“于总”，称郑某良为“良哥”，其为最高层。于某达、郑某良通常对其手下的第二层骨干人员王某沣、孙某东等发号施令，再由第二层人员安排，带领自己的手下去实施违法犯罪活动，事后均由幕后的于某达、郑某良出面平息事端。对参与该组织犯罪活动的人，于某达、郑某良给予供吃住、发放工资奖赏。于某达、郑某良的手下对其吩咐言听计从，不敢有丝毫的拒绝。于某达、郑某良在近几年里通过一系列的暴力、威胁等非法手段在长×县为非作恶，肆无忌惮地进行强取豪夺，通过赌博、非法经营、串通投标、逃税、无资质建楼等违法犯罪手段，获得了1亿多元的巨额非法经济利益。该犯罪组织通过实施一系列违法犯罪活动，在长×县及周边乡镇称霸一方，欺压残害人民群众，当地百姓无不闻之畏惧、谈之色变，造成了极其恶劣的社会影响，严重破坏了长×县的经济和社会生活秩序。

公诉机关认为，被告人于某达组织、领导以暴力、威胁等手段，有组织地多次进行违法犯罪活动（参与违法事实1起），称霸一方，为非作歹，欺压、残害群众，严重破坏经济、社会生活秩序的黑社会性质组织；违反枪支管理的规定，非法持有以火药为动力发射枪弹的非军用枪支3支，危害公共安全，情节严重；在招投标过程中相互串通投标报价，损害招标人利益，违法所得人民币100万元；违反国家规定，非法从事资金支付结算业务，扰乱市场秩序，非法放贷人民币1405.6万元；以威胁手段强买他人商品30余次，强迫交易额为人民币34.03万元，情节严重；故意非法损害他人身体健康，致人重伤2次；以暴力方法阻碍国家机关工作人员依法执行职务2次；帮助他人伪造立功证据，致使法院对他人错判，情节严重；明知是犯罪的人而为其提供隐藏处所；以非法占有为目的，盗伐林木14.5794立方米，数量较大；为谋取不正当利益，给予国家工作人员人民币5万元。其行为分别触犯了《中华人民共和国刑法》第294条第1款、第128条第1款、第162条之一、第223条第1款、第225条第（3）项、第（4）项、第226条、第234条第2款、第236条第1款、第263条第（1）项、第274条、第277条第1款、第293条第（1）项、第（3）项、第303条第1款、第307条第2款、第310条、第345条第1款、第390条第1款之规定，犯罪事实清楚、证据确实充分。

综上，应当以组织、领导黑社会性质组织罪、非法持有枪支罪、串通投标罪、非法经营罪、强迫交易罪、故意伤害罪、妨害公务罪、帮助伪造证据罪、窝藏罪、盗伐林木罪、行贿罪追究被告人于某达的刑事责任。

三、辩护观点

（一）该案件无合法案件来源，侦查程序严重违反法定程序

2010年10月20日松原市公安局因长×县于某达、郑某良等涉嫌有组织犯罪案件情况特殊，决定指定乾安县公安局管辖。乾安县公安局2010年10月26日以指定管辖长×县于某达、郑某良、王某夫等人涉嫌组织领导带有黑社会性质组织案为由，受理此案。同日，决定对于某达团伙涉黑案立案侦查。

根据刑事诉讼法第84条、第85条规定，刑事案件来源只有3种渠道：报案、控告、举报。在本案中未发现有省打黑办批转的群众举报的相关记录，控方也未举证，属于没有案件来源。同时，从2010年10月20日至2010年10月26日即指定管辖、受理案件并决定立案，卷宗没有任何调查材料。根本没有任何合法的立案依据。根据刑事诉讼法规定，立案必须有证据证明有犯罪事实存在，而卷宗在立案前没有任何材料可以佐证应当立案。程序正义是实体正义的前提。立案程序违法，直接导致的后果是此后的侦查

行为无效。所有指控于某达涉黑犯罪的证据均属于非法证据，应当予以排除，不能作为定案的依据。

（二）关于证据采信问题

从立案开始即给被告人于某达扣上了一顶涉黑犯罪的帽子，从此开始了对于某达涉嫌黑社会组织犯罪艰难的侦查历程，从2010年10月30日于某达被抓，所有制作的被告人笔录、证人证言笔录、受害人陈述笔录，从问话模式到回答方式，结合证人与案件本身利害关系，充分说明是主观认定于某达属于涉黑犯罪，故而在所有的调查取证过程中，无视法律规定，想尽办法达到认定于某达涉黑犯罪的目的。

如于某达涉嫌强迫交易案件存在客观证据——书证，侦查机关却能通过口供或证言将原始客观存在的书证所证明的客观事实进行改变。书证证明是债权债务关系，证言却能证实为强迫交易。证人证言及被告人的供述应当作为非法证据予以排除，不应当作为定案依据。

（三）关于鉴定结论问题

案件所有鉴定结论均未向被告人于某达送达鉴定结论通知书，剥夺了被告人提出异议的权利。1996年的刑事诉讼法第121条明确规定：侦查机关应当将用作证据的鉴定结论告知犯罪嫌疑人、被害人。如果犯罪嫌疑人、被害人提出申请，可以补充鉴定或者重新鉴定。侦查机关大肆违法，法庭不能置之不理，根据上述规定，均不应作为定案依据。

（四）关于组织、领导黑社会性质组织罪的辩护意见

本案辩护人认为：检察机关指控的于某达组织、领导的黑社会性质组织不具有法律规定的基本特征，被告人于某达不构成组织、领导黑社会性质组织罪。

一是所谓的于某达黑社会组织成员并不是固定的，不符合犯罪骨干成员基本固定的特征。对指控的于某达涉黑犯罪组织，成立有6年时间，在只有13个人的涉黑犯罪组织中居然还有成员不认识组织领导者，领导者不认识组织成员，这是违背常理的。

二是同样为组织领导者，指控郑某良的犯罪事实居然与指控于某达的犯罪事实不同，指控罪名也不一致。刑法第26条规定：“组织、领导犯罪集团进行犯罪活动的或者在共同犯罪中起主要作用的，是主犯。三人以上为共同实施犯罪而组成的较为固定的犯罪组织，是犯罪集团。对组织、领

导犯罪集团的首要分子，按照集团所犯的全部罪行处罚。”而该案骨干成员于某达、郑某良二人主要犯罪事实却互不相干。

三是从于某达所有起诉指控的案件中，没有一起案件是属于有组织地进行违法犯罪活动；多人实施的犯罪行为，充其量是共同犯罪。并且所有犯罪行为，没有一起案件是为这个所谓的“组织”生存而去犯罪，或者说是为了争夺地盘，为了控制一定的活动区域称王称霸。

四是从王某沣、孙某东等人离开于某达后，所有违法犯罪活动均不是为了于某达的利益，也不是为了所谓的于某达涉黑犯罪组织利益。其具体的违法犯罪行为与于某达本人不存在任何联系。

五是黑社会性质组织犯罪最大的特点是财物集中管理。王某沣、孙某东、张某英、沈某建等人通过违法犯罪活动所获得的利益，既没有向于某达、郑某良交纳，也未由所谓的这个组织进行支配。

六是于某达的所有收入均是通过房地产开发及后期物业管理取得，均属于合法收入。

七是从长×县实际情况来看，于某达所开发的房地产比例在长×县城不足10%，于某达并未达到控制长岭房地产这个行业，实际上，于某达也控制不了长岭的房地产业。

八是撤销于某达1996年伤害案件是为了拼凑于某达涉黑犯罪事实。以鉴定结论发生变化，将于某达1996年故意伤害案件进行撤销原判决，重新鉴定为重伤，其目的是增加于某达涉黑犯罪的事实，恰恰这一案件的撤销，说明办案机关认为没有于某达这起伤害案件，不能认定于某达涉黑犯罪。这起案件发生在1996年，按当时的刑法规定，并没有涉黑罪名，通过重新审理，于某达在此案又不构成犯罪。这是弄巧成拙，偷鸡不成蚀把米。

九是王某沣、孙某东将丁某勇打伤，通过法庭审理查明，仅仅是报复丁某勇，根本不存在于某达组织行为。

十是非法持有枪支案、窝藏案、行贿案均为于某达本人所为；李某海重伤案是于某达与郭某贺等人行为；丁某勇伤害案系王某沣、孙某东私自找人报复行为；串通投标案于某达处于被动地位；张某英盗伐林木系个人行为；其他案件充其量为共同犯罪行为。

十一是指控于某达自2004年以来组织领导黑社会组织犯罪活动，2004年至2006年9月居然没有一起违法犯罪事实，目前在国内或者全世界还没有发现这样的犯罪组织或犯罪集团。

十二是所谓的于某达涉黑犯罪组织，是不存在的。组织应当是人们为了实现一定的目标，互相协作结合而成的集体或团体，如党团组织、工会组织、企业、军事组织等。在现代社会生活中，组织具有成员固定、意志统一、行动目标基本一致的特点。而从案件所有证据材料来看，所谓的于某达涉黑犯罪组织根本不具有上述任何特征。

通过以上分析，本案中的共同犯罪案件是被告人临时纠集在一起，以较为松散的形式进行违法犯罪活动，充其量只能算作是共同犯罪。本案中的共同犯罪案件具备松散性、临时纠集性、犯罪目的单一性、犯罪活动单纯性的特点；不存在经济实力支持违法犯罪活动。所谓的于某达涉黑犯罪组织不具备刑法规定的黑社会性质组织罪的任何特征，与黑社会性质的组织有着重大的差别。所以说，于某达不构成组织、领导黑社会性质组织罪。

（五）关于非法持有枪支、弹药罪的辩护意见

松原市公安司法鉴定中心出具的枪弹鉴定书只有鉴定人签名，没有复核人签名，也未进行复检过程。此鉴定书不符合鉴定程序要求，不具有合法性。根据《公安机关涉案枪支弹药性能鉴定工作规定》，对枪支、弹药的鉴定需经过鉴定、复核两个步骤，并应由不同的鉴定人员分别进行。复核人应当按照鉴定操作流程的全过程进行复核，防止发生错误鉴定。鉴定完成后，应当制作《枪支、弹药鉴定书》。《枪支、弹药鉴定书》中的鉴定结论应当准确、简明，同时应当标明鉴定人的身份并附有本人签名。此外，两名鉴定人签名从字体书写规则上看，疑为一人所签，存在重大瑕疵。为此，上述鉴定书不能作为定案依据。

（六）关于串通投标罪的辩护意见

串通投标罪指投标者相互串通投标报价，损害招标人或者其他投标人利益，或者投标者与招标者串通投标，损害国家、集体、公民的合法权益，情节严重的行为。

通过法庭审理查明，被告人郑某良、谢某宇及杨某在商量由谁承建中医院综合楼时，并未商量投标报价，而主要是商量由谁承建，由谁撤出问题。同时也没有与招标人进行串通，于某达在整个投标过程中，始终处于被动地位，不具有主观故意，不符合犯罪构成要件，不构成串通投标罪。

（七）关于非法经营罪的辩护意见

刑法第225条规定了非法经营罪，并采用了叙明罪状表述，并以列举的方式作了具体规定。此罪只能适用于扰乱市场秩序，情节严重的属于非法经营行为。该条第4项的适用，也不能脱离这个基本前提。因此，对于刑法未明确规定的某种具有一定危害性的行为，若以非法经营罪论处，必须符合以下几个条件：(1）该行为是一种经营行为。(2）该经营行为非法。所谓“非法”，是指该经营行为违反国家立法机关制定的法律和决定及国务院制定的行政法规、规定的行政措施、发布的决定和命令。如果国家法律、法规等未对某种经营行为予以禁止或者限制的，该经营行为不得被认定为非法经营行为。(3）该非法经营行为严重扰乱市场秩序。以市场秩序作为本罪侵犯的客体，这只能表明非法经营罪是一种扰乱市场秩序的犯罪。但是，并非所有扰乱市场秩序的非法经营行为都可构成本罪，而必须是情节严重者始当构成。非法经营罪作为一种经济犯罪，其所谓“情节严重”，首先应当考虑经济衡量标准。此外，诸如造成恶劣的社会影响或者人民生命、财产重大损失等严重后果者，亦可视为情节严重。

什么是支付结算或资金结算？支付结算或资金结算是指单位、个人在经济活动中，使用票据、信用卡、汇兑、托收承付、委托收款等方式进行给付及其资金清算的行为。银行是支付结算和资金结算的中介机构，于某达与61户也是通过银行进行结算的，不能认定为于某达个人从事非法结算业务。

什么是民间借贷？民间借贷应当具有以下4个特点：一是民间借贷放款人必须是个人，企业及非金融团体不能放贷，被告人于某达是以个人名义办理；二是民间借贷必须是真实意思的表示，强迫式的黑社会性质不合法，于某达未强迫任何一个人借贷；三是资金来源、用途必须合法，于某达出借资金均是本人的合法收入；四是双方约定利息不能超过同类银行贷款利率的4倍，于某达借贷利息未超过法律所保护的4倍。

其一，根据最高人民法院关于借贷规定，于某达借贷行为属于民间纠纷。《最高人民法院关于人民法院审理借贷案件的若干意见》规定：人民法院审理借贷案件，应按照自愿、互利、公平、合法的原则，保护债权人和债务人的合法权益，限制高利率。根据审判实践经验，现提出以下意见，供审理此类案件时参照执行。公民之间的借贷纠纷，公民与法人之间的借贷纠纷以及公民与其他组织之间的借贷纠纷，应作为借贷案件受理。民间借贷的利率可以适当高于银行的利率，各地人民法院可根据本地区的实际情况具体掌握，但最高不得超过银行同类贷款利率的4倍（包含利率本数）。超出此限度的，超出部分的利息不予保护。中国人民银行从2004年10月29日起不再设定利率上限，退一步说，即使适用“城乡信用社可以在5.02‰—12.83‰的区间内自主确定贷款利率”的规定，民间贷款利率的上限也达到51.32‰。再者，目前银行基准利率是5.31‰；农村信用社可以高出200%，法院保护最高为4倍算下来，月利也会超过5分利。

通过以上分析，可以认定民间借贷是一种合法形式，法律所保护的利息最高不超同期银行贷款利息的4倍，超出部分，只是不受法律保护。

其二，于某达通过分期付款形式向61户销售住宅楼是售楼的一种方式，受合同法和民法通则保护。于某达在房地产开发过程中，为了帮助改善困难家庭生活条件，采用了类似银行贷款的分期付款方式，解决他们的住楼问题。在一定程度上说，这是一种售楼的销售方式，他的行为既帮助了这部分人改善了生活条件，又帮助他们解决了不能在银行贷款的困难，也可以说这是帮助政府改善民生条件。于某达通过分期付款方式销售的61户住宅楼，办案机关共计调查55户，其中无业人员39户，个体8户，另有农村公务员、教师、医生等8户。通过统计分析，可以看出贷款户不具有在银行贷款条件，家庭收入无法一次性支付购楼款；于某达与购楼户签订的房屋买卖协议，从协议可以看出，购楼户只交纳首付，其后每月按一定数额偿还购楼款，这充分说明是于某达售楼的一种方式。

其三，于某达与胡某梅、于某建、冯某军及旭源×业同样是借贷关系，受合同法和民法通则保护。出借也是在对方困难时期，在得不到银行贷款的情况下发生的贷款关系。例如：2010年1月，旭源×业因急于给工人发工资，找到长×县中小企业担保公司担保科冀某忠，让其帮助联系融资解燃眉之急，当时，该担保公司没有贷款指标，这个借款行为是通过吉林长岭中小企业局工作人员做中间人，双方相识并签订的借款合同。若银行能够给旭源×业贷款，作为一个部门，中小企业局也不会介绍旭源×业向于某达借款。再者说，冯某军借款则是通过吉林银行长岭支行梁某涵介绍，向于某达借款，若银行可以向冯某军贷款，梁某涵没有理由冒个人风险为冯某军借款担保。

其四，于某达借贷关系发生后，并未造成扰乱当地的贷款市场经济秩序。从于某达借款数量上看，数额确实不小，但其行为并未严重扰乱市场经济秩序。从每起借贷事实来看，都是急需资金，但又无法从银行贷到款，才向于某达借的。于某达的行为是在帮助他们解决燃眉之急，这怎么能说明于某达的行为扰乱了市场经济秩序?

其五，从本案证据来看，没有一笔借款是于某达强行向有关人员出借，也没有一笔款是从银行贷款后，进行高利转贷。借款均是双方协商一致的结果。

其六，2011年11月10日中国人民银行有关负责人在回答新华网记者专访时，明确表示民间借贷具有制度层面合法性，司法机关可依据民法通则和合同法规定的公平原则、诚实信用原则判定合同的有效性和双方的权利义务，对于个人或单位以转贷牟利为目的，套取金融机构信贷资金高利转贷他人，违法所得数额较大的，可依刑法第175条的规定，以高利转贷罪论处。

（八）关于强迫交易罪的辩护意见

从本案控方提供的书证来看，于某军（于某）、陈某军、李某（李某海）3人在李某海、刘某处拉运木材30多次，并且每次出具欠据。其中卷宗第11卷第98页17616号欠据标注:“以李某工地的塔吊、搅拌机设备作为抵押还款之物”和第99页17646号欠据标注:“以李某工地的塔吊作为抵押还款之物”。从这些标注完全可以看出于某军等人拉取的木材行为，是李某、陈某军本人使用，不然怎么能把李某工地的塔吊等作为抵押物?

从辩方提供的齐某忱的起诉状和李某、齐某忱等出具的借款用途等书证来看，长×县政府工地是被告人于某达开发，由李某、陈某军等人承包建设，除去于某达承担建设楼所必需的原材料即砖、沙、水、电、水泥等由被告于某达供应外，一切建设所用工具、设备均由承建人承担，并且于某达按约定超额支付了承包建设费。

本案辩护人认为：被告于某达不构成强迫交易罪。理由如下。

一是控方提供的所有证言与被告人于某达及被告人于某军在法庭陈述完全相反，且与控辩双方提供的书证严重不符，被告人的供述及受害人陈述不具有客观性，不能作为定案的依据。

二是控方提供的欠条及辩方提供的李某等出具的借条属于书证，均与长×县政府工地有关，且为原始记载，应当作为定案依据。根据书证效力高于证人证言、被告人供述和辩解、受害人陈述，此书证能够真实地反映当时客观情况，李某、齐某忱、陈某军等是木材使用者。完全可以否定李某海、刘某等人在2010年10月31日以后形成的各种形式的证言及被告人供述笔录。

三是被告人当庭供述与书证吻合应当作为定案依据。

四是本案的书证具有客观真实性，并且是不可逆转和更改的证据。通过此证据完全可以证明被告人于某达未参与木材购买行为。

五是书证是原始形成，能够反映当时的客观真实情况，说明李某海、刘某与陈某军、于某军、李某等形成的是债权债务关系。

六是从欠条可能看出，陈某军、于某军等在李某海处共计拉取木材35次之多，并且不是同天拉取，若属于强买强卖，为何受害人不向公安机关报案？被告人于某军当庭陈述受害人曾于2007年向长×县公安局报案，这与受害人李某海、刘某向专案组出具的信件反映曾向公安机关报警一事相符，说明于某军当庭陈述是属实的。若受害人在2006年惧怕于某达不敢报案，为何在2007年就敢报案了？受害人的证言不具有客观真实性，不能作为定案依据。

七是控辩方提供原始书证与本案具有关联性。控方提供的书证——欠条是承包建设于某达开发的原长×县政府工地3号所有木材款欠据，辩方提供的借款收据是于某达支付给承包建设原长×县政府工地3号楼承包建设费，此书证证明于某达已支付相关费用，控方居然认为与本案没有关联性，这是典型的选择性选取证据，选择性执法，意在构陷被告人于某达涉黑犯罪。

（九）关于故意伤害罪的辩护意见

其一，关于李某海重伤案件。

侦查机关无故将一起15年前已审结的案件撤销原判，重新追诉，意在加重处罚被告人于某达并达到认定黑社会犯罪的目的。这是一种枉法行为。

此次撤销原判决主要是依据重新作出的鉴定结论。

吉林省公安厅物证鉴定中心《法医学人体损伤程度鉴定书》记载：2010年12月1日活体检查；2010年12月2日吉大二院检查情况；2010年12月16日吉大一院检查情况；2010年12月7日出具鉴定书。鉴定结论是：李某海右眼损伤程度构成重伤。

此鉴定书存在严重问题：鉴定书中时间倒置，不具有客观真实性；鉴定书是依据原来诊治病历、2010年12月检查记录，确定受害人李某海为重伤，此鉴定只能证明受害人李某海在2010年12月7日鉴定时为重伤。

第一，不能依据此鉴定结论确认1996年时李某海伤情为重伤。无法排除此15年期间，李某海本人病情发生过什么变化，此鉴定不具有客观性，也不能作为定案依据。

第二，对人身伤害的医学鉴定有争议需要重新鉴定或者对精神病的医学鉴定，由省级人民政府指定的医院进行。鉴定人进行鉴定后，应当写出鉴定结论，并且由鉴定人签名，医院加盖公章。此鉴定是第三次鉴定，属于重新鉴定，吉林省公安厅物证鉴定中心不具有重新鉴定的资格，所以，此鉴定结论不具有合法性。

第三，通过法庭对案件调查，查明李某海无论是重伤还是轻伤结果，均不是被告人于某达所形成。

其二，关于丁某勇被打伤案件。

第一个阶段为王某沣、孙某东在上班期间请假外出帮助张某殴打丁某勇，被丁某勇一伙打伤。

第二个阶段是王某沣、孙某东找人将丁某勇打成重伤。

从庭审及案件证据情况看，第一阶段，王某沣、孙某东在上班期间请假外出，为张某摆事不成被丁某勇所伤，此事与于某达没有任何关系，这可以从王某沣向张某索要2万元现金未交给于某达得到证实；第二阶段，王某沣、孙某东找人将丁某勇打成重伤，根据法庭调查，二人是为报复先前被丁某勇所伤之事。此阶段于某达既未指使，也未参与，事前更不知道，认定于某达应当承担丁某勇重伤责任，于情、于理、于法都没有任何依据。

（十）关于妨害公务罪的辩护意见

妨害公务罪是以暴力或者威胁的方法阻碍国家机关工作人员依法执行职务的行为。所谓依法执行职务，是指国家机关工作人员在国家规定的范围内，运用其合法职权从事公务活动。行为人必须是以暴力或者威胁的方法阻碍执行公务。本条所称暴力，是指行为人对正在依法执行职务的国家工作人员的身体实施了暴力打击或者人身强制；所称威胁，是指行为人以杀害、伤害、毁坏财产、破坏、扣押人质等对正在依法执行职务的国家机关工作人员进行威逼、胁迫，企图迫使国家机关工作人员放弃执行职务。行为人如果并未采用暴力或威胁方法，而是采用其他方法干扰国家机关工作人员执行职务，例如谩骂、吵闹等行为，虽然对执行职务有一定程度的妨害，但也不能构成本罪。

对第一起案件，通过法庭调查查明，被告人于某达在案发时未在现场，未指使王某沣、孙某东等人殴打执法人员，也从未向二人吩咐过怎么对待来检查的行政执法人员。

对第二起案件，通过法庭调查查明，被告人王某沣的行为均未达到暴力程度，于某达本人未实施任何暴力行为，二人在案发时并不具有共同故意，被告人于某达行为在此次事件中，情节显著轻微。

对两起妨害公务案件，通过法庭调查，查明城管及消防人员行政执法行为均不规范，到场均先拉电闸，继而引起双方误会。根据行政处罚法第37条的规定，行政机关在调查或者进行检查时，执法人员不得少于两人，并应当向当事人或者有关人员出示证件。无论城管、消防人员均未出示任何证件证明其是执法行为。发生冲突过错均在执法人员一方。

（十一）关于帮助伪造证据罪的辩护意见

辩护人认为：被告人于某达在此案中，只是穿针引线，未伪造任何证据，未起到决定性作用，于某达的行为属于情节轻微，建议法庭考虑定罪从轻处罚。

（十二）关于窝藏案件罪的辩护意见

辩护人认为：建议对被告人于某达定罪并按立功从轻或减轻处罚。

在案发当时，被告人于某达经过了解知悉打伤村民赵某是夏某龙一人所为，刘某宝、田某彪二人并未殴打赵某，造成赵某死亡是夏某龙一人造成，遂认为刘某宝、田某彪二人没有什么事，才为其提供住处和资金。作为被告人于某达，依据常识，判断造成赵某死亡是夏某龙一人所为，田某彪、刘某宝二人未参与殴打赵某，其二人不涉嫌犯罪，这符合情理。毕竟于某达不是法律专家，在此种情况下，为其二人提供住处和资金即使是窝藏行为，也属于情节轻微。后来，于某达听说刘某宝、田某彪二人已构成犯罪，遂主动劝二人投案自首，通过庭审调查，也确定刘某宝、田某彪二人系于某达劝说回来投案自首。

（十三）关于盗伐林木罪的辩护意见

在法庭审理期间，被告人于某达、李某红、张某英均推翻原有供述，结合侦查机关制作的被告人笔录相互之间存在矛盾，靠证言推翻原始书证等，可以确认被告人于某达、李某红、张某英在法庭上的陈述具有客观真实性，于某达未指使张某英盗伐阳光馨城小区旁的树木，盗伐林木行为系张某英个人行为，于某达对此事不存在犯罪意图，不应当认定于某达有罪。

（十四）关于行贿罪的辩护意见

起诉书指控犯罪事实：被告人于某达为取得长×县运输公司综合楼的开发权，与时任长×县运输公司经理庞某祥商议，由于某达承建，于某达事后给庞某祥5万元答谢费。

辩护人认为：于某达给付的是答谢费并且在事后给予，考虑于某达在此案上的认罪态度，建议法庭考虑定罪从轻处罚。

综上所述，所有被告人及辩护律师是带着一种敬畏之心、法治之心参加法庭审理，希望得到一个公平、公正的判决。作为公民和律师，坚决支持依法打黑，但反对黑打。通过法庭3天的审理，已查明了于某达等人所涉及的犯罪事实。纵观全案，所谓的组织、领导黑社会性质组织罪是根本不存在的，为达到认定于某达涉黑犯罪事实，东拼西凑，将支离破碎的个案，故意硬性串联在一起，证据更是漏洞百出，无法形成有效的证据链条。恳请合议庭能够充分考虑被告人当庭陈述和辩护律师的意见，排除各方干扰，依法作出公平、公正的判决。

四、法院裁决

法院认为，被告人于某达以暴力、威胁等手段，有组织地多次进行违法犯罪活动（参与违法事实1起），称霸一方，为非作歹，欺压、残害群众，严重破坏经济、社会生活秩序，系该黑社会性质组织的组织者、领导者；违反枪支管理的规定，非法持有以火药为动力发射枪弹的非军用枪支3支，危害公共安全，情节严重；在招投标过程中相互串通投标报价，损害招标人利益，违法所得人民币100万元，情节严重；违反国家规定，扰乱市场秩序，非法放贷人民币817万元，违法所得人民币1524.38万元，情节严重；以威胁手段强买他人商品30余次，强迫交易额为人民币34330

元，情节严重；故意非法损害他人身体健康，致人重伤2次；以暴力方法阻碍国家机关工作人员依法执行职务2次；帮助他人伪造立功证据，情节严重；明知是犯罪的人而为其提供隐藏处所；以非法占有为目的，盗伐林木14.5794立方米，数量较大；为谋取不正当利益，给予国家工作人员人民币5万元，其行为已构成组织、领导黑社会性质组织罪、非法持有枪支罪、串通投标罪、非法经营罪、强迫交易罪、故意伤害罪、妨害公务罪、帮助伪造证据罪、窝藏罪、盗伐林木罪、行贿罪。公诉机关指控的被告人于某达所犯的上述罪名成立。在故意伤害丁某顺、盗伐林木共同犯罪中，被告人于某达起主要作用，系主犯。应当按照其所参与的或者组织、指挥的全部犯罪处罚。在故意伤害李某海犯罪时，未满18周岁，系未成年人犯罪，对被害人进行了赔偿，应从轻处罚。对部分事实能够如实供述，对如实供述的部分可从轻处罚。关于被告人于某达向红十字会捐款10万元，并不是对被告人于某达从轻处罚的法定情节，法院不予支持。

依照《中华人民共和国刑法》第294条第1款、第3款，第128条第1款，第223条第1款，第225条，第226条，第234条第2款，第236条第1款，第274条，第277条第1款，第303条第1款，第307条第2款，第310条第1款，第345条第1款，第389条，第390条第1款，第263条，第293条第（1）项、第（3）项，第162条之一，第13条，第65条，第25条，第26条，第27条，第17条第1款、第3款，第67条第1款、第3款，第69条，第70条，第72条，第64条，《全国人民代表大会常务委员会关于〈中华人民共和国刑法〉第二百九十四条第一款的解释》之规定，并经本院审判委员会讨论决定，判决如下。

被告人于某达犯组织、领导黑社会性质组织罪，判处有期徒刑7年；犯非法持有枪支罪，判处有期徒刑5年；犯串通投标罪，判处有期徒刑1年，并处罚金人民币10万元；犯强迫交易罪，判处有期徒刑2年，并处罚金人民币30万元；犯非法经营罪，判处有期徒刑3年，并处罚金人民币4573.14万元；犯故意伤害罪，判处有期徒刑5年6个月；犯妨害公务罪，判处有期徒刑1年6个月；犯盗伐林木罪，判处有期徒刑2年，并处罚金人民币4000元；犯帮助伪造证据罪，判处有期徒刑1年6个月；犯窝藏罪，判处有期徒刑1年；犯行贿罪，判处有期徒刑1年。数罪并罚，决定执行有期徒刑20年，并处罚金人民币4613.54万元。

五、案例评析

首先，所谓的被告人于某达犯罪集团不符合黑社会性质组织罪基本特征，不应当认定构成组织、领导黑社会性质组织罪。

根据刑法第294条的规定，黑社会性质的组织应当同时具备以下特征：（1）形成较稳定的犯罪组织，人数较多，有明确的组织者、领导者，骨干成员基本固定；（2）有组织地通过违法犯罪活动或者其他手段获取经济利益，具有一定的经济实力，以支持该组织的活动；（3）以暴力、威胁或者其他手段，有组织地多次进行违法犯罪活动，为非作恶，欺压、残害群众；（4）通过实施违法犯罪活动，或者利用国家工作人员的包庇或者纵容，称霸一方，在一定区域或者行业内，形成非法控制或者重大影响，严重破坏经济、社会生活秩序。

具体到本案，所谓的于某达犯罪集团，根本不符合黑社会性质的组织特征。一是起诉书指控黑社会性质组织成员有13人，法院最终认定该黑社会性质的组织成员仅有5人；二是认定黑社会性质组织的4名成员，与该案主犯于某达并未形成较稳定的犯罪组织，不具有人数众多，有明确的组织者、领导者，骨干成员基本固定的特征，这4名成员，仅与于某达在不同时期在一起，其中该集团2号人物郑某良，认定犯罪事实竟然与于某达认定的主要犯罪事实不一致；三是不具备有组织地通过违法犯罪活动获取经济利益的特征，而于某达经济来源均是通过房地产开发，通过合法手段获取利益，不存在违法获取经济利益的情形；四是不存在以暴力、威胁或者其他手段，有组织地多次进行违法犯罪活动，为非作歹，欺压、残害群众的情形更不存在；五是根本不存在称霸一方，在一定区域或者行业内，形成非法控制或者重大影响，严重破坏经济、社会生活秩序的行为。

其次，应当严格依据刑法规定，从严掌握认定组织、领导、参加黑社会性质组织罪。

根据《最高人民法院关于审理黑社会性质组织犯罪的案件具体应用法律若干问题的解释》第3条第2款的规定，对于参加黑社会性质组织，没有实施其他违法犯罪活动的，或者受蒙蔽、胁迫参加黑社会性质的组织，情节轻微如参加黑社会性质组织后虽有不良行为或者一般性的违法活动但危害不大的，可以不作为犯罪处理。

组织、领导黑社会性质组织，应当包括4个部分：一是纠集、寻找发展对象；二是向纠集、寻找的对象有表达组建黑社会性质组织的意思或意向；三是被纠集、寻找的对象自愿或者非自愿地同意加入；四是成立组织的目的意在进行违法犯罪活动。对于组建黑社会性质组织的行为，一般应有10 人以上包括组织者本人共同为进行黑社会性质的活动而结成一体。

具体到本案，法院认定该组织成员总计只有5人，且5名成员之间并未形成稳定、稳固关系，共同实施违法犯罪行为。因此，不应认定为组织、领导、参加黑社会性质组织犯罪。

最后，黑社会性质组织与普通犯罪集团有着根本区别。

黑社会性质组织，具有犯罪集团的所有特征，同时又具有决定、反映其自身本质的、其他普通犯罪集团所没有的特征，主要表现如下。

一是犯罪目的复杂性不同。普通犯罪集团的目的比较单纯，一般是为了追求经济利益，没有控制、影响社会的政治化倾向；而黑社会性质组织虽然以追求经济利益为主要目的，但是企图通过控制、影响社会某一区域、某一行业来实现其政治野心，从而具有欲与国家、政府依法调控的社会分庭抗礼的政治化色彩。

二是实现犯罪目的所采取的手段方法不同。普通犯罪集团与之比较单纯的目的相适应，一般是实行一类犯罪，或以一种或数种犯罪为重点，进行的犯罪较为单一、固定，如走私集团、贩毒集团、抢劫集团、盗窃集团等，都以一类或一种、数种犯罪为主要行为，且通过这些具体的犯罪行为直接获取经济利益；而黑社会性质组织，为实现其攫取经济利益和控制、影响一定区域、行业的意图，实施的违法犯罪活动如走私、贩毒、强迫交易等等，极为广泛，并且伴有欺压、残害群众的杀人、伤害、绑架、聚众斗殴、寻衅滋事等各种各样的暴力违法犯罪行为。有的还以个人或单位的名义进行一些单独看来并不违法的经营，掩盖其黑社会性质，或者采用贿赂、美色诱惑等手段拉拢腐蚀国家工作人员，向党政机关不断渗透，求得保护、包庇和纵容，违法犯罪活动的多样性、复杂性远非普通犯罪所能比。其所实施的行为，有的是为了直接凭之获取经济利益，有的则是借此树立自己的威信、地位，借以形成控制、影响社会的一种非法地下黑秩序，进而通过这种不法秩序坐收渔利，不劳而获，危害性自然更大。

三是有无公开的相对固定的势力范围不同。黑社会性质组织为了极大限度地攫取经济利益，不仅直接通过一些违法犯罪的活动进行，而且通过控制、影响一定区域、一定行业即建立一定的势力范围来进行。在势力范围内，其称王称霸，为非作歹，按己意志为所欲为，群众迫于其淫威，无奈服从其控制、影响，在一定程度上已经形成另一种排斥、否定正常的秩序，从而与国家、政府分庭抗礼的非法地下黑秩序，具有公然性、相对稳定性；普通犯罪集团则不具有这一特征，其犯罪一般具有隐蔽性、流动性。

具体到本案，所谓于某达犯罪集团，连基本犯罪集团特征都不具备，5名成员各自为战，互不隶属，互无共同利益，法院竟然置刑法规定于不顾，坚持依靠行政手段，强行认定于某达构成组织领导黑社会性质组织罪，这是违背罪刑法定原则和实事求是司法原则的。

六、律师说法

随着国家经济、社会、文化等各个领域发展脚步日益加快，国内外各种消极因素影响，黑社会性质组织的出现带有一定的必然性，刑事犯罪出现的新特点、新变化、新问题也在不断变化，黑社会性质组织犯罪不容忽视。黑社会性质组织犯罪存在以下几个重要问题，应当引起司法部门重视，坚决依法严厉打击。

一是社会危害急剧扩大。当前黑社会性质组织犯罪与“黄、赌、毒、枪”犯罪合流愈加明显，社会危害成倍扩大。

二是经济实力快速膨胀。当前黑社会性质组织正在向很多经济领域渗透，其中一些完成原始积累后就改头换面，以开办公司的形式，涉足各类高利润行业，通过违法犯罪手段实现垄断经营，攫取非法利益。

三是抗打击能力不断增强。正所谓“道高一尺，魔高一丈”，为了逃避法律制裁，黑社会性质组织不断采取各种手段增加自身的隐蔽性，隐藏本来面目，在违法犯罪活动中更多地使用言语恐吓、恶意骚扰、聚众造势等“冷暴力”“软暴力”手段，想尽办法“漂白”身份，捞取政治资本，大肆进行形象包装，拉拢腐蚀公职人员、司法人员，编织保护网。

四是在依法打击黑社会组织犯罪的时候，也要防止发生“黑打”的问题。人民法院在审理此类案件时，应当倾听辩护律师的辩护意见并加以认真研究，防止造成错案。

律师介绍·杨汉卿

杨汉卿，吉林省松原人，毕业于长春工程学院。曾从事18年的公安刑事侦查、预审工作，期间，通过吉林大学自学考试取得法律本科学历。

现为北京广森律师事务所合伙人、主任，中华杨氏律师联谊会（律师联盟）副会长，长春工程学院北京校友会副会长，北京市律师协会职务犯罪预防与辩护委员会副秘书长，北京市朝阳区律师协会权益保障委员会副主任。

杨汉卿律师积极从事社会公益活动，其所在的北京广森律师事务所是“中国诉讼论坛·2015”的发起单位，其本人担任“中国诉讼论坛·2015”组委会副秘书长。

在公安部门工作期间，从派出所到刑警、预审、拘留所等部门，曾参与侦破、承办“强奸杀人焚尸案”“系列抢劫杀人案”“系列抢劫出租车案”“入室杀人抢劫案”“银行被盗150万元”等百余起大案要案。

自从事律师职业以来，主要以刑事辩护和建设工程纠纷业务为主。执业以来承办了“吉林于某达涉黑犯罪辩护”“北京孙某某受贿案辩护”“广西庞某祥抢劫案无罪辩护”“吉林王某明合同诈骗辩护”等一些有影响的刑事大案。同时，也承办了“中冶地×公司与锦祥××公司建设工程施工合同纠纷案”“北京峻岭峰公司与河北远科公司建设工程施工合同纠纷案”“成都天×行公司诉中铁×局施工合同胜诉案”等百余起建设工程方面疑难案件。

杨汉卿律师刑事辩护业务以职务犯罪、暴力犯罪、涉黑犯罪和经济犯罪为主要的辩护研究方向；同时，从事建设工程方面疑难案件诉讼代理业务，并且仅代理承包人诉讼纠纷，以维护承包人利益。

25年的刑事侦查与辩护工作，杨汉卿律师积累了丰富的刑事辩护经验，为被告人辩护尽心尽力；8年的建设工程施工合同纠纷诉讼代理，凭借工程专业知识，扎实的理论知识与实践经验，在建设工程纠纷仲裁与诉讼中，每一起疑难案件都能找到突破口，赢得了众多承包人的信任。

杨汉卿律师一直践行严谨的工作态度和踏实的工作作风，以维护当事人合法权益为己任，一次次的努力，一次次的付出，一次次实现辩护与诉讼目标，博得了当事人的信任与赞许，同时也赢得了对手的尊重。

杨汉卿律师2011年组建律师刑事辩护与建设工程纠纷处理的团队，旨在以团队形式提供法律服务。为了更好地服务广大客户，提升法律服务品牌；2013年创办北京广森律师事务所，立足打造广森律师品牌，成立专门从事刑事辩护的团队和建设工程纠纷处理的团队，潜心研究刑事辩护策略与建设工程纠纷诉讼技巧，为最大限度地维护当事人的合法权益，奠定了坚实基础。

“言忠信，行方正”是北京广森律师事务所治所理念，更是杨汉卿律师终生坚守的理念，不欺骗委托人，不损害委托人利益，尽心尽力地完成委托事项。

杨汉卿律师代理的典型案件主要包括：

（1）广西北海庞某祥冤狱六载实现无罪释放案。

（2）吉林松原于某达涉黑犯罪实现轻判辩护案。

（3）吉林市王某明合同诈骗、虚假出资减少罪名辩护成功案。

（4）北京某部孙某某受贿实现减少事实辩护目的案。

（5）河北唐山鲍某娟聚众斗殴实现轻判目的案。

（6）北京蒙某军故意杀人案实现不起诉结果。

（7）北京峻岭峰诉河北先科建设工程施工合同胜诉案。

（8）中冶地×公司诉河北锦祥××公司施工合同二审胜诉案。

（9）中冶××公司诉曲阳××建设公司施工合同胜诉案。

（10）北京宏××租赁公司诉浙江××劳务公司租赁合同胜诉案。

（11）北京华旭××公司诉北京××建公司施工合同胜诉案。

（12）成都天×行公司诉中铁十×局施工合同胜诉案。

联系电话：18611337988

电子邮箱：yhq@forestlaw.cn

联系地址：北京市朝阳区慧忠里103号洛克时代中心B-602室

邮政编码：100101

案例5

伪造、变造金融票证罪与票据诈骗罪之辩

● 杨厚军

一、案情简介

2011年11月下旬，被告人阮某某让被告人郭某到江苏如皋从马某某手中取得两张面额分别为400万元、480万元的变造承兑汇票，11月25日被告人阮某某与郭某到山西太原，阮某某收取周某某向太原人焦某取得的2万元后，阮某某让郭某携带这两张变造承兑汇票与周某某来到交城，郭某通过周某某联系的交城人韩某某、刘某介绍将该承兑汇票交给樊某某，并收取樊某某钱财5万元，樊某某将其中一张面额为480万元的变造银行承兑汇票在交城县景升兴发洗煤厂的闫某某处贴现，得款453.12万元，后该汇票几经背书，2011年12月21日，江苏某公司在银行贴现该承兑汇票时发现问题案发。

二、指控事实

2013年6月7日，交城县人民检察院认为，被告人阮某某、郭某明知是伪造、变造的汇票而使用，数额特别巨大，其行为已触犯《中华人民共和国刑法》第194条之规定，犯罪事实清楚，证据确实充分，应当以票据诈骗罪追究其刑事责任。依据《中华人民共和国刑事诉讼法》第172条之规定，向交城县人民法院提起公诉。

二、辩护观点

2013年6月27日，笔者接受被告人阮某某家人的委托并征得被告人阮某某本人的同意，作为被告人阮某某的辩护人，依法参与了案件审理，经查阅案件，会见被告人，参加法庭调查，提出了如下辩护意见。

票据诈骗罪是以非法占有为目的，使用伪造、变造的票据骗取对方财物的行为。本案被告人阮某某在其行为的全部过程中，主观上是否具有非法占有的目的，客观上是否使用了诈骗的手段，是判断其是否构成本罪的关键。辩护人依据法庭调查及查阅卷宗，结合相关证据对阮某某的行为分析认为：阮某某的行为不构成票据诈骗罪，具体阐述如下。

首先，从阮某某主观故意看，其不具有从中牟利并非法占有的目的。

目的是一种主观认识，判断和认定行为人的主观目的，应以其所实施的具体客观行为为基础。从票据诈骗罪的犯罪构成上看，票据诈骗罪的主观方面是直接故意，并且以非法占有他人财物为目的。质押得款如果以非法占有为目的，构成票据诈骗罪或者贷款诈骗罪；如果只是取得质押款的使用权，票据到期后再还本付息取回质押汇票，虽有诈骗行为，但在主观上不是以非法占有为目的，那么不符合票据诈骗罪的犯罪构成的主观方面，不构成票据诈骗罪。

其一，本案中，阮某某将承兑汇票交给他人使用的目的是质押贷款，而不是去贴现，质押出来的钱款一部分给阮某某的好友陈某某使用，并由所有使用人分摊马某某的费用，能够印证这一观点的问话笔录如下。

（1）2012年10月19日笔录第4页："我让郭某拿上票到周某某处去质押；每张票质押多少钱那是周某某的事情"；第5页："关于交给周某某质押使用的条件约定一是给陈某某分款用，二是马某某的好处费，由陈某某和质押出钱的单位分摊，与阮某某无关。"

（2）2012年10月15日笔录第2页："焦某某可以用承兑汇票抵押到钱，再次说到陈某某急着用钱，后周某某打电话说可以找人质押到钱"；第3页："一张承兑汇票给30万元，这个钱是给马某某的，我（阮某某）不要好处"；第3页："承兑汇票由谁使用由周某某负责，但是承兑汇票押出钱后要分给陈某某使用50万元到100万元。"

（3）2012年10月12日笔录第2页："马某某说他手里有可以质押的银行承兑，就是光能质押不能贴现。""把承兑汇票押给有钱的单位，票一般是6个月，到期把钱还上，把票取回了，还给马某某"；在郭某的讯问笔录中，2012年9月21日笔录第9页："他们买这些承兑汇票干什么用？贷款用"；在刘某的讯问笔录中，2012年2月10日笔录第3页："当时我们谈的是要880万元的融资抵押票"；在韩某某的讯问笔录中，2012年2月29日笔录第5页："山东姓周的人说，他们的承兑汇票只能质押，不能贴现"；在葛某某的讯问笔录中，2012年2月10日笔录第4页："我们从太原往交城走，车上姓郭的外地人告诉我们，这种承兑汇票只能抵押，不能贴现，可以通过银行查询过机。我们在交城也是这样对樊某某、刘某、韩某某说的"；第8页："刘某某当着所有人的面说这种票只能抵押，不能贴现。当时在场的有焦某某、刘某、韩某某、山东人等。"

其二，阮某某并不明知该480万元承兑汇票是伪造或变造汇票。（1）阮某某2012年10月12日笔录第3页："马某某说该承兑汇票是AB票，我当时认为都是银行出的，一张票留在出票单位或者别的用款单位，另一张票用来质押，这两张票应该是金额、票号都是一样的承兑汇票，该承兑汇票银行能过机，能查询，有回执，当时我认为都是银行开出来的"；（2）阮某某2012年10月12日笔录第4页："今年5月，一个朋友给我打了一个比方，我才知道什么是AB票，马某某当时给我的时候，我并不知道该承兑汇票是变造的。"

综上来看，阮某某是让郭某、周某某拿承兑汇票去质押，质押出钱来一是给陈某某分款用，二是给马某某好处费，到期后把钱再足额还上，把票取回还给马某某，从阮某某的自身供述看，其没有非法占有的目的。从郭某、刘某、韩某某、葛某某和焦某某的笔录中，都表达了一个关键问题，就是票据使用期限6个月，到期以后足额归还用款，所有笔录内容可以相互印证这一问题。如果阮某某一开始就有非法占有的目的，意图通过票据诈骗获得巨额财物的话，那么对于880万元的两张承兑汇票来说，阮某某应该亲自到交城，用质押或者贴现的方式取得并实际控制不法利益，而不会再三强调票只能质押，不能贴现，而且本人没有前往交城，让郭某和周某某去办理，这也从侧面反映了阮某某不具有从中牟利并非法占有的目的。

其次，从承兑汇票的使用情况来看，阮某某并没有实施金融票据的诈骗行为，后期樊某某实施的诈骗行为并由此造成的后果只能由樊某某本人承担，阮某某不应承担。

其一，阮某某没有实施诈骗行为。刑法第194条规定"明知是伪造、变造的汇票、本票、支票而使用的"，关于对"使用"的定性，尽管目前没有明确的法律规定和司法解释，但是从立法本意结合诈骗犯罪的行为看，“使用”应是指以非法占有为目的，故意使用伪造、变造的票据冒充真实票据，骗取财物，使对方误认为是真票，让假票发生真票的作用。本案中，阮某某的行为对象包括郭某、周某某、葛某某、焦某某、韩某某等，阮某某没有让或者暗示这些人拿这两张汇票通过质押或者贴现骗取财物，即使是让他们质押，也明确了到期足额还款，拿回票据，因此不存在故意使用伪造、变造的票据冒充真实票据，骗取财物的行为。阮某某等人一直说该承兑汇票只能抵押，不能贴现，樊某某的行为明显超出了阮某某、郭某等人关于该承兑汇票的只能抵押的使用范围。

其二，樊某某实施的票据诈骗行为是其本人一人完成的，樊某某明知他与王某某、闫某某之间并没有真正的实物交易往来而依然进行贴现，阮某某、郭某等人并没有跟随樊某某，对此并不知情。2011年11月28日闫某某已经往王某某、樊某某提供的对公账户打了360.12万元，樊某某之后将这一事实告知了刘某、韩某某，但当天晚上因400万元承兑汇票过机出现问题，樊某某要求郭某、周某某协助找太原的人，樊某某并且说480万元的承兑汇票也不做了，得退款。之后太原的人也没有找到，周某某、郭某逃离交城县，刘某、韩某某多次找樊某某要求使用480万元承兑汇票的贴现款，2011年12月4日三人达成协议由韩某某使用并承担20万元损失，但在2011年12月9日樊某某拿出一张480万元和那次一模一样的票对刘某、韩某某说，山东人拿的这种贴现的票有问题，他已经要回来了，并让刘某、韩某某看了看，告诉韩某某以后不要再找他要钱了。事实上樊某某拿出的这张480万元承兑汇票肯定是樊某某伪造的，因为该案涉及的480万元的承兑汇票已经被南京银行所截留，并且经鉴定系马某某这伙人在山东潍坊银行开办后变造的。2011年12月21日闫某某报案480万元的承兑汇票系假票，2011年12月26日樊某某向王某某保证退回贴现款，当天王某某又向闫某某保证退回贴现款，并已归还50万元，之后樊某某携款失踪。从2011年11月28日起该480万元的承兑汇票贴现款就在樊某某的控制之下，2011年12月9日对于该贴现款给谁使用发生了思想转变，樊某某不想再给他人使用而是想独吞该款，继而伪造了同样的承兑汇票骗过了刘某、韩某某，达到了独吞的目的。

1．在郭某的讯问笔录中记载：（1）2012年9月21日笔录第8页：“第二天（11月28日）上午樊某某拿着一张银行查询单说，这一张承兑汇票

（480万元）没问题，那一张等着出结果”；（2）2012年9月8日笔录第10页：“2011年11月28日晚樊某某来到宾馆说，有一张承兑汇票出了问题。”

2．在刘某的讯问笔录中记载：（1）2012年2月7日笔录第5页：“但我敢肯定樊某某没有给太原家和韩某某贴现款，因为韩某某后来一直催我找樊某某要这笔钱；事后10天左右，在樊某某门市上见过他，向他要贴现款，樊某某说，还没有贴现。”（2）2012年2月11日笔录第5页：“2011年11月28日晚樊某某来到宾馆说，400万元的承兑汇票有问题，480万元的那张也不做了。”（3）2012年2月11日笔录第9页：“之后，在樊某某门市部，樊某某拿出一张480万元和那次一模一样的票对我们说，山东人拿的这种贴现的票有问题，我已经要回来了，并让我和韩某某看了看，告诉韩某某以后不要再找他要钱了。”

3．在韩某某的讯问笔录中记载：（1）2012年2月29日笔录第6页：“我听樊某某说他把承兑汇票贴现了”；（2）2012年2月29日笔录第7页：“11月28日我见过樊某某出示过的一张360万元的进账单，这是一张480万元的承兑汇票贴现得到的，樊某某说按5.5贴现，应该说这不是全部贴现款”；（3）2012年2月29日笔录第8页：“2011年12月9日樊某某说他把480万元的承兑汇票拿回来了，我和协议书上的承兑汇票的票号、金额比对，结果一样”；（4）2012年2月29日笔录第9页：“我认为樊某某用于贴现的480万元的承兑汇票是真的”；（5）2012年2月11日笔录第4页：“11月28日上午樊某某拿着一张360万元的进账单和480万元承兑汇票的查询书，说480万元的承兑汇票没有问题，400万元的结果还没出来；晚上，樊某某说400万元的承兑汇票出了问题，票被扣了，480万元的承兑汇票也不做了，咱得退款吧。我说退吧，钱都是你拿的”；2012年2月11日笔录第5页：“樊某某不同意报案”；（6）2012年2月11日笔录第6页：“2011年12月4日樊某某、刘某和我商量，480万元的贴现款全部让我用，分期给我，到12月15日前给清我让我承担20万元的损失，但之后没有兑现。”

4．在闫某某的讯问笔录中记载：（1）2012年2月13日笔录第2页：“2011年11月26日上午我给王某某的农行账户打了75万元定金”；（2）2012年2月13日笔录第3页：“2011年11月28日下午我给王某某提供的对公账户打了360.12元，给王某某的农行账户打了19.44元。”

5．在王某某的讯问笔录中记载：2012年1月20日笔录第4页、第5

页："（1）王某某给了樊某某453.12元；（2）王某某的确告诉我是真票；（3）王某某、樊某某、闫某某之间并没有真正的实物交易。"

其三，阮某某在樊某某这起票据诈骗活动中并没有骗取任何好处。

1．樊某某的犯罪所得与阮某某无关，阮某某不应当对此承担责任。起诉书中认为阮某某诈骗数额特别巨大，主要依据可能是樊某某将票据贴现诈骗453.12万元，那么樊某某将拿到的汇票以贴现的方式进行诈骗，辩护人认为阮某某不应该对此诈骗行为和数额负责。樊某某将480万元的汇票贴现，该故意内容超出了阮某某原来的用于抵押贷款的意思表示内容，阮某某不应对樊某某拿票后犯罪故意负责。一是阮某某在将票据交给郭某，郭某、周某某和刘某、焦某某等，这些人去交城后，阮某某对后续发生的情况不知情；二是樊某某在取得票据后，私自将票据进行了贴现，诈骗了巨额钱财，其犯罪故意远远超出了阮某某的主观意思。

2．阮某某所收2万元的性质：周某某说在石家庄能帮陈某某搞到钱，阮某某为了此事所花销的吃住费用，在这次送承兑汇票的时候要求周某某给报销了，并不是因为这两张承兑汇票而给阮某某的好处费。主要依据为：（1）阮某某2012年10月15日笔录第3页："2万元是周某某给我的差旅费"；（2）阮某某2012年10月9日笔录第4页："周某某给我的2万元是路费，这是我送票的路费钱"；（3）焦某某2012年2月10日笔录："这2万元是阮某某从山东带来的路费等费用款。"

综上所述，阮某某不存在以金融票据进行诈骗活动并从中牟利的主观目的，客观上阮某某也没有实施金融票据诈骗活动，事实上其本人在到达太原后仅仅获得2万元的差旅费用且与诈骗行为无关，因此辩护人认为阮某某的行为不构成票据诈骗罪。

三、法院裁决

2013年9月29日，山西省交城县人民法院作出一审判决。判决认为，被告人阮某某、郭某明知是变造的票据而中转给他人使用并从中牟利，数额特别巨大，其行为均已构成票据诈骗罪，公诉机关指控的犯罪成立，罪名适当，予以支持。被告人阮某某提出的其取得票据未支付对价也未从中牟利不构成票据诈骗罪的辩解意见无证据支持，与庭审查明的事实不符，不予采信；辩护人提出的阮某某未直接参与诈骗且未获取利益故不构成票据诈骗罪的辩护意见无事实和法律依据，不予采纳。被告人阮某某、郭某在共同犯罪中起次要作用，系从犯，应当减轻处罚；被告人郭某在庭审中能自愿认罪，如实供述自己的犯罪事实，酌情可以从轻处罚。根据《中华人民共和国刑法》第194条、第27条、第67条第3款之规定，判决如下：被告人阮某某犯票据诈骗罪，判处有期徒刑8年，并处罚金5万元；被告人郭某犯票据诈骗罪，判决有期徒刑7年，并处罚金5万元。

一审判决后，被告人阮某某、郭某均不服一审判决，提起上诉。2013年12月19日，山西省吕梁市中级人民法院作出二审判决。二审法院认为，上诉人阮某某、郭某明知是变造的银行承兑汇票仍提供给他人使用，从中牟利，情节严重，其行为均已构成变造金融票证罪。在共同犯罪中，二上诉人仅为变造银行承兑汇票的流通起了帮助作用，并未实际参与变造行为，均系从犯，依法应当从轻、减轻处罚。关于上诉人阮某某提出的其行为不构成票据诈骗罪的上诉意见，经查，现有证据仅能证明二上诉人为变造的银行承兑汇票的流通提供了帮助作用，无法证明二上诉人主观上明知取得变造银行承兑汇票的樊某某将实施何种行为，也无法证明二上诉人参与实施了利用变造的票据骗取他人财物的行为，从主客观相一致的原则，不应认定二上诉人的行为构成票据诈骗罪，故其上诉意见成立，予以支持，原判认定事实清楚，证据确实充分，但适用法律错误，应予纠正，依照《中华人民共和国刑法》第177条，第25条第1款，第27条，《中华人民共和国刑事诉讼法》第225条第（2）项之规定，判决撤销山西省交城县人民法院（2013）交刑初字第141号刑事判决，被告人阮某某犯变造金融票证罪，判处有期徒刑5年，并处罚金人民币2万元，被告人郭某犯变造金融票证罪，判处有期徒刑4年，并处罚金人民币2万元。

四、案例评析

行为人主观上是否明知，是否以骗取他人财物为目的是区别罪与非罪的重要标准。为正确划分罪与非罪的界限，避免法律适用和事实认定中出现混淆，法条对行为人主观方面的一些状况进行了特别规定，如使用伪造、变造或者作废的汇票、本票、支票，行为人在主观上必须是“明知”的，在主观上是否明知其所使用的汇票、本票、支票是伪造、变造或者作废的，是划分是否构成本罪的重要界限之一。也就是说如果行为人在使用汇票、本票、支票时，在主观上确实不知道该票据是伪造、变造或者作废的，即缺少犯罪的主观故意，则不构成本罪。

应当注意的是，判断行为人主观上是否明知，不能简单依据行为人自己的供述，而是要在全面了解整个案件的基础上进行综合分析后得出结论。对于冒用他人的票据、签发空头支票或者与其预留印鉴不符的支票、签发无资金保证的汇票、本票或者在出票时作虚伪记载，以及使用伪造、变造的其他银行结算凭证的行为人必须具有诈骗他人财物的故意和目的。

结合实践中出现诸多情况，一般而言具有以下情形的行为不构成犯罪：主观不知是伪造、变造、作废的金融票据而使用的；将他人的金融票据误认为是自己的金融票据而使用的；不知是伪造、变造的委托收款凭证、汇款凭证、银行存单而使用的；不知存款已不足而误签空头支票或者误签与其预留印鉴不符的支票的；签发汇票、本票时因过失而作错误记载的。

票据诈骗罪与伪造、变造金融票证罪两罪的根本区别在于：伪造、变造金融票证罪惩治的是伪造、变造行为本身，而票据诈骗罪惩治的是使用这些金融票据进行诈骗的行为。如果行为人仅仅是伪造、变造金融票证，而没有使用的，则这种行为触犯了刑法第177条的规定，构成伪造、变造金融票证罪。但司法实践中这两种犯罪往往又是联系在一起的，表现为行为人先伪造、变造汇票、本票、支票或者其他银行结算凭证，然后使用该伪造、变造的票证进行诈骗活动，这种情形实际上属于一种牵连犯的情形，应当从一重罪，即按票据诈骗罪论罪处罚，而不实行数罪并罚。

五、律师说法

对犯罪事实的认定，不仅需要犯罪事实清楚，证据确实充分，还需要适用法律正确。

本案在一审中，辩护人就案件涉嫌的罪名与检方、法院庭前进行了沟通，将本案以票据诈骗罪起诉提出了异议，认为缺乏相应证据，不符合票据诈骗罪的犯罪构成，在一审庭审过程中也将该主要辩护意见向法庭进行了充分说明，希望得到一审法院的认同和支持。一审判决后，被告人阮某某对判决不服，辩护人也认为上诉十分有必要，且一审判决后，辩护人查阅到了山西省吕梁市中级人民法院（2012）吕刑初字第167号刑事判决书，该判决书涉及的犯罪事实、案件定性与本案具有很大的相似性，该案件涉及的被告人明知是变造的银行承兑汇票仍帮助提供给他人使用，情节严重，吕梁市中级人民法院以变造金融票证罪对被告人予以定罪并判处缓刑，与该案判决量刑相比较，阮某某一审判决量刑明显不当。

辩护人认为，吕梁市中级人民法院系交城县人民法院的上级法院，中级人民法院对类似情况的案件判决对基层人民法院应当起到指导性作用，该案上诉在很大程度上具有改判的可能性，因此查阅与承办案件相类似判决对于案件辩护具有重要的指导和参考价值。

案例6

苏某某——掩饰、隐瞒犯罪所得、犯罪所得收益罪

● 杨厚军

一、案情简介

2011年7月，被告人苏某某明知电缆是被告人姚某某、罗某某犯罪所得，而帮忙联系车辆将其中价值223.9066万元的电缆发送至济宁某公司，用于归还被告人姚某某所欠该公司的电缆；将其中价值156.0934万元的电缆按废铜代为销售给李某某，共得赃款96.2万元。

二、指控事实

2014年1月17日，山东省菏泽市人民检察院认为，被告人苏某某明知是犯罪所得而予以转移、代为销售，情节严重，其行为触犯了《中华人民共和国刑法》第312条第1款之规定，犯罪事实清楚，证据确实充分，应当以掩饰、隐瞒犯罪所得、犯罪所得收益罪追究其刑事责任。依据《中华人民共和国刑事诉讼法》第172条之规定，提起公诉。

三、辩护观点

笔者接受被告人苏某某家人的委托并征得被告人本人的同意，作为被告人苏某某的辩护人，依法参与了案件审理，经查阅案件，会见被告人，参加法庭调查，提出了如下辩护意见。

（一）苏某某不具有掩饰、隐瞒犯罪所得、犯罪所得收益罪“明知”的主观故意

辩护人认为，判断是否构成本罪的核心问题是行为人是否具有明知的主观故意，本案起诉书中认定苏某某构成掩饰、隐瞒犯罪所得、犯罪所得收益罪因不符合构成要件中主观要件中的“明知”而不能成立。掩饰、隐

瞒犯罪所得、犯罪所得收益罪，在主观要件中，行为人是否具有“明知”的犯罪故意，即是否知道或应当知道掩饰、隐瞒的是犯罪所得的赃物或犯罪所得收益，如果并不知情，就不构成本罪。

2009年9月21日《最高人民法院关于审理洗钱等刑事案件具体应用法律若干问题的解释》第1条规定:“刑法第一百九十一条、第三百一十二条规定的‘明知’，应当结合被告人的认知能力，接触他人犯罪所得及其收益的情况，犯罪所得及其收益的种类、数额，犯罪所得及其收益的转换、转移方式以及被告人的供述等主、客观因素进行认定。具有下列情形之一的，可以认定被告人明知系犯罪所得及其收益，但有证据证明确实不知道的除外:（一）知道他人从事犯罪活动，协助转换或者转移财物的；（二）没有正当理由，通过非法途径协助转换或者转移财物的；（三）没有正当理由，以明显低于市场的价格收购财物的；（四）没有正当理由，协助转换或者转移财物，收取明显高于市场的‘手续费’的；（五）没有正当理由，协助他人将巨额现金散存于多个银行账户或者在不同银行账户之间频繁划转的；（六）协助近亲属或者其他关系密切的人转换或者转移与其职业或者财产状况明显不符的财物的；（七）其他可以认定行为人明知的情形。”《最高人民法院关于审理洗钱等刑事案件具体应用法律若干问题的解释》对刑法第312条规定的“明知”作了更为详尽的规定，虽然在第1条第2款第（1）项、第（3）项规定“知道他人从事犯罪活动，协助转换或者转移财物的”“没有正当理由，以明显低于市场的价格收购财物的”，可以认定被告人明知是犯罪所得及其收益，但有证据证明确实不知道的除外。因此“知道他人从事犯罪活动，协助转换或者转移财物的”“没有正当理由，以明显低于市场的价格收购财物的”也是有限制规定的，对被告人主观“明知”的故意，应当结合被告人的供述等主、客观因素进行认定。

1．苏某某帮忙联系车辆将223.9066万元电缆发送至济宁某公司，苏某某并不知道姚某某、罗某某从事犯罪活动，而且辩护人认为姚某某、罗某某不构成合同诈骗罪。

苏某某和姚某某认识后，姚某某打算投资6000万元建一个生产电缆和路灯的工厂，委托苏某某找块地，后期姚某某和罗某某注册成立了某公司，因此从常理上判断苏某某完全有理由相信姚某某、罗某某有能力履行价值380万元的合同，在有所怀疑的情况下，姚某某、罗某某向苏某某出示了合同的原件和合格证，并且出具了委托书，因此苏某某帮姚某某、罗某某联系车辆并不知道姚某某、罗某某从事的是犯罪活动还是一般的经济活动。

2．苏某某将价值156.0934万元的电缆按废铜代为销售给李某某，苏某某并不知道姚某某、罗某某让他处理的电缆是否犯罪所得。

认定物品的价值不能简单依靠其外部包装和新旧程度，新的物品并不等于其就是合格的优质产品，电缆更为突出和明显。电缆的价值主要在其内部，因此不能简单因为电缆是新的、未开封的就可以认为其是合格的产品。本案中，对于涉案电缆的产品质量问题未有专门机构进行检测和鉴定，仅仅在被告人供述和证人讯问笔录中有所提及，这显然不够客观和科学，更不能以此认为涉案的电缆是合格的产品。在某电缆厂法人代表徐某某的讯问笔录中，其明确说道“当时有没有提供合格证我记不清了，在电缆上面印有电缆的标识，具体印的什么标识如厂家、型号等我也记不清了”，而且在姚某某与罗某某向苏某某、李某某出示的合格证与电缆型号也不一致，因此涉案的电缆完全存在是次品、不合格产品的可能性，且无法排除这一可能性，而且姚某某、罗某某向苏某某出示了合同原件和合格证并出具了委托书，苏某某以废品处理这些可能是不合格的电缆并不违法，其主观上并不知道是否姚某某、罗某某犯罪所得。

下面从苏某某实施的行为以及相关事实论证苏某某并不明知姚某某、罗某某从事犯罪活动，也不明知接受姚某某委托进行出卖的电缆电线系姚某某诈骗他人的赃物，具体如下。

其一，从苏某某与姚某某的关系来看，二人在此之前一直很熟，姚某某一直声称自己有很多生意在做：（1）苏某某说：“2011年5月认识姚某某”；（2）苏某某在认识姚某某后一直帮姚某某在滕州市滨湖镇搞项目。

其二，从苏某某对姚某某购买李某才电缆的知晓程度来看，苏某某一直认为这是姚某某与李某才之间的正常买卖行为。（1）苏某某也见过姚某某与李某才之间的电缆买卖合同，知道他们之间的电缆买卖行为；（2）姚某某在电缆送来之前就给苏某某打电话，叫租房户李某芳家留好钥匙，同时苏某某也去停车场帮忙联系吊车卸货。

其三，从苏某某与李某才二人的交往熟悉程度来看，苏某某在帮助姚某某卖电缆时不可能认识到这是姚某某诈骗来的赃物。(1) 罗某某讯问笔录记载:“在我和姚某某等人接收李某才的电缆过程中，我和姚某某请李某才吃饭时，苏某某也陪着我们吃饭，就是在电缆到齐之前，苏某某早就知道电缆是李某才的了。”(2) 苏某某说:“姚某某想在滕州市滨湖镇办个生产电缆和路灯的厂子，需要投资6000万元，并称他是家族式的生意。”(3) 姚某某、罗某某为了让苏某某相信电缆没有问题，专门拿出了扬州曙光电缆厂、安徽某地方的检验合格证给苏某某看，来说明他们的电缆不是赃物。(4) 李某才说:“第一次送电缆当天晚上姚某某、罗某某请我吃饭，苏某某参加了，姚某某、罗某某介绍我是菏泽卖电缆的客户；第二次去滕州送电缆，苏某某、罗某某在停车场等着，苏某某应该知道是我的电缆。”(5) 特别是姚某某的委托书，让苏某某轻易地相信了姚某某的话。(6) 苏某某说:“我虽不知道电缆的来源，但是我对姚某某、罗某某有些担心，我问他俩，他俩说是曙光电缆厂的电缆，还拿出了曙光电缆厂的检验合格证让我看。”苏某某由此才相信电缆没有问题，直到后来李某才到滕州找姚某某追要电缆款，才知道姚某某还欠李某才的货款。(7) 李某某说:“我家是滕州市再生资源总公司连锁店之一，有经营废金属资格证、税务登记证。”(8) 李某某说:“两个江苏口音的男人还拿出了电缆合格证来证明电缆来源不是赃物，我当时看了合格证和电缆上的字迹型号不一致。”由此说明，仅仅依据公诉机关的材料还不能证明涉案电缆就是合格产品。

其四，从交易行为过程、货物性质、对本犯了解程度三个方面来看，从交易时间和交易地点、货物价格来看，本案证据不能证明苏某某明知其赃物。(1) 姚某某在讯问笔录中说:“苏某某怎么处理的不清楚，共计卖了多少钱不知道，价格是苏某某说多少钱就是多少钱，苏某某是否从中赚取佣金也不知道。”(2) 在电缆被姚某某、罗某某处理了一部分后，二人请求苏某某帮忙处理剩下的电缆，由此苏某某才让姚某某书写了书面的委托书（2011年7月6日）。(3) 苏某某联系了市场上姓姜的来买电缆，姚某某、罗某某二人在电话上和姓姜的谈妥价格，姓姜的将货款直接打到姚某某媳妇的账户上。(4) 姚某某、罗某某说济宁退回两个轱辘电缆，让苏某某再卖掉，苏某某又让姚某某书写了书面的委托书（2011年7月9日）。(5) 关于电缆李某才说:“2011年7月1日从菏泽发的，是他的存货，有送货清单，7月3日从菏泽发的，也是他的存货，没有送货清单，用三轮车送的；其他电缆均是从安徽省合肥市某电缆厂直接发的。”

（二）本案事实不清，证据不确实、不充分

1．苏某某找车把姚某某、罗某某购买的电缆、电线送往济宁的行为不应认定为掩饰、隐瞒犯罪所得、犯罪所得收益罪中的转移行为。根据《最高人民法院关于审理洗钱等刑事案件具体应用法律若干问题的解释》的规定，转移是知道他人从事犯罪活动，改变赃物的存放地，使得赃物达到足以妨害司法机关追缴赃物的程度，因此认定转移行为的前提是知道他人从事犯罪活动，知道转移的是赃物。本案中，姚某某、罗某某将部分电缆发送到济宁，对于电缆的获取是正常的经济购买还是合同诈骗，均与苏某某没有任何利害关系，因为姚某某、罗某某无论是购买还是诈骗，均系姚某某、罗某某二人的行为，主观上没有向苏某某有过任何诈骗意思表示，且姚某某、罗某某有与李某才签订的合同的原件和复印件，因此从常理分析来看，苏某某不可能知道姚某某、罗某某是否从事犯罪活动，苏某某只是帮忙联系车辆，从中没有获取任何利益和报酬，完全是出于朋友之间的关系所提供的帮助，没有任何妨碍司法的主观意思，而且苏某某也不知道这些电缆运送到济宁的具体地址，因此，如果对于苏某某联系车辆的行为认定为转移赃物，不仅违反了刑法的谦抑性原则，扩大了刑法的打击范围，而且会使刑法过度介入社会生活，不利于保护公民的正当权益。苏某某根据姚某某、罗某某的要求提供帮助，联系车辆，事前苏某某不知道姚某某、罗某某是否从事犯罪活动，电缆是否赃物，因此不能认定苏某某找车把姚某某、罗某某购买的电缆、电线送往济宁的行为为掩饰、隐瞒犯罪所得、犯罪所得收益罪中的转移。

2．由于作为本案关键证据的电缆无法收集和追回，使得很难认定被告买的电缆是否李某才提供的电缆，缺乏有力的证据，即两者之间不能形成证据链。因为只是型号与数量与李某才提供的货有关联，但没有充分的证据表明被告买的货就是李某才提供的货，这些货是普通的电缆，并非专门为姚某某、罗某某生产的特殊的产品，不排除电缆是姚某某、罗某某通过其他合法途径所购买的。根据案件被告人的供述，电缆由菏泽发货一部分，大部分是由安徽某电缆公司直接发货到滕州，但是2013年2月28日苏某某供述第4页中说道“姚某某、罗某某说是曙光电缆厂的电缆，还拿出曙光电缆厂的检验合格证让我看”，2013年3月1日苏某某供述“我当时看了合格证及电缆上字迹型号不一致”，因此不排除姚某某、罗某某让苏某某处理的电缆不是李某才提供的，更不能排除这些电缆是废品、残次品。因此案件关键疑点问题尚未查清，事实缺乏证据支持，不能排除合理的怀疑，从证据得出唯一结论：一是苏某某处理的电缆就是李某才提供的电缆；二是姚某某、罗某某让苏某某处理的电缆是姚某某、罗某某的犯罪所得。这是由于本案中证据与证据之间、证据与案件事实之间存在矛盾，而且矛盾不能合理排除。

3．电缆的价值认定存在问题。即便苏某某处理的电缆就是李某才出售给姚某某、罗某某的，这些电缆由于无法收集和取证，也就无法证明这些电缆是不是合格产品、次品或者废品，因此无法对其价值进行准确的认定，也无法将其价值与市场价格进行相应的比较，并据此判断认定是否明显低于市场的价格处理，而且从本案证据中的电缆报价单、送货单、买卖合同看，电缆价格变动幅度很大，因此必须对电缆的价值作出科学合理的评估认定。起诉书中对电缆的价值认定以合同中的价格为依据，合同中价格系李某才与姚某某、罗某某协商确定的，不仅在参考的客观性、科学性、准确性上存在问题，而且现有的证据并不能完全排除苏某某处理的电缆就是李某才提供的电缆，从这种情况考虑也不能以李某才与姚某某、罗某某签订的合同确定的价格作为认定电缆价值的依据。

4．指控犯罪的证据不充分，没有形成完整的证据链条。本案中的证据基本是被告人苏某某、姚某某、罗某某的供述。被害人李某才、欧某的陈述，因与本案均有利害关系，因此不能作为定案的主要依据。而在证人材料等讯问笔录中，李某的证言只是陈述了某公司注册登记情况；姚某某虽是某公司注册法人，但是其对公司经营情况并不知情，其陈述内容与本案并无实质关系；李某芳只是陈述了租赁情况，李某建陈述的主要是两次送货情况，对本案无论是合同诈骗还是掩饰、隐瞒犯罪所得、犯罪所得收益罪均不能达到刑法所要求的证明标准和证明目的。本案中并没有确实充分的证据证明苏某某明知姚某某、罗某某从事诈骗犯罪活动，电缆系该二人诈骗所得，缺少了证明苏某某处理的电缆系李某才所提供的电缆和对电缆价值进行认定等关键问题的证据。

本案事实不清、证据不足，指控的掩饰、隐瞒犯罪所得、犯罪所得收益罪不能成立，这是由于：首先，姚某某、罗某某不能构成上游犯罪，在这种情况下被告就自然不能认定构成下游犯罪的掩饰、隐瞒犯罪所得、犯罪所得收益罪。其次，即便姚某某、罗某某构成犯罪，被告也不具备“明知”的主观故意，因为被告根本不知或不确知是赃物。最后，不能排除的合理怀疑，从证据得出的唯一结论：(1) 苏某某处理的电缆就是李某才提供的电缆；(2) 姚某某、罗某某让苏某某处理的电缆是姚某某、罗某某的犯罪所得。

（三）即使苏某某构成掩饰、隐瞒犯罪所得、犯罪所得收益罪，也具有以下从轻、减轻处罚的情节

1．苏某某具有自首的情节。根据刑法的规定，自首应依法从轻或者减轻处罚。根据《最高人民法院关于处理自首和立功具体应用法律若干问题的解释》规定：“犯罪嫌疑人向其所在单位、城乡基层组织或者其他有关负责人员投案的”视为自动投案。滕州市姜屯镇委员会和姜屯镇大彦办事处总支委员会出具的证明材料和大彦办事处总支委员会书记的证人讯问笔录证明了苏某某自动投案的事实。

2．苏某某为从犯，根据刑法规定应当从轻、减轻处罚或者免除处罚。如果姚某某、罗某某犯罪行为成立，其行为在本质上分别构成了合同诈骗罪和掩饰、隐瞒犯罪所得、犯罪所得收益罪，只是在处罚时作为一罪来处理，择一重罪即合同诈骗罪处罚，符合牵连犯的构成条件。在姚某某、罗某某构成的掩饰、隐瞒犯罪所得、犯罪所得收益罪中，苏某某与姚某某、罗某某构成了共同犯罪，但是从苏某某在掩饰、隐瞒犯罪所得、犯罪所得收益罪的共同犯罪中的作用、所处地位、参与程度和犯罪所得看，其起到次要和辅助的作用，而且从中获利数额与犯罪数额相比较数额很小。即使苏某某知道姚某某、罗某某从事犯罪活动，其只是帮忙联系了车辆，并且没有从中获取任何报酬和利益，犯罪参与程度低；苏某某根据姚某某、罗某某的要求处理电缆，其在中间起到的仅仅是斡旋、介绍联系的作用，犯罪参与程度低，并且从中获利数额较小。从苏某某处理电缆的所得看，均是姚某某之前欠苏某某的一些花销，苏某某在帮助姚某某在滕州市滨湖镇准备投资建厂谈项目时花了大约2万元；给姚某某装修某公司租赁的房屋，都是苏某某垫的钱，姚某某只给了4000元，还差1万多元；苏某某帮助姚某某买滕州土特产；姚某某还欠苏某某10万多元，有姚某某给苏某某打的欠条为证。因此对于苏某某的犯罪行为应认定为从犯。

3．苏某某为初犯，具有较强的改造性和可塑性，具有酌情从轻处罚的量刑情节。苏某某之前未受到任何行政处罚、刑事处罚、劳动教养，且任村主任一职，工作一直热情积极。

三、法院裁决

2014年7月20日，山东省菏泽市人民法院作出一审判决，判决认为，被告人苏某某明知姚某某让其销售的电缆系犯罪所得，仍代为销售，其行为已构成掩饰、隐瞒犯罪所得、犯罪所得收益罪，公诉机关指控的罪名成立。公诉机关指控被告人苏某某按照姚某某的安排帮忙联系车辆，将姚某某、罗某某骗取的部分电缆发送至济宁某公司的行为构成掩饰、隐瞒犯罪所得、犯罪所得收益罪，事实不清，证据不足。被告人苏某某在投案途中被司法机关抓获，且归案后如实供述自己的罪行，可认定为自首，依法应当从轻处罚，被告人苏某某及其辩护人提出的苏某某具有自首情节，应予以从轻处罚的辩护意见予以采纳。苏某某亲属积极退赔，取得了被害人谅解，均可酌情从轻处罚。被告人苏某某犯罪情节较轻，有悔罪表现，没有再犯罪的危险，宣告缓刑对所住社区没有重大不良影响，对其可宣告缓刑。判决如下：被告人苏某某犯掩饰、隐瞒犯罪所得、犯罪所得收益罪，判处有期徒刑3年，缓刑5年，并处罚金2万元。

四、案例分析

笔者认为，判断是否构成本罪的核心问题是行为人是否具有明知的主观故意，本案起诉书中认定苏某某构成掩饰、隐瞒犯罪所得、犯罪所得收益罪因不符合构成要件中主观要件中的“明知”而不能成立。掩饰、隐瞒犯罪所得、犯罪所得收益罪，在主观要件中，行为人是否具有“明知”的犯罪故意，即是否知道或应当知道掩饰、隐瞒的是犯罪所得的赃物或犯罪所得收益，如果并不知情，就不构成本罪。而且辩护人认为与本案有关的姚某某、罗某某是否构成合同诈骗罪对于苏某某的行为的定性具有重要影响，因此，在此案的辩护过程中，辩护人对姚某某、罗某某的行为进行了法律分析和评价。

五、律师说法

掩饰、隐瞒犯罪所得、犯罪所得收益罪源于2007年5月11日施行的

《最高人民法院、最高人民检察院关于办理与盗窃、抢劫、诈骗、抢夺机动车相关刑事案件具体运用法律若干问题的解释》。该解释针对盗窃、抢劫、诈骗、抢夺机动车的犯罪行为，将刑法第312条规定的罪名内容进行了细化和补充，解决了实践中比较常见又容易引起争议的几种掩饰、隐瞒犯罪所得行为的法律问题。

2006年6月29日，全国人大常委会出台了刑法修正案（六），对刑法第312条窝藏、转移、收购、销售赃物罪进行了修改。2007年5月11日，根据刑法修正案（六），最高人民法院和最高人民检察院出台了《最高人民法院、最高人民检察院关于办理与盗窃、诈骗、抢夺机动车相关刑事案件具体应用法律若干问题的解释》，其中第1条明确规定“明知是盗窃、诈骗、抢夺的机动车，实施下列行为之一的，依照刑法第三百一十二条的规定，以掩饰、隐瞒犯罪所得、犯罪所得收益罪定罪……”首次以司法解释的形式明确了掩饰、隐瞒犯罪所得、犯罪所得收益罪这一罪名。2007年11月6日，“两高”正式出台了《最高人民法院、最高人民检察院关于执行〈中华人民共和国刑法〉确定罪名的补充规定（三）》，正式将刑法第312条罪名改为掩饰、隐瞒犯罪所得、犯罪所得收益罪。

以下是掩饰、隐瞒犯罪所得、犯罪所得收益罪（简称本罪）的犯罪构成。

（一）本罪的主体

本罪的主体是一般主体，即年满16周岁、具有刑事责任能力的自然人。本罪主体不包括上游犯罪实施人，即产生犯罪所得、犯罪所得收益的行为实施人，而是帮助犯罪分子掩饰、隐瞒犯罪所得、犯罪所得收益的其他人。如果是上游犯罪行为人实施掩饰、隐瞒犯罪所得、犯罪所得收益行为，则属于在犯罪后对赃物的处理行为，为此前上游犯罪行为所吸收。2009年2月28日，全国人大常委会通过的《中华人民共和国刑法修正案（七）》第10条增设了本罪的单位犯罪。

（二）本罪的客体

本罪名在刑法分则中处于第六章第二节妨害司法罪中。一方面，犯罪所得及犯罪所得收益是案件的重要物证，能够证明案件的事实及赃物去向，并印证犯罪分子的犯罪动机等，对于查明案件事实、证明犯罪有着重要作用；另一方面，根据我国刑法第64条规定，犯罪所得和犯罪所得收益是司法机关应依法追缴的范围，行为人掩饰、隐瞒犯罪所得、犯罪所得收益，在客观上给司法机关追缴犯罪所得及收益的活动造成了妨害，因此，本罪的客体是司法机关正常查明犯罪，追缴犯罪所得及收益的活动。

（三）本罪的主观方面

本罪的主观方面要求必须是一种明知，对于本罪的明知有两个方面必须注意：一是明知的内容。应该是明知该物品可能是犯罪所得和犯罪所得收益，只要行为人知道该物品可能是犯罪所得时，就应当认定其主观上是明知，而不要求行为人必须明知该物品是什么具体的犯罪所得，是如何所得，该物品具体是什么物品，有何价值等。二是明知的程度。行为人明知的程度必须达到知道是他人的犯罪所得或犯罪所得收益，而不能是一般违法所得。

（四）本罪的客观方面

根据刑法第312条的规定，本罪的客观方面包括“窝藏、转移、收购、代为销售或者以其他方法掩饰、隐瞒”的行为。窝藏，是指为犯罪分子提供藏匿犯罪所得及其收益的处所，有隐匿、保管的主观故意。转移，是指帮犯罪分子搬动、运输其犯罪所得及其收益。窝藏和转移均要求其犯罪程度达到足以影响司法机关正常的查明犯罪、追缴犯罪所得及其收益活动的程度。代为销售，是指受犯罪分子委托，帮助其销售犯罪所得及收益的行为。对于本罪的兜底条款“以其他方法”，则应当根据其主观故意及行为是否足以影响司法秩序来进行判断，其核心标准在于掩饰和隐瞒两种效果。

律师介绍 · 杨厚军

杨厚军，1974年6月生，中共党员，法学本科，1998年通过全国律师资格考试。现任山东滕国律师事务所副主任（国办律所）、刑辩部主任，中国法学会会员，中华杨氏律师联谊会（律师联盟）常务理事，山东省枣庄市律师协会刑辩委员会副主任，山东枣庄仲裁委员会仲裁员，枣庄市法律专家人才库成员，中国法学会第二期、第三期刑辩论坛高峰会论坛嘉宾，中国人民大学律师学院第六期刑辩学员。

2014年先后在国家级期刊《法学教育》发表文章《论侦查阶段犯罪嫌疑人权利保障》《对一起掩饰、隐瞒犯罪所得、犯罪所得收益罪案件的法律评析》等。

2008年被评为“山东省枣庄市优秀法律服务工作者”，2012年被中国司法部授予“全国法律援助先进个人”的称号，2015年被评为“山东省滕州市优秀十佳律师”。

现担任山东省滕州市人民政府、滕州市公安局、滕州市广播电视局、滕州市城乡供水中心等多家政府单位法律顾问。常年参加山东省枣庄市电台、滕州市电台法制热线节目以及各级单位组织的法制宣传活动。

杨厚军律师讲究“专业服人，诚信待人，尽职敬业”的执业理念，辩护意见采纳率较高，许多案件得到免予刑事处罚、罪轻及缓刑处理。

杨厚军律师代理的典型案件主要包括：

（1）阮某某涉嫌票据诈骗案，成功辩护改变罪名、降低刑期。

（2）徐某某涉嫌故意杀人案，成功辩护判处死缓。

（3）王某某涉嫌黑案件获得轻判。

联系电话：1586328111，17710690371

电子邮箱：15863208111@163.com

联系地址：山东省滕州市滕北社区3楼

邮政编码：277599

案例7

刑事案件中罪名的变更对处罚的影响

● 杨林荣

一、案情简介

范某系河北人，成年后随父母来京，平时以做点小生意为生，因其能说会道，在社会上结交了不少朋友，也结识了一些所谓“位高有门路”的人，渐渐地，范某便利用一些关系给朋友办事，收取一定的费用。2012年4月，山西人李某通过王某认识了范某，意图让范某引见几位北京的领导，想在自己的工作上办理一下调动和升迁。范某说自己是全国政协委员，中央军委保健委员会专家，认识不少的领导，这事没问题，但需要一定的费用，大约需要300万元，提出让李某先交150万元，事成之后再交另一半。后山西人李某交给范某现金150万元，交钱时王某也在场，当时王某直接拿走20万元。

之后，范某便开始着手为李某办理所托之事，范某带李某见过几个领导，这几个领导也答应为李某办理，范某为办事支出了近百万元。但事情一直没有办妥，到了2013年下半年，李某多次催促范某，并说如果不能办理就把钱退给他，其间，王某作为中间人，也多次催促范某，后范某将手机关闭。李某和王某因无法联系到范某，王某以范某为其联系工程，骗取其150万元为由，向北京市公安局朝阳分局报案。

2014年3月17日，范某被抓获，因涉嫌诈骗被刑事拘留，同年4月18日被批准逮捕。

经调查，范某并非中央军委保健委员会专家，也不是全国政协委员。范某承认其确实拿过钱，但拿的是李某的钱，并非王某的钱，王某也未曾找自己办过什么工程的事，但讯问李某时，李某否认曾找范某办过事，也未给过范某钱。

二、争议焦点

焦点一：王某的报案是否真实?

本案代理律师向检察机关提出了报案中的疑点：报案人王某并未向范某支付过任何钱款，其所说的工程属旧楼加装电梯，还在民意调查阶段，并未确定是否能施行，在此情况下，王某不可能拿出那么多钱去争取有可能并不存在的工程，且王某公司属咨询公司，并非建筑公司，无建筑资质，无法承接建筑工程，其提供的证人是其公司人员，与其有利害关系，且证人证词间互相矛盾。

后经证实，王某有可能报假案（检察机关采纳了律师的部分意见，在庭审时，并未将王某所述的相关工程的资料作为证据）。

焦点二：范某是否构成诈骗罪?

本案代理律师向检察机关提交了证人证言两份（一人为范某的女友，李某给范某钱时在场；另一人为范某朋友，曾见过李某，答应为李某办事），用以证实给钱的人是李某，范某曾找人给李某办事，并非收钱没办事，不构成诈骗。

后经证实：范某收了李某的钱，为李某办了事，只是没有办成，不存在诈骗（检察机关采纳了律师的意见，在提起诉讼时，未以诈骗罪起诉范某）。

三、法院裁决

检察机关采纳了律师的意见，认为范某不构成诈骗罪，撤销诈骗罪的指控，以冒充军人招摇撞骗罪提起公诉，范某也承认确实冒充过军人骗吃骗喝。律师指出范某系首次犯罪，也能认罪悔罪，可以给予从轻处罚，法院采纳了辩护律师的意见，以冒充军人招摇撞骗罪判处范某有期徒刑2年10个月。

（一）关于诈骗罪的法律规定

刑法第266条的规定，诈骗公私财物，数额较大的，处3年以下有期徒刑、拘役或者管制，并处或者单处罚金；数额巨大或者有其他严重情节的，处3年以上10年以下有期徒刑，并处罚金；数额特别巨大或者有其他特别严重情节的，处10年以上有期徒刑或者无期徒刑，并处罚金或者没收财产。本法另有规定的，依照规定。

根据《最高人民法院、最高人民检察院关于办理诈骗刑事案件具体应用法律若干问题的解释》第1条的规定，诈骗公私财物价值在3000元至3万元以上、3万元至10万元以上、50万元以上的，应当分别认定为刑法第266条规定的“数额较大”“数额巨大”“数额特别巨大”。

本案中范某涉案数额属于“数额特别巨大”，依法应判处10年以上有期徒刑或者无期徒刑。

（二）关于招摇撞骗罪的法律规定

根据刑法第372条的规定，冒充军人招摇撞骗的，处3年以下有期徒刑、拘役、管制或者剥夺政治权利；情节严重的，处3年以上10年以下有期徒刑。

四、律师说法

本案能成功地将范某所犯可能判处10年以上甚至有可能判处无期徒刑（公安机关在侦查本案时，按可能判处无期徒刑的要求进行讯问的）的重罪变为判处3年以下有期徒刑的较轻的罪，源于律师洞察了本案存在的关键问题，向有关机关及时提供了有价值、有分量的证据材料。因此，办理刑事案件的重点在于认真查找案件中能够影响犯罪嫌疑人罪与非罪、罪轻与罪重的实质事实，从而达到为当事人提供最精准有效的法律服务的目的。

对于本案，笔者认为：范某事实上是应当无罪释放的。通过已查到的事实不能确认范某犯有诈骗罪，而对于冒充军人招摇撞骗罪来说，只能查到范某曾说自己是中央军委保健委员会专家，而没有任何证据证明其通过冒充军委保健委员会专家得到了什么“好处”。但当事人范某当时因被长时间羁押，想尽快做一个了断，得到一个较轻的处罚结果，说服笔者不要作无罪辩护，他决定承认冒充军人招摇撞骗。虽经笔者多次申明，范某仍执意认罪，笔者也只好作了罪轻辩护。

案例8

儿媳是故意杀死婆婆，还是虐待婆婆致死

● 杨综治

一、案情简介

2009年5月，在H省Y县，一个偏僻宁静的小山村，突然传出一条爆炸性新闻：64岁的儿媳李某杀死了自己93岁的婆婆。

一时间长期宁静的小山村像炸开了锅，舆论哗然。随之公安机关立案，将涉案的儿媳即嫌疑犯抓获归案，并以故意杀人罪移送至Y县检察院。辩护律师介入后，跋山涉水经过大量的走访和10余次对被告人的会见，在充分掌握一系列事实和相关材料的基础上，提出李某的行为不是故意杀人，而应以虐待罪论处。起初办案机关并不理会，经反复多次与公诉机关沟通，终被认可。再后来Y县人民法院在庭审过程中也充分听取了辩护人的辩护意见，一审对被告人李某判处有期徒刑4年。辩护人从其家庭现实需要等因素出发，愿意义务再为其上诉，以争取更加宽大的处理，但被告人和家属对处理结果已经很满意，最初只是希望保住性命或10年左右有期徒刑，就未再上诉。不过值得欣慰的是，被告最终因为积极接受改造，两次减刑，早已被提前释放，已经回归到家庭和社会。该案曾被HN卫视及当地多家纸质媒体所报道。

二、法院裁决

Y县人民法院经审理认为：被告人李某经常虐待其90余岁的婆婆谷某并致其死亡，其行为已构成虐待罪。公诉机关指控成立，予以支持。被告人李某虽为人媳，亦为人母，本应孝敬婆婆、垂范子孙，使年高者老有所养，使家庭和睦并让年幼的子孙懂得孝顺，使自己亦可安度晚年。但其鲜廉寡耻，经常对90余岁的婆婆辱骂殴打，致其死亡。其所作所为令大多数

人所不齿，让人发指。若不对其从严惩处，既不足以警示后人，也难以平民愤。李某辩护人认为被告人李某是文盲、法盲，这一案件的发生有其自身的因素也有家庭、社会的根源；案发后被告人能积极地反省悔过，且本案中被告人主观恶性、社会危害性相对较小，加之被告人从无前科，之前也从无违法犯罪行为，更未受过任何处罚的辩护意见与庭审中查明的事实相符，予以支持。依照《中华人民共和国刑法》第260条第2款之规定，判决如下：被告人李某犯虐待罪，判处有期徒刑4年（刑期从判决执行之日起开始计算。判决执行以前先行羁押的，羁押1日折抵刑期1日：自2009年5月16日起至2013年5月15日止）。

三、案例分析

本案中，公安机关以故意杀人罪立案侦查，且以该罪名形成最终的起诉意见，移送至检察院。辩护律师介入后，通过多次会见李某，多次深入李某生活的村庄、田间地头走访了解，认为公安机关的定性有失偏颇，先后多次与检察机关沟通提出李某的犯罪行为不是杀人而应为虐待的辩护主张，并被检察机关采信。

（一）关于被告人李某行为的定性

所谓虐待罪，是指行为人对共同生活的家庭成员经常有打骂、冻饿、禁闭、有病不给医治等从精神上和身体上虐待家庭成员，情节恶劣的行为。本案中，检察机关对公安机关对被告人李某涉嫌故意杀人的指控不予采信，进而以其涉嫌虐待罪提起公诉，应当说是尊重事实、较为客观的，也正是辩护律师的主张，对此本辩护律师予以认可。辩护人要补充说明的是：(1）婆媳矛盾可以说是一个古已有之的社会问题，居家过日子谁家都难免会有磕磕碰碰，吵嘴或是争执。本案的受害人谷某与被告人李某一家风风雨雨地相处了近半个世纪（46年之久），自缢身亡的谷某临终时已是90多岁的高龄，这在一个生活、医疗条件都相对落后的小山村也是极为难得的。谷某生前也是多由被告人李某赡养伺候、洗衣做饭，只是婆媳之间平日言语不睦，但被告人对其从无冻饿、禁闭、有病不给医治等行为，相对而言主观恶性较轻，情节也谈不上特别的严重和恶劣。(2）虐待罪是一种告诉才处理的犯罪行为，中国自古就有“亲亲相隐”的法治理念，处理该类亲属之间犯罪，自然应该与社会上的其他人有所区别。

（二）关于被告人李某行为的量刑

刑法第61条明确规定：对于犯罪分子决定刑罚的时候，应当根据犯罪的事实、犯罪的性质、情节和对于社会的危害程度，依照本法的有关规定判处。在本案中：（1）被告人李某作为十足的文盲和法盲，悲剧的发生不仅有其自身的因素，也有家庭、社会的根源：被告人17岁时即嫁入被害人家中，由于婚后长期（8年多）的不育，早年饱受了被害人的冷眼和歧视；（2）作为面朝黄土背朝天、世代务农的农民，被告人从无前科且从无违法违纪的行为，更未受到过任何处罚；（3）案发后被告人能够积极地反省悔过，切实配合司法部门的调查讯问，多次声泪俱下，对自己的行为懊悔不已；（4）作为家中的半边天，李某的深陷囹圄，其自身更有终年抱病在身的老伴王某，都可谓度日如年，正如村委会在申请材料中所述的那样；家中没了这个女人就像天塌了一样；（5）惩罚和教育相结合作为刑法的三大基本原则之一，贯穿于整个刑事司法活动的始末。本案中被告人无论主观恶性，还是社会危害性都相对较小，应本着“惩前毖后、治病救人”的原则给予其应有的人文关怀，更多的教育和感化，以挽救其本人，拯救其家庭；虽然辩护人强烈建议和请求Y县人民法院，结合刑法第260条和第72条的规定，对被告人李某的行为适用缓刑的意见未被采纳，但被告人自身及家属都表示认罪服判，后李某在服刑过程中因积极悔过接受改造，两次减刑，早已被提前释放。

四、律师说法

本案引发的两点值得我们思索与探讨。

其一，家家有老人，人人都会老。百善孝为先，赡养、孝顺老人，不仅是中华民族的传统美德，更是必须履行的法定义务。成人的一言一行，就如同一面镜子：今天你如何对待自己的长辈，将来你的儿女也将如何地对待你。正所谓上行下效，家庭是人成长的第一所学校，父母是子女人生路上的第一任导师。

其二，依法执政，司法为民。在党中央、国务院三令五申强调“保增长、保稳定、保民生”的今天，在各级党委政府切实贯彻、加强“农业、农村、农民”三农工作的今天，在大力弘扬“以人为本，构建社会主义和谐社会”的今天，本案最终得以客观公正的处理，相信在让死者安息、生者安慰的同时，也势必会进一步促进广大公民学法、知法、守法、用法的积极性，进一步稳固家庭这一社会的基本细胞，进一步促进人与人之间的和谐相处，弘扬良好的道德风尚，使广大公民更好地知法用法，进而带动地域经济的发展和繁荣，促进社会的和谐与稳定，充分彰显社会主义价值观。

律师介绍·杨综治

杨综治（另名杨宗治），河南大进律师事务所合伙人、投融资风险管理师，毕业于西南政法大学。中国法学会会员，中华全国律师协会会员，中华杨氏律师联谊会（律师联盟）常务理事，“中国诉讼论坛·2015”组委会委员，洛阳市律师协会发展战略委员会委员及刑事辩护委员会委员，洛阳市中级人民法院专家律师小组成员，洛阳市法学会行政法分会理事，中国第一家律师文化传播公司（深圳）秘书长等。

从业之初，也曾从业新闻媒体。擅长刑事辩护，谙熟诉讼业务，运筹企业法务，管控投融资风险。

在执业过程中奉行依法为尊，客户至上的原则。

自1996年从业至今，矢志不渝，不改初心，曾多次被评为市级优秀律师。世纪之初，为响应国家“西部大开发”战略，曾只身远赴雪域高原，援藏近6年，是西藏自治区最年轻的律所主任。

多年来，办理过近千起业务。办理的格桑次仁寻衅滋事案、李某某故意杀人案等案件曾被央视、地方卫视所报道。

联系电话：13613898946，13213680884

电子邮箱：2543992079@qq.com

联系地址：河南省洛阳市洛龙区太康路长城花苑1号楼

邮政编码：471000

第三章

杨律师以案释法：行政案件

案例1

张玉梅经营用房征收案

● 杨在明

一、案情简介

委托人张玉梅（化名）在A省B市市中心位置某小区一楼有一套住房，在该住房前扩建了一个门面房并合法经营小型超市。该自建房建于1998年，虽未办理相关许可手续，但经营多年一直没有被认定为违法建筑。2014年该小区被纳入改造范围。但征收单位未依据《国有土地上房屋征收与补偿条例》的规定严格履行法定征收程序。对于自建的门面房，征收单位将其认定为违法建筑，决定对其不予补偿。张玉梅认为其自建的门面房已经使用多年，且合法取得营业执照等相关证件，不能被认定为违法建筑。张玉梅向北京在明律师事务所咨询，北京在明律师事务所律师为其解答了相关法律问题。

经过对相关案情的分析，律师分析将自建门面房认定为违法建筑的依据是城乡规划法，但是张玉梅自建门面房时，城乡规划法尚未颁布实施，根据法不溯及既往的原则，不能依据2008年实施的城乡规划法认定1998年建设的房屋为违法建筑。

经过对案情的详细探讨和分析，张玉梅决定委托北京在明律师事务所为其维权，参与其与征收单位等相关部门协商及行政诉讼等法律事务。北京在明律师事务所律师在代理案件后，首先对该区政府作出的房屋征收决定提起行政诉讼，为加快征收步伐，征收决定案很快作出判决，一审判决维持征收决定；征收单位很快作出补偿决定，律师在补偿决定的6个月起诉期限快截止时，对补偿决定提起诉讼；在起诉征收决定和补偿决定的同时，律师帮助张玉梅申请政府信息公开，对征收房屋和用地的审批程序进行审查，对违法审批程序提起行政复议和行政诉讼（其中包括规划许可和立项批复，均是先行政复议后行政诉讼），在起诉征收决定案庭审时对方提交证据《建设用地批准书》，后对其申请行政复议；2015年3月，该市城管局对张玉梅作出限期拆除决定，认定其自建房屋为违法建筑，并责令其限期拆除，2015年9月，律师又帮助张玉梅对限期拆除决定提起行政诉讼；同时对房屋征收补偿决定的案子也提起了上诉。2015年10月，在补偿决定案尚未作出生效判决的情况下，征收单位委托拆迁公司对张玉梅房屋所在楼房进行拆除，拆除过程中造成张玉梅屋顶大面积砖瓦脱落，门窗也被毁坏，张玉梅及家人的人身安全受到严重威胁。杨在明律师针对该违法行为及危险状况，及时向征收单位发送律师函，告知其强拆行为的违法性和危害性。在接连的诉讼程序和律师函沟通之后，征收单位意识到征收行为的违法性，主动与张玉梅协商，并同意将张玉梅的自建门面房认定为合法建筑，纠正征收过程中的违法行为。

最终，征收单位对张玉梅的自建门面房以每平方米6万元的价格补偿，补偿款总额达400万元。张玉梅对杨在明律师的代理工作十分满意，并对北京在明律师事务所表示感谢。

二、争议焦点

（一）关于房屋征收的决定

2015年1月12日，律师代理张玉梅将A省B市C区人民政府起诉至该市中级人民法院，请求人民法院撤销被告作出的（2014）××号《C区人民政府关于B市C区某某地块棚户区改造项目房屋征收的决定》。原告方在起诉状中诉称原告在贵阳市C区某某路××号合法拥有房屋。因某某地块棚户区改造项目建设，原告的上述房屋被纳入征收范围。2014年10月20日，被告作出某府发（2014）××号《C区人民政府关于B市C区某某地块棚户区改造项目房屋征收的决定》，其中确定的房屋征收范围包括原告的房屋。原告认为，被告作出涉案征收决定，违反了《国有土地上房屋征收与补偿条例》等法律法规的规定，侵犯了原告的合法权益。请求人民法院撤销该房屋征收决定。

2015年8月10日，律师代理张玉梅就房屋征收决定一案向A省高级人民法院提出上诉，请求法院撤销B市中级人民法院作出的（2015）行初字第××号《行政判决书》并依法改判撤销被上诉人A省B市C区人民政府作出的（2014）××号《C区人民政府关于B市C区某某地块棚户区改造项目房屋征收的决定》。上诉人在行政上诉状中的上诉理由如下。

（1）一审法院在审理过程中存在严重违法行为。首先，一审法院拒绝追加第三人，违反行政诉讼法相关司法解释的规定。其次，一审法院为证明被上诉人的行政行为合法而主动调取证据，违反《最高人民法院关于行政诉讼证据若干问题的规定》第22条之规定，严重违反法定程序。

（2）被上诉人作出征收决定不是出于公共利益的需要，其征收目的违法。根据庭审调查的证据显示，涉案房屋征收并不是基于公共利益的需要，只是假借棚户区改造的名义，实则为了进行商业房地产开发建设。棚户区改造是为了改善被征收人的居住环境和居住条件，应以原址回迁为主，优先就近安置为原则。而本案被上诉人以棚户区改造为名，将上诉人房屋所在地块征收，用于商业开发建设，而将包括上诉人在内的被征收人安置在偏远地段，显然是以营利为目的，不顾被征收人的居住环境和居住条件。被上诉人的行为违反了宪法第13条第3款，物权法第42条第1款，城市房地产管理法第6条以及《国有土地上房屋征收与补偿条例》第2条、第8条关于征收房屋必须为了公共利益需要的规定。

（3）被上诉人作出征收决定违反程序性和实体性法律规定。被上诉人没有有效证据证明涉案征收行为符合国民经济和社会发展规划、土地利用总体规划、城乡规划和专项规划、国民经济和社会发展年度计划；被上诉人没有依法对涉案征收房屋进行调查登记确认；征收补偿方案确定的安置方案不合理，更不合法；没有组织有关部门对征收补偿方案进行论证，更没有组织听证；被上诉人提交的资金证明不是合法的证据，不能证明补偿安置的资金已经足额到位。

综上，上诉人认为B市中级人民法院在本案一审审理过程中存在严重违法行为，已经丧失了作为司法审判机关的公平性和公正性；被上诉人作出征收决定严重违反法律规定，B市中级人民法院认定事实和适用法律错误，所作出的行政判决严重违法，侵害了上诉人的合法权益。上诉人请求撤销B市中级人民法院作出的行政判决书，并对本案公正审理，依法改判。

（二）关于房屋征收补偿的决定

2015年3月27日，律师代理张玉梅向A省B市人民政府提出行政复议申请，请求依法撤销B市C区人民政府作出的某府发（2015）×号《房屋征收补偿决定》。申请人在申请书中陈述申请人在B市C区某某路××号位置合法拥有房屋。因××××项目建设，申请人的上述房屋被纳入征收范围。由于被申请人给予的补偿标准过低，申请人与被申请人一直未达成补偿安置协议。申请人认为，被申请人作出的《房屋征收补偿决定》违反法定程序，作出的补偿决定缺乏法律依据，严重侵害了申请人的合法权益，应当依法予以撤销。

2015年9月9日，本案律师代理张玉梅将A省B市人民政府及该市C区人民政府起诉至A省B市中级人民法院，请求人民法院撤销被告A省B市人民政府作出的筑府行复决字（2015）××号《行政复议决定书》及撤销被告A省B市C区人民政府作出的某府发（2015）×号《房屋征收补偿决定》。原告诉称其在B市C区某某路××号位置合法拥有房屋。因××××项目建设，原告的上述房屋被纳入征收范围。由于补偿标准过低，原告一直未与征收单位达成补偿安置协议。2015年1月30日，被告B市C区人民政府作出某府发（2015）×号《房屋征收补偿决定》。原告认为，C区人民政府作出上述房屋补偿决定缺乏法律依据，违反法定程序，严重侵害了原告的合法权益，应当依法予以撤销，于是向B市人民政府申请行政复议，要求撤销该补偿决定。2015年9月，原告收到被告B市人民政府作出的筑府行复决字（2015）××号《行政复议决定书》，该决定维持了B市C区人民政府作出的某府发（2015）×号《房屋征收补偿决定》。原告不服，请求依法公平公正审理，支持原告的诉讼请求。

（三）关于房屋征收和用地的审批程序

2015年3月30日，律师代理张玉梅向A省B市人民政府提出行政复议申请，请求依法撤销被申请人A省B市城乡规划局向第三人核发的建设用地规划许可证。申请人在申请书中陈述在B市C区某某路××号位置合法拥有房屋。因棚户区改造，申请人的上述房屋被纳入征收范围。申请人欲了解情况，向B市城乡规划局申请信息公开，要求公开相关单位使用申请人房屋所在地进行项目建设所取得的建设用地规划许可证及用地规划红线图。2015年3月4日，B市城乡规划局向申请人作出回复，称申请人房屋所在地块属第三人实施的B市2014年城市棚户区改造项目（二期）范围，被申请人已经向第三人核发建设用地规划许可证。申请人认为，被申请人向第三人核发建设用地规划许可证，违反城乡规划法等相关法律法规的规定，侵犯了申请人的合法权益。申请人请求公正评判，支持申请人的复议申请。

2015年4月17日，律师代理张玉梅向A省人民政府提出行政复议申请，申请撤销被申请人A省B市发展和改革委员会作出的筑发改投资（2014）××号《关于C区某某小区地块改造项目建议书的批复》。因申请人在B市C区某某路××号位置合法拥有房屋，故向A省B市发展和改革委员会申请信息公开，要求公开相关单位使用申请人房屋所在土地进行项目建设所取得的立项批准文件及依据。2015年3月3日，B市发展改革委员会向申请人公开了筑发改投资（2014）××号《关于C区某某小区地块改造项目建议书的批复》，该批复核准的棚户区改造项目，涉及征收户数189户，拆除棚户区房屋建筑面积17855.66平方米。其中包括了申请人的房屋。申请人认为，被申请人在作出涉案批复时，未尽到注意审查的义务，违反相关法律规定，侵害了申请人的合法权益。申请人根据《中华人民共和国行政复议法》《A省人民政府关于进一步推进行政复议委员会试点工作的通知》之规定，申请行政复议，撤销被申请人A省B市发展和改革委员会作出的筑发改投资（2014）××号《关于C区某某小区地块改造项目建议书的批复》。

2015年5月21日，律师代理张玉梅将A省人民政府起诉至A省B市中级人民法院，请求撤销被告作出的黔府行复不字（2015）××号《行政复议不予受理决定书》及判令被告依法受理原告对筑发改投资（2014）××号《关于C区某某小区地块改造项目建议书的批复》不服提出的行政复议案件。原告诉称在B市C区某某路××号位置合法拥有房屋。因棚户区改造，原告的上述房屋被纳入征收范围。原告于2015年3月3日通过申请信息公开得知了A省B市发展改革委员会作出的筑发改投资（2014）××号《关于C区某某小区地块改造项目建议书的批复》，该批复核准的棚户区改造项目，涉及征收户数189户，拆除棚户区房屋建筑面积17855.66平方米。其中包括了原告的房屋。原告认为该批复侵害了原告的合法权益，于是向被告申请行政复议，请求撤销涉案批复。2015年5月19日，原告收到了被告作出的黔府行复不字（2015）××号《行政复议不予受理决定书》，被告以原告提交的证据不能证明原告与涉案批复有利害关系为由决定对原告的行政复议申请不予受理。原告认为，被告作出的不予受理决定违反法律规定，侵害了其合法权益。原告系通过申请信息公开得知涉案批复。在申请信息公开时，原告要求B市发改委公开的内容是：相关单位使用申请人位于A省B市C区某某路××号位置房屋所在地进行项目建设，取得的项目批准文件及作出项目批准文件的依据。原告明确了申请公开的批复涉及的区域甚至具体门牌号。B市发改委根据该申请，在查阅资料后向原告公开了涉案批复，当然可以认定为涉案批复批准征收的房屋包括了原告位于A省B市C区某某路××号位置的房屋。原告又提供了对上述房屋的所有权证明，足以证明原告与涉案批复有利害关系。

综上，原告在申请信息公开时阐明了自己房屋的位置，并在申请行政复议时提供了房屋所有权证明和土地使用权证明，足以证明原告与涉案批复有利害关系。被告作出的不予受理决定违反行政复议法之规定，侵害了原告的合法权益。原告请求人民法院支持原告的诉讼请求。

2015年7月17日，律师代理张玉梅向A省人民政府提出行政复议申请，申请依法撤销被申请人A省B市人民政府作出的B市（2014）筑棚建批字第×××号《建设用地批准书》。申请人在申请书中陈述在B市C区某某路××号位置合法拥有房屋。因相关项目建设，申请人的房屋被纳入征收范围。申请人对B市C区人民政府作出的房屋征收决定不服提起行政诉讼。2015年7月23日，该案进行第二次开庭质证时，法院出示了其主动调取的证据，其中包括B市（2014）筑棚建批字第×××号《建设用地批准书》（以下简称《批准书》），该《批准书》批准第三人在C区某某路路口位置的土地上进行项目建设。申请人的房屋在该批准用地范围内。申请人认为，被申请人在作出涉案《批准书》时，未尽到注意审查的义务，违反相关法律规定，侵犯了申请人的合法权益。申请人特申请行政复议，撤销被申请人A省B市人民政府作出的B市（2014）筑棚建批字第×××号《建设用地批准书》。

（四）关于房屋的限期拆除决定

2015年9月23日，律师代理张玉梅将A省B市C区城市综合执法局诉至A省B市C区人民法院，请求撤销被告作出的某行限决字（2015）第×××号《B市C区城市管理行政执法限期拆除决定书》。原告诉称在A省B市C区某某路××号位置合法拥有房屋。因××地块棚户区改造项目建设，原告的上述房屋被纳入征收范围。2015年3月30日，被告作出某行限决字（2015）第×××号《B市C区城市管理行政执法限期拆除决定书》，将原告上述房屋中于1986年修建的44.71平方米部分建筑物认定为违法建筑，并决定给予限期拆除。原告认为，被告将原告上述房屋认定为违法建筑，认定事实和适用法律严重错误，并违反法定程序，侵害了原告的合法权益。原告提起行政诉讼，请求人民法院支持原告的诉讼请求，维护原告合法权益。

2015年10月10日，律师代理张玉梅向A省B市公安局C区分局递交《强烈要求保护被拆迁户生命财产安全控告书》。在控告书中对破坏控告人财产并威胁控告人生命安全的拆迁行为进行控告，请求制止破坏行为和保护控告人生命和财产安全。控告人陈述在A省B市C区某某路××号位置合法拥有房屋。在控告人未与房屋征收部门达成补偿安置协议的情况下，现房屋征收部门委托拆迁公司正在对控告人一家所在的整幢楼房中其他房屋实施拆除。在拆除过程中，拆迁公司未采取任何安全防护措施，对该楼房整体结构的破坏，已经对委托人房屋造成了实际损坏，屋顶出现漏洞，供电、供水、供暖设备遭到破坏，并且时常有砖瓦、水泥块坠落，严重影响了委托人房屋的正常居住和使用，随时威胁到委托人及家人的生命和财产安全。控告人认为，控告人尚未与征收部门达成房屋补偿的相关安置协议，并且已经对《房屋征收补偿决定》提起行政诉讼。在此期间，控告人依法享有继续正常使用涉案房屋的权利。任何单位和个人不得对委托人的房屋进行破坏，也不能影响其正常居住。现征收单位实施的拆除行为，不但破坏了控告人的房屋，并且威胁了控告人的生命财产安全，控告人多次向政府相关部门反映，违法行为不但没有被制止，反而更加肆无忌惮。控告人对上述目无法纪、无视公民生命安全和财产权益的行为，特向贵单位进行控告，望贵单位履行法定职责，及时制止违法行为，保护控告人的生命和财产安全。

2015年10月26日，律师向A省B市人民政府，B市C区人民政府及B市C区房屋征收管理局发送律师函。律师函诉称据委托人反映，现房屋征收部门委托拆迁公司正在对张玉梅一家所在的整幢楼房中其他房屋实施拆除。在拆除过程中，拆迁公司对该楼房整体结构的破坏，已经对委托人房屋造成了实际损坏，屋顶出现漏洞，供电、供水、供暖设备遭到破坏，并且时常有砖瓦、水泥块坠落，严重影响了委托人房屋的正常居住和使用，甚至随时威胁到委托人及家人的生命和财产安全。代理人认为，委托人尚未与征收部门达成房屋补偿的相关安置协议，并且已经对《房屋征收补偿决定》提起行政诉讼。在此期间，委托人依法享有继续正常使用涉案房屋的权利。任何单位和个人不得对委托人的房屋进行破坏，也不能影响其正常居住。

三、案例评析

张玉梅的自建房建于1998年，城乡规划法当时尚未颁布实施，根据法律不溯及既往的原则，不能依据2008年才实施的城乡规划法认定1998年建设的房屋为违法建筑。基于这一思路，应对房屋征收决定提起行政诉讼。

在庭审中，代理律师提出房屋征收应坚持以下法律依据。第一，依据《国有土地上房屋征收与补偿条例》第2条及第8条之规定，征收房屋应该为了公共利益需要，但在本案中，征收决定不是出于公共利益的需要，征收目的违法。第二，依据《国有土地上房屋征收与补偿条例》第9条规定，征收行为应符合国民经济和社会发展规划、土地利用总体规划、城乡规划和专项规划、国民经济和社会发展年度计划。但在本案中，被告方并未提供有效的证据证明征收行为符合上述计划。第三，依据《国有土地上房屋征收与补偿条例》第15条规定，房屋征收部门应当对房屋征收范围内房屋的权属、区位、用途、建筑面积等情况组织调查登记，本案中被告方并未履行该法定义务。第四，依据《国务院办公厅关于进一步加强棚户区改造工作的通知》（国办发〔2014〕第36号）第2条的规定，棚户区改造安置住房实行原地和异地建设相结合，以原地安置为主。而本案中，被上诉人作出的补偿方案却没有对上诉人进行原地回迁安置，而是全部异地安置。安置方案不合理也不合法。第五，根据《国有土地上房屋征收与补偿条例》第10条和第11条的规定，相关部门应对征收补偿方案进行论证和组织听证。本案中相关部门亦没有履行该职责。第六，依据《国有土地上房屋征收与补偿条例》第12条第2款的规定，作出房屋征收决定前，征收补偿费用应当足额到位、专户存储、专款专用。本案中，被告方提交的资金证明并不符合法律要求，未能证明补偿安置资金已经足额到位。

在随后的上诉中，本案代理律师除了坚持一审意见外，又指出一审审理中存在的违法之处。首先，根据《最高人民法院关于执行〈中华人民共和国行政诉讼法〉若干问题的解释》第24条第1款规定："行政机关的同一具体行政行为涉及两个以上利害关系人，其中一部分利害关系人对具体行政行为不服提起诉讼，人民法院应当通知没有起诉的其他利害关系人作为第三人参加诉讼。"一审法院拒绝追加第三人，违反法律规定。其次，依据《最高人民法院关于行政诉讼证据若干问题的规定》第23条第2款规定："人民法院不得为证明被诉具体行政行为的合法性，调取被告在作出具体行政行为时未收集的证据。"一审法院未证明被上诉人的行政行为合法而主动调取证据，违反法定程序。

在对房屋征收决定提起诉讼的同时，根据《国有土地上房屋征收与补偿条例》的相关条款，律师代理张玉梅对房屋补偿决定提起行政复议。在复议机关维持原具体行政行为后，原告方又将作出原具体行政行为的行政机关和复议机关起诉至法院。

针对征收决定涉及的行政机关较多的特点，律师代理张玉梅分别依据《中华人民共和国行政诉讼法》《中华人民共和国行政强制法》《中华人民共和国城乡规划法》《中华人民共和国土地管理法》对规划许可、限期拆除决定、建设用地批准书及立项批复提起行政复议和行政诉讼。

由于征收行为涉及较大的经济利益，征收机关可能会在未履行合法程序的情形下，对被征收的房屋采取先违法强拆，后协商补偿的方式。本案中，征收机关即对张玉梅的房屋进行了违法强拆。在此情形下，律师代理张玉梅向征收机关和当地两级人民政府发出律师函，告知对方强拆行为的违法性及法律后果。同时向当地公安机关发出《强烈要求保护被拆迁户生命财产安全控告书》，要求公安机关对强拆行为进行查处并保护被拆迁人的人身及财产安全。

四、律师说法

基于我国司法体制的特点，行政诉讼的结果较易受到行政机关的影响。而拆迁由于与地方经济存在很大关联，拆迁相关的行政诉讼单纯通过只针对房屋征收决定及其补偿决定的诉讼很难取得理想的结果。针对这一特点，本案代理律师基于房屋征收决定中涉及行政机关较多这一特点，提起了一系列诉讼，对房屋征收机关形成压力而迫使行政机关纠正违法行为，从而最终通过协商的方式解决了纠纷。

在行政诉讼中，代理律师承受着来自各方的压力，在与拆迁相关的行政诉讼中，法院判决很难确保完全中立，直接通过诉讼的方式解决拆迁纠纷很难达到理想的结果。庭审中，程序违法往往会被忽视，实体中，由于行政机关掌握的资源相对于被拆迁人处于绝对优势地位，在诉讼结果上，行政诉讼的被告败诉率是非常低的，依据最高人民法院的统计，其被告败诉率为10%左右。但在近几年中，随着行政诉讼法进行了大规模的修改和完善，程序正当原则逐渐被司法机关所重视。司法体系也逐渐施行法官责任制及行政诉讼异地管辖制度，这对行政诉讼来说，可谓是巨大的进步。

案例2

王佳丽、张玉华等与J市人民政府行政批准案

● 杨在明

一、案情简介

王佳丽（化名）、张玉华（化名）等27人系J市W区H村、W村村民。2012年某高铁项目建设时，将两个村划入拆迁范围，两个村被征收的土地性质均为集体土地。其中H村在2003年以宅基地换宅基地的形式进行过一次异地迁建。J市住房与城乡建设局与被征收人签订了《J市区国有土地上房屋征收货币补偿协议》。由于对补偿不满意，王佳丽等村民委托了北京在明律师事务所杨律师进行维权。在维权的诉讼中，原告方得知J市国土资源局曾颁布过（2012）第6号《征地补偿安置方案公告》，该公告表明市政府已经审批了《征地补偿安置方案》，于是杨律师建议对J市政府的审批行为提起行政诉讼，请求确认被告审批《征地补偿安置方案》的具体行政行为违法，一审法院判决审批行为程序违法，原、被告双方均对该判决不服，并提起上诉，二审法院改判审批行为违法。

二、争议焦点

原告王佳丽、张玉华等27人诉称：原告系H村、W村村民，在其他案件诉讼中，原告方得知市国土资源局曾颁布过（2012）第6号《征地补偿安置方案公告》，该公告表明被告已经审批了《征地补偿安置方案》，但原告至今未看到过，这无疑侵犯了村民的知情权、异议权、救济权等权利。被告的行为已经违反了《中华人民共和国土地管理法》及相关法律、法规的规定，损害了原告的合法权益。要求判决：（1）确认被告审批《征地补偿安置方案》的具体行政行为违法；（2）本案诉讼费用由被告承担。

被告J市人民政府辩称：高铁建设项目用地征收经批准组织实施，“两

公告一批复”符合法律规定。2012年4月19日，国土资源部作出集体土地转为建设用地的批复，高铁建设项目用地已经国务院批准。2012年4月23日，被告作出（2012）第1号《J市人民政府征收土地公告》。2012年5月13日，市国土资源局拟定（2012）第6号《征地补偿安置方案公告》，作出《关于要求批准新建高铁项目工程建设用地征地补偿安置方案的请求》上报市政府批准。2012年5月22日，被告作出抄告单（2012）第43号《关于批准新建高铁项目工程建设用地征地补偿安置方案的意见》，同意市国土资源局上报的征地补偿方案。被告及市国土资源局上述具体行政行为，符合国土资源管理法律的规定。综上所述，被告批准该高铁项目土地征收《征地补偿安置方案》具体行政行为事实清楚，证据确凿，程序合法，并无不当。请求法院判决驳回原告的诉讼请求。

三、法院裁决

一审法院经审理查明，因国家重点建设工程高铁项目建设需要，J市人民政府根据国土资源部《关于新建高铁项目工程建设用地的批复》，于2012年4月23日作出（2012）第1号《J市人民政府征收土地公告》，公告载明了建设用地项目名称、征收土地位置、面积、补偿标准、安置方式等内容。包括原告所在的H村与W村在内的相关土地被列入此次征收范围，其中H村被征收的土地面积为1.0493公顷、W村被征收的土地面积为0.9118公顷。2012年5月13日，J市国土资源局拟定了（2012）第6号《征地补偿安置方案公告》，载明了被征收集体所有土地村（组）、土地补偿安置方案等内容，同时明确本公告期满后报市人民政府批准组织实施。2012年5月22日，J市人民政府作出《关于批准新建高铁项目工程建设用地征地补偿安置方案的意见》，同意J市国土资源局上报的征地补偿方案。原告对该批准行为不服，向本院提起行政诉讼。

另查明，原告中有18人已与J市住房和城乡建设局签订了《国有土地上房屋征收货币补偿协议》，补偿款也已领取。

一审法院认为，根据《中华人民共和国土地管理法实施条例》第25条第3款的规定，被告J市人民政府具有对涉案征地补偿安置方案进行批准的职权。《中华人民共和国土地管理法》第48条，《中华人民共和国土地管理法实施条例》第25条，《征用土地公告办法》第3条、第7条、第10条同时规定，征用农民集体所有土地的，市、县人民政府土地行政主管部门应当根据经批准的征用土地方案、会同有关部门拟定征地补偿、安置方案，在被征用土地所在地的村、组内以书面形式公告，听取被征用地的农村集体经济组织和农民的意见，对当事人要求听证的，应当举行听证会。本案中，J市国土资源局在拟定涉案土地征收补偿安置方案后，没有证据证明其进行了张贴公告及听取了农村集体经济组织和农民的意见，侵犯了被征收人的知情权和异议权，属明显的法定程序缺失。虽然征收部门就被征收的房屋及土地补偿问题，已与同意征收的被征收人达成了征收补偿协议，补偿款项也已发放到位，并未减损相关被征收人的实体补偿权益，但被告J市人民政府在有关法定程序未履行到位的情况下即作出涉案批准行为仍属违法。因本案涉及国家重点工程杭长铁路客运专线项目建设，具有典型的公共利益属性，且涉案土地已实际用于该项目建设，撤销被诉行政批准行为将会给公共利益造成重大损失，故不宜撤销。综上，依照《中华人民共和国行政诉讼法》第74条第1款第（1）项之规定，判决如下。

确认被告J市人民政府于2012年5月22日作出的《关于批准新建高铁项目工程建设用地征地补偿安置方案的意见》程序违法。

一审判决作出后，原、被告双方均对该判决提起了上诉。

张玉华等27人上诉称：第一，原审认定上诉人与征收部门补偿问题已经达成协议，补偿款项已经到位，并非减损被征收人实体补偿权益，属事实不清，证据不足。J市人民政府违法征收，致使上诉人丧失听证等权利，严重侵犯到被征收人的合法权益，上诉人在签订协议时并不知晓征收补偿过程中存在的严重违法情形，协议的签订和履行并不能证明征收过程未减损相关被征收人的实体补偿权益。第二，原判所谓“确认程序违法”不符合《最高人民法院关于〈中华人民共和国行政诉讼法〉若干问题的解释》第58条规定。故提起上诉，请求二审法院依法撤销一审法院的错误判决。

J市人民政府上诉称：（1）一审判决认定事实错误。主要表现在原告诉状将H村和W村两种不同的被拆用地混同为集体性质用地，原审原告27人中王佳丽等13人为原旧城改造拆迁安置户第二次拆迁，张玉华等13人为村改居后的首次拆迁，胡某某1人属农房拆迁安置的性质。原告是否均为合法所有人也未予查明，其中胡某某也尚未签订补偿协议，未区分是否已经签订补偿协议及已经履行的差异。（2）一审判决程序错误。因原审混淆了“国有”和“集体”两种不同性质的用地在征地拆迁行政审批程序上的不同，一审法院将其作为共同诉讼程序违法，27人中原告是否均享有本案的主体资格，原审也未严加审查。据此，一审判决确认上诉人土地行政批准行为程序违法定性失当，故请求撤销一审判决，依法发回重审。

二审法院经审查，对原审判决认定的基本事实予以确认。

二审法院认为，《中华人民共和国土地管理法》第48条，《中华人民共和国土地管理法实施条例》第25条，《征用土地公告办法》第3条、第7条、第10条同时规定，征用农民集体所有土地的，市、县人民政府土地行政主管部门应当根据经批准的征用土地方案、会同有关部门拟定征地补偿、安置方案，在被征用土地所在地的村、组内以书面形式公告，听取被征用地的农村集体经济组织和农民的意见，对当事人要求听证的，应当举行听证会。本案中，J市国土资源局在拟定涉案土地征收补偿安置方案后，未能证明其进行了张贴公告及听取了农村集体经济组织和农民的意见，侵犯了被征收人的知情权和异议权，属明显的法定程序缺失。原审法院由此认定J市人民政府在有关法定程序未履行到位的情况下即作出涉案批准行为应属违法，系认定事实清楚，适用法律正确，但其判决主文表述确认被告J市人民政府于2012年5月22日作出的《关于批准新建高铁项目工程建设用地征地补偿安置方案的意见》程序违法，显然不当，应予纠正。被诉批准行为虽然违法，但鉴于涉及国家重点工程高铁客运专线项目建设的公共利益，且多数被征收人与征收部门已经签订征收补偿协议，故不宜撤销被诉行政批准行为。另外，针对J市人民政府提出的原告主体资格问题，因J市人民政府提交的证据尚不能充分证明王佳丽等人的土地系国有划拨性质，故对其提出的上诉理由，不予采信。被上诉人的负责人未能依照《中华人民共和国行政诉讼法》第3条第3款“被诉行政机关负责人应当出庭应诉”之规定出庭应诉，本院依法予以指正。综上，依照《中华人民共和国行政诉讼法》第89条第1款第（2）项之规定，判决如下：（1）撤销J市中级人民法院作出的一审行政判决。（2）确认J市人民政府于2012年5月22日作出的《关于批准新建高铁项目工程建设用地征地补偿安置方案的意见》违法。

四、案例评析

本案中，被告的违法事实主要在于被告在作出涉案审批行为时将原告的集体土地上的房屋性质错误地认定为国有土地上的房屋，且在审批的过程中未履行“两公告一登记”的公示程序，严重地损害了包括27名原告在内的被征收人的合法权益。

在一审中原告提供了如下证据：（1）（2012）第6号《征地补偿安置方案公告》，证明《征地补偿安置方案》存在。（2）《H村安置房地块征收调查表》，证明被告存在将本案所涉土地混乱地认定为国有土地的事实。（3）《W村地块房屋征收调查登记表》，证明该区域为农村集体土地，但是被告没有履行本案所涉征收补偿方案对应的听证或者是权利告知，而直接作出补偿安置方案的批复，存在程序违法；也证明被告在认定被征用土地性质方面存在严重的混乱。（4）（2012）第1号《J市人民政府征收土地公告》，证明根据原告检举，被告所作的（2012）第6号《征地补偿安置方案公告》没有进行过张贴和公示，涉嫌伪造。（5）《J市工程建设指挥部信访回复》，证明原告的土地被认定为国有土地，被告作出征收和补偿的批复，存在土地性质混乱的问题。（6）集体土地使用权证，证明原告的土地性质为集体土地。（7）部分村民的情况说明，证明涉案土地补偿安置方案从未公示，村民根本不知情。（8）（2012）第1号《房屋征收决定》，证明被告将原告房屋作为国有土地上的房屋进行征收。

被告J市人民政府向本院提交了如下证据：（1）《国土资源部关于新建高铁项目工程建设用地的批复》。（2）《J市人民政府征收土地公告》。（3）（2012）第6号《征地补偿安置方案公告》。（4）《J市人民政府抄告单》。证据（1）至（4）共同证明高铁项目建设项目用地征收经批准组织实施，“两公告一批复”符合法律规定。（5）《拆迁补偿安置协议》23份，证明原告已经和征收部门签订协议并领取相应的补偿款。

被告提供了《中华人民共和国土地管理法》《征用土地公告办法》，用以证明被告依法履行职责的法律依据。

关于被告提供的证据分析如下：证据（1）《国土资源部关于新建高铁项目工程建设用地的批复》，该批复明确规定征地补偿安置不落实的不得动工用地，在征地补偿款未全部落实的情况下，现已动工建成各项设施是违法的。证据（2）《J市人民政府征收土地公告》，该征收土地公告是否依法在土地所在的村、组，或者乡镇所在地予以张贴，没有证据证实。证据（3）和证据（4）《征地补偿安置方案公告》没有已张贴公告的相关证据，《J市人民政府抄告单》证明市国土资源局是在征收补偿安置方案公告异议期届满前就向市人民政府进行了请示，显然违反了法律程序。抄告单上的公章是J市人民政府办公室，不能必然地代表市政府，补偿安置方案涉及众多被征收人的利益，需要市人民政府集体讨论研究决定。因此，抄告单不发生法律效力。证据（5）《拆迁补偿安置协议》23份，协议表明征收标的是房屋而不是土地，而本案征收标的是土地而不是房屋；征收补偿协议中载明国有土地使用权证号，两者存在矛盾。

根据原、被告双方提交的证据，本案代理律师认为：

（一）J市人民政府被诉行政行为属于违法

1．J市人民政府被诉行政行为程序违法属于毋庸置疑的事实。

一审法院认为："本案中，市国土局在拟定涉案土地征收补偿安置方案后，没有证据证明其进行了张贴公告及听取了农村集体经济组织和农民的意见，侵犯了被征收人的知情权和异议权，属明显的法律程序缺失"。

主要法律依据如下。土地管理法第46条：国家征收土地的，依照法定程序批准后，由县级以上地方人民政府予以公告并组织实施。

土地管理法实施条例第25条：征收土地方案经依法批准后，由被征收土地所在地的市、县人民政府组织实施，并将批准征地机关、批准文号、征收土地的用途、范围、面积以及征地补偿标准、农业人员安置办法和办理征地补偿的期限等，在被征收土地所在地的乡（镇）、村予以公告。

《征用土地公告办法》第3条：征用农民集体所有土地的，征用土地方案和征地补偿、安置方案应当在被征用土地所在地的村、组内以书面形式公告。

《征用土地公告办法》第9条：被征地农村集体经济组织、农村村民或者其他权利人对征地补偿、安置方案有不同意见的或者要求举行听证会的，应当在征地补偿、安置方案公告之日起10个工作日内向有关市、县人民政府土地行政主管部门提出。

《征用土地公告办法》第10条：有关市、县人民政府土地行政主管部门应当研究被征地农村集体经济组织、农村村民或者其他权利人对征地补偿、安置方案的不同意见。对当事人要求听证的，应当举行听证会。确需修改征地补偿、安置方案的，应当依照有关法律、法规和批准的征用土地方案进行修改。

在一审及二审中，被告人均无法提供相关证据证明其履行了“两公告一登记”程序。导致原告等被征收人无法提出不同意见，也无法要求听证，而不得不直接签订补偿协议，因此被告的行为损害了被征收人的异议权、申辩权、参与权、救济权，属于明显的法律程序缺失，违反了《中华人民共和国土地管理法》《中华人民共和国土地管理法实施条例》《征用土地公告办法》等法律中的相关规定。因此，J市人民政府批准《征地补偿安置方案》的具体行政行为程序违法是毋庸置疑的事实。

2．因为被诉批准行为程序违法，损害了征收人的合法权益，给被征收人造成了巨大的经济损失。

一审法院认为：“虽然征收部门就被征收的房屋及土地补偿问题，已与同意征收的被征收人达成了征收补偿协议，并未减损相关被征收人的实体补偿权益……”该表述并没有任何事实依据，存在明显的事实认定不清。因为在拟定涉案土地征地补偿安置方案后，没有进行张贴公告，也没有听取被征收农村集体经济组织和农民的意见，不仅损害了被征收人的异议权、申辩权、救济权，更为严重的是，在此基础上拟定的征收补偿协议错误地将被征收土地的集体性质认定为国有土地性质，并且其评估行为也违反了法律规定的程序。原告在一审中提供的证据（2）、（3）、（5）、（6）均证明了被告在征地补偿的过程中错误地认定土地性质的事实存在。

被告提供的证据（5）《拆迁补偿安置协议》23份中关于房屋的评估价值也明显存在偏低的现象。按照签订合同当时房屋的市场价，该片区的同等的房屋价格大约为每平方米20000元，但是评估的价格每平方米只有7000元左右，造成补偿标准严重低于房屋的实际价值，认定的合法建筑面积远低于实际的建筑面积。征收补偿过程中，也未告知被征收人可以选择置换或者货币补偿，以上行为均严重地损害了被征收人的合法权益，原告得到的补偿无法保证被征收人的原先的生活水平，造成了被征收人不得不租赁房屋居住的后果。

行政程序的违法必然会导致行政行为的违法，在具体的行政行为中，尤其是事关行政相对人重大利益的事项上，如果不听取相对人的意见，极有可能会造成相对人的重大利益损失。

原审法院认为“被告已与同意征收的被征收人达成了征收补偿协议，并未减损相关被征收人的实体补偿权益”，显然是没有经过调查而轻易得出的结论。

3．被诉具体行政行为违法，应当予以撤销。

原审法院认为："被诉具体行政行为涉及国家重点工程铁路客运专线项目建设，撤销被诉批准行为将会给公共利益造成重大损失，故不宜撤销。"

根据行政诉讼法第70条的规定，行政行为有下列情形之一的，人民法院判决撤销或者部分撤销，并可以判决被告重新作出行政行为：（1）主要证据不足的；（2）适用法律、法规错误的；（3）违反法定程序的；（4）超越职权的；（5）滥用职权的；（6）明显不当的。根据以上规定，被诉行政行为明显属于违反法定程序，应当撤销或部分撤销的情形。二审法院亦认为，被诉批准行为虽然违法，但鉴于涉及国家重点工程铁路客运专线项目建设的公共利益，且多数被征收人与征收部门已经签订征收补偿协议，故不宜撤销被诉行政批准行为。且原告的诉讼请求也是要求确认违法，而非撤销该行政批准行为，因此，二审法院判决该行政批准行为违法是正当的。

（二）原审原告具有原告资格

在二审中，J市人民政府一直强调原告27人中有13人具备原告资格，14人不具备原告资格，虽然法庭一再提醒J市人民政府只要有一人符合原告的条件，法院就可启动审查程序，此要求无意义，且被上诉人在庭审中J市人民政府也承认只要有人符合原告条件，法院就可启动审查程序，但是被上诉人坚持将这一事实作为争议焦点。

实际上，J市人民政府是明知自己的行政批准行为存在明显的违法，无法提供证据证明其合法性，在面临败诉的情况下，为下一步的补偿诉讼做准备，被上诉人的这种行为其实暴露了自身的违法。因此，原审原告资格的问题虽然不能作为争议焦点，但从侧面反映出被告的行政批准行为违法是不争的事实。

而且，被上诉人J市人民政府虽然在二审中主张一审原告中有14户因为土地性质为国有而不具备诉讼主体资格，但没有提供任何证据证明，被上诉人认为，因为该14户农民经过一次异地迁建，只要经过拆迁，其土地性质自然地转变为国有。事实上，该认识存在巨大的错误，国有土地的使用权分为划拨和出让两种性质。《建设用地审查报批管理办法》第21条规定，以有偿使用方式提供国有土地使用权的，由市、县人民政府土地行政主管部门与土地使用者签订土地有偿使用合同，并向建设单位颁发《建设用地批准书》。土地使用者缴纳土地有偿使用费后，依照规定办理土地登记。以划拨方式提供国有土地使用权的，由市、县人民政府土地行政主管部门向建设单位颁发《国有土地划拨决定书》和《建设用地批准书》，依照规定办理土地登记。如果建设单位要取得“国有土地使用证”，须按照上述手续办理。但是，被上诉人J市人民政府在二审中，没有提交《国有土地划拨决定书》和《建设用地批准书》以及“国有土地使用证”中的任何一项，其主张14户一审原告的土地为国有土地，显然是缺乏事实依据的，因此，这一主张对J市人民政府来讲没有任何意义。

（三）一审结论明显错误

行政诉讼法第76条规定，人民法院判决确认违法或者无效的，可以同时判决责令被告采取补救措施；给原告造成损失的，依法判决被告承担赔偿责任。原审法院认为虽然判定被诉具体行政行为程序违法，但是未判决任何补救措施。原审法院在未对被诉具体行为造成的后果进行实质审查的情况下，只凭征收部门已与被征收人签订了《征收补偿协议》这一事实就主观地认为“被诉行政行为并未减损相关被征收人的实体补偿权益”。从而得出结论：“确认被告J市人民政府于2012年5月22日作出的《关于批准新建高铁项目工程建设用地征地补偿安置方案的意见》程序违法。”以上结论明显存在避重就轻，被诉行政行为并非仅仅程序违法，而是行政行为违法。因此，二审法院撤销了一审判决。改判确认J市人民政府于2012年5月22日作出的《关于批准新建高铁项目工程建设用地征地补偿安置方案的意见》违法。

五、律师说法

在房屋拆迁的过程中，房屋所在的土地性质是拆迁部门应当首先需要厘清的问题，尤其是涉及集体土地的征收，实际上涉及房屋的征收及集体土地征收为国有两个部分。只有将集体土地征收为国有后，才能按照《国有土地上房屋征收与补偿条例》进行国有土地上房屋的征收。

在实践中，因为集体土地征收为国有需要非常严格的法律程序，征收部门因为建设项目的紧迫性或者为了程序上的简便，经常是两个部分同时进行的，但即便是同时进行，也不能将这两个部分合二为一、混为一谈。

根据土地管理法、土地管理法实施条例、《国务院关于深化改革严格土地管理的决定》《国土资源部关于完善征地补偿安置制度的指导意见》等法律规范的规定，征收集体土地应当分“十步走”：（1）发布征地预公告；（2）征询村民意见；（3）实地调查与登记；（4）上报一书四方案（即建设项目用地呈报说明书、农用地转用方案、补充耕地方案、征用土地方案、供地方案）；（5）张贴征地公告；（6）张贴占地补偿安置方案公告；（7）报批征地补偿安置方案；（8）批准征地补偿安置方案；（9）土地补偿登记；（10）实施征地补偿与土地交付。而且，征地补偿安置必须确保被征收人原有生活水平不降低、长远生计有保障。

在本案中，J市人民政府在审批的过程中错误地将被征收人集体土地性质认定为国有土地性质，那么以上的程序就没有履行。征收部门直接与被征收人签订《国有土地上房屋征收补偿协议》，而且全是货币补偿协议，没有给予被征收人选择货币补偿或产权置换的权利，这给征收部门带来了征收程序上的极大简化。虽然保证了建设项目的如期进行，但是严重地损害了被征收人的合法权益；不仅剥夺了被征收人的选择权、参与权、异议权、申辩权、救济权，而且通过这种方式无偿地占用了被征收人房前屋后的土地。这些不是征收程序上的瑕疵，而是重大的违法行为。

一旦通过行政诉讼将征收补偿安置方案审批行为撤销，那么征地补偿安置方案就没有经过审批，该征收行为就自始无效。征收行为失去了其法律基础，被征收人可以要求撤销补偿协议，并要求与征收部门重新签订补偿协议。

更重要的是，涉案范围内的土地没有经过征收程序，土地的性质仍然是集体土地的性质。也就是说，在涉案的征收范围内，该高铁项目的建设是在集体土地上进行的，这严重地违反了土地管理法、土地管理法实施条例等法律的规定，征收部门必须重新办理合法的征地与补偿手续，才能够使整个高铁建设项目合法化。在重新办理合法征地与补偿手续的过程中，被征收人的土地使用权才能得到进一步的补偿，其合法权益就能得以维护。

案例3

李小明与镇人民政府行政强制案

● 杨在明

一、案情简介

2006年，李小明（化名）与村民委员会签订场地租赁合同，租得“月山北”场地10亩并在该地块建造房屋。

2014年6月4日，镇人民政府向李小明作出《限期拆除通知书》，内容为:“李小明在村‘月山北’地段的建设行为违反《中华人民共和国土地管理法》《中华人民共和国城乡规划法》《浙江省城乡规划条例》等法律、法规规定，你户所建建筑属于违法建筑，特通知你户于2014年6月9日断电，并于2014年6月11日自行拆除，拒不自行拆除的，将自2014年6月14日起强制执行。”

随后，镇人民政府于2014年6月14日将李小明的房屋进行了拆除。李小明对镇人民政府的拆除行为不服，委托了北京在明律师事务所的律师进行维权。在明律师事务所接受委托后，律师代李小明向法院提起了诉讼，请求法院撤销《限期拆除通知书》，一审法院驳回了李小明的诉讼请求；律师代李小明提起上诉后，二审法院经审理，撤销了一审判决，因房屋已经被拆除无法判决撤销《限期拆除通知书》，改判确认2014年6月4日被上诉人镇人民政府向上诉人李小明作出《限期拆除通知书》违法，其合法权益得以维护。

二、争议焦点

二审中，李小明诉称，被告的行为超越职权，依法不具有法律效力。根据《浙江省城市管理相对集中行政处罚权条例》第3条、第6条规定，对违反规划管理规定的部分行政处罚权由城市管理行政执法部门行使，因此被告不具备违法建筑的行政处罚权。被告在作出《限期拆除通知书》过程中，未依法听取原告的申辩和陈述、未制作笔录，未告知原告复议或者诉讼等救济途径，违反《中华人民共和国行政强制法》第18条规定，严重违反了法定程序，侵犯了原告的合法权益。原告被限期拆除房屋所在区域为建设用地，可以通过采取补正手续等方式消除对规划实施的影响，不属于限期拆除的情形。综上，被告镇人民政府于2014年6月4日作出《限期拆除通知书》明显违法，请求法院予以撤销。

被告镇人民政府辩称如下。

1．被告具有对乡村违法建筑的处置权，作出的限期拆除通知依法具有法律效力。国务院法制办公室《关于“责令限期拆除”是否是行政处罚行为的答复》（国法秘函〔2000〕13号）明确城乡规划法第40条规定的“责令限期拆除”，不应当理解为行政处罚行为。因此，被告作出“限期拆除”的行为不是行政处罚行为。实施限期拆除的执法主体资格不能与实施行政处罚的执法主体资格画等号。没有乡村违法建设行为的行政处罚权，并不一定就没有对乡村违法建筑的处置权。就“城市管理相对集中行政处罚权”总体范围来说，市城市管理行政执法局作为市本级设立的行使城市管理相对集中行政处罚权的专门机关，只是相对集中了部分城市管理行政处罚权，未被集中的城市管理行政处罚权仍然由原法定执法主体行使。《浙江省城市管理相对集中行政处罚权条例》第6条第（2）项规定，市城市管理行政执法局职能之一，是依照城乡规划管理方面法律、法规、规章的规定，对违反规划管理规定的部分行为实施行政处罚，市城市管理行政执法局只能对违反规划管理规定的部分行为实施行政处罚，而不是对违反规划管理规定的全部行为实施行政处罚，被告仍依法具有对乡村违法建设行为的行政处罚权和对乡村违法建筑的处置权。

2．被告经过调查，确认原告所建厂房属于违法建筑，对原告下达《限期拆除通知书》并无不当，不存在严重违反法律程序，侵犯原告合法权益的情况。2014年5月7日，被告接到区“三改一拆”行动领导小组办公室的任务交办单，要求对“月山北”地块的违法厂房进行调查、处理。被告立即组织人员进行调查，于2014年5月20日向市规划局区分局发函查询，2014年5月22日，市规划局区分局答复函证实“月山北”地块大约50余亩的厂房（包括原告所建的厂房在内）未核发过乡村建设规划许可证或建设工程规划许可证。2014年5月23日被告回复区“三改一拆”办，确认原告在未取得规划许可的情况下，擅自建造厂房并用于经营性用途，违反了《中华人民共和国土地管理法》《中华人民共和国城乡规划法》《浙江省城乡规划条例》的规定，属于违法建筑。在区“三改一拆”办的协调和部署下，原告的违法建筑列入区6月集中拆违对象。被告于2014年6月4日向原告下达了《限期拆除通知书》，要求原告于2014年6月11日自行拆除。在上述过程中，被告经过调查，确认原告所建厂房属于违法建筑，对原告下达《限期拆除通知书》并无不当。被告下达《限期拆除通知书》并没有限制原告申请行政复议、提起行政诉讼，原告在法定期限内，仍然依法享有申请行政复议和提起行政诉讼的权利。因原告未在期限内拆除，2014年6月13日，被告下达了《违法建筑强制执行通知书》，于2014年6月14日张贴强制拆除违法建筑公告，后依法强制拆除。

3．原告所建厂房未取得规划许可，且不符合建设行为实施时的村庄规划，依法应予拆除。原告建设厂房占用的地块用途为养殖用地，属于农用地，原告违建用地不在城市、镇规划区内，不属于城镇违法建筑，而属于乡村违法建筑，所以，《中华人民共和国城乡规划法》第64条的规定对原告并不适用。根据《中华人民共和国城乡规划法》第41条的规定，在乡、村庄规划区内进行建设的，核发乡村建设规划许可证。进行建设不得占用农用地；确需占用农用地的，应当办理农用地转用审批手续后，核发乡村建设规划许可证。《中华人民共和国城乡规划法》第65条规定：“在乡、村庄规划区内未依法取得乡村建设规划许可证或者未按照乡村建设规划许可证的规定进行建设的，由乡、镇人民政府责令停止建设、限期改正；逾期不改正的，可以拆除。”原告所建厂房用地，未办理农用地转用审批手续，未依法取得规划许可证，不符合建设行为实施时村庄规划，无法补办审批手续，依法应予拆除。综上所述，被告作出的《限期拆除通知书》的行为合法有效。请求驳回原告的诉讼请求。

三、法院裁决

一审法院经审理查明，2006年，李小明与村民委员会签订场地租赁合同，租得上月山场地10亩，后来，李小明在该地块建造房屋。2014年5月7日，镇人民政府在接到区“三改一拆”办的交办单后，对位于“月山北”

的厂房进行了调查。镇人民政府于2014年5月20日向市规划局区分局发出《关于“月山北”地块厂房是否经过规划审批的查询函》，查询“月山北”地块大约占地50余亩（余某约20亩、刘某约10亩、严某约10亩、某公司约10亩、徐某约2亩）的厂房是否经过规划审批。市规划局区分局于2014年5月22日向镇人民政府发出《关于镇“月山北”地块厂房是否经过规划审批的答复函》，经调查，“月山北”地块大约50余亩的厂房均未核发过乡村建设规划许可证或建设工程规划许可证。2014年6月4日，镇人民政府向李小明作出《限期拆除通知书》，认定李小明在“月山北”地段的建设行为违反《中华人民共和国土地管理法》《中华人民共和国城乡规划法》《浙江省城乡规划条例》等法律、法规规定，并通知该户于2014年6月9日断电，并于2014年6月11日自行拆除，拒不自行拆除的，将自2014年6月14日起强制执行。李小明、余某向区政务公开领导小组办公室申请公开“月山北”地段控制性规划及村庄规划，2014年9月21日，区政务公开领导小组办公室将该申请转交市规划局区分局，2014年10月20日，市规划局区分局发出《依申请公开政府信息告知书》，经查，“月山北”地段没有编制村庄规划和控制性详细规划。

一审法院认为，《浙江省违法建筑处置规定》第6条规定，省住房和城乡建设主管部门负责指导、监督全省违法建筑处置工作；设区的市、县（市）城乡规划主管部门具体负责本行政区域内城镇违法建筑处置工作，并负责指导、监督本行政区域内乡村违法建筑处置工作；乡（镇）人民政府具体负责本行政区域内乡村违法建筑处置工作。本案被告镇人民政府享有查处本行政辖区内乡村违法建筑的法定职权。《浙江省违法建筑处置规定》第3条规定，违法建筑是指未依法取得规划许可或者未按照规划许可内容建设的建筑物和构筑物，以及超过规划许可期限未拆除的临时建筑物和构筑物，包括城市、镇规划区内的违法建筑和乡、村庄规划区内的违法建筑。本案原告李小明在未经规划审批的情况下，擅自建造厂房，被告据此认定为违法建筑符合法律规定。《中华人民共和国城乡规划法》第65条规定，在乡、村庄规划区内未依法取得乡村建设规划许可证或者未按照乡村建设规划许可证的规定进行建设的，由乡、镇人民政府责令停止建设、限期改正。被告镇人民政府在下达该通知书时未告知原告相关权利义务属程序瑕疵，在以后的执法过程中应予纠正。综上所述，被告镇人民政府作出的《限期拆除通知书》并无不当，实体也未侵害原告的合法权益，且本案涉案违法建筑已经拆除。本案经审判委员会讨论决定，依照《最高人民法院关于执行〈中华人民共和国行政诉讼法〉若干问题的解释》第56条第4款之规定，判决如下：驳回原告李小明的诉讼请求。

一审判决后，李小明不服该判决，提起了上诉。李小明上诉称：

（1）原审判决认定事实不清，证据不足。被上诉人在作出前述“限期拆除通知”的过程中，未依法听取上诉人的陈述和申辩、未依法制作现场笔录、未告知上诉人复议或者诉讼等救济途径，行政手段简单粗暴且严重有违法定程序，侵犯了上诉人的合法权益。然而，原审法院却认定该行政行为“并无不当”，明显认定事实不清，证据不足。

（2）原审判决适用法律错误。

① 被上诉人无违章建筑的行政处罚权。根据《浙江省城市管理相对集中行政处罚权条例》第3条、第6条的规定，依照城乡规划管理方面法律、法规、规章的规定，对违反规划管理规定的部分行为实施行政处罚权由城市管理行政执法部门行使。因此，市城市管理行政执法局为区范围内的违章建设行为的行政处罚主管部门，被上诉人镇人民政府不具有对违章建设的行政处罚权。然而，原审法院片面适用《浙江省违法建筑处置规定》第6条的规定，这属于明显的适用法律错误。

② 上诉人被限期拆除房屋的区域为建设用地，可以采取改造措施、补正手续等方式消除对规划实施的影响，不属于限期拆除的情形。根据《中华人民共和国城乡规划法》第64条规定，上诉人房屋建设符合城乡规划，不属于限期拆除的情形。原审法院适用《中华人民共和国城乡规划法》第65条的规定，认定限期拆除行为合法，明显适用法律错误。综上所述，原审判决认定事实不清、证据不足且适用法律错误。上诉人根据《中华人民共和国行政诉讼法》第85条的规定，提出上诉，请求公正审理。

被上诉人镇人民政府答辩称：首先，原审判决认定事实清楚，证据充分。被上诉人经过调查，证实“月山北”地块大约50余亩的厂房（包括上诉人所建的厂房在内）未核发过乡村建设规划许可证或建设工程规划许可证。上诉人在未取得规划许可情况下，擅自建造厂房，可以确认其所建厂房属于违法建筑。被上诉人向上诉人下达了《限期拆除通知书》，要求上诉人限期自行拆除，并无不当。被上诉人下达《限期拆除通知书》后，并没有限制上诉人申请行政复议、提起行政诉讼，上诉人在法定期限内，仍然依法享有申请行政复议和提起行政诉讼的权利。上诉人的救济途径畅通。其次，原审判决适用法律正确。第一，被上诉人具有处置乡村违法建筑的法定职权，作出的限期拆除通知的行为是依法行政行为，合法有效。国务院法制办公室《关于“责令限期拆除”是否是行政处罚行为的答复》（国法秘函〔2000〕第13号）明确城乡规划法第40条规定的“责令限期拆除”，不应当理解为行政处罚行为。因此，被上诉人作出“限期拆除”的决定不是行政处罚行为。实施限期拆除的执法主体，与实施行政处罚的执法主体不能等同。即使被上诉人没有乡村违法建设行为的行政处罚权，也并不一定就没有对乡村违法建筑的限期拆除的职权。上诉人试图从无行政处罚权推论出无处置乡村违法建筑的法定职权的结论，是不能成立的。从上诉人引用的《浙江省城市管理相对集中行政处罚权条例》第3条、第6条的规定，也不能得出：“被上诉人无违章建筑的行政处罚权”的结论。就“城市管理相对集中行政处罚权”总体范围来说，市城市管理行政执法局只是相对集中了部分城市管理行政处罚权。因此，未被相对集中的城市管理行政处罚权仍然由原法定执法主体行使。就“规划管理方面行政处罚权”单项范围来说，市城市管理行政执法局是依照城乡规划管理方面法律、法规、规章的规定，对违反规划管理规定的部分行为实施行政处罚。因此，该“部分行为”以外的违反规划管理规定的行为，仍然由原法定执法主体行使。因此，被上诉人依法具有对乡村违法建设行为的行政处罚权和处置乡村违法建筑的法定职权。第二，上诉人所建厂房未取得规划许可，且不符合建设行为实施时的村庄规划，依法应予拆除。上诉人建设厂房占用的土地并非建设用地，该地块用途为养殖用地，即属于农用地，并且该违建用地不在城市、镇规划区内，它不属于城镇违法建筑，所以，《中华人民共和国城乡规划法》第64条规定对上诉人并不适用。依据《中华人民共和国城乡规划法》第41条、第65条的规定，上诉人所建厂房用地，未办理农用地转用审批手续，未依法取得规划许可证，不符合建设行为实施时村庄规划，无法补办审批手续，依法应予拆除。原审法院适用《中华人民共和国城乡规划法》第65条规定，认定限期拆除行为合法，并不存在错误。综上所述，被上诉人作出的《限期拆除通知书》的行为是依法行政行为，依法具有法律效力。原审判决认定事实清楚，证据充分，适用法律正确，请求二审法院驳回上诉人的诉讼请求。

二审法院经审理，对原审法院查明的事实予以确认。另查明，本案中，上诉人的建筑已于2014年6月14日被强制拆除。

二审法院认为，《中华人民共和国城乡规划法》第65条明确规定："在乡、村庄规划区内未依法取得乡村建设规划许可证或者未按照乡村建设规划许可证的规定进行建设的，由乡、镇人民政府责令停止建设、限期改正；逾期不改正的，可以拆除"。依据上述规定，只有违法建设的建筑物位于乡、村庄规划区内，乡镇人民政府才能依据城乡规划法律、法规规定处置违法建筑。本案中，被上诉人未能提交证据证明本案所涉的上诉人建筑物所在的"月山北"地块已有乡、村规划，且2014年10月20日市规划局区分局作出《依申请公开政府信息告知书》也明确"'月山北'地段没有编制村庄规划"。因此，被上诉人2014年6月4日作出的《限期拆除通知书》，属于超越职权。但本案涉案建筑现已实际拆除完毕，被诉《限期拆除通知书》不具有可撤销内容，应予确认违法。依照《中华人民共和国行政诉讼法》第74条第2款第（1）项之规定，判决如下：（1）撤销一审行政判决。（2）确认镇人民政府向上诉人李小明作出《限期拆除通知书》违法。

四、案例评析

（一）被告是否有职权作出涉案具体行政行为

根据行政诉讼法第70条的规定，行政行为有下列情形之一的，人民法院判决撤销或者部分撤销，并可以判决被告重新作出行政行为：（1）主要证据不足的；（2）适用法律、法规错误的；（3）违反法定程序的；（4）超越职权的；（5）滥用职权的；（6）明显不当的。因此，法院审查一个行政行为是否合法，行政机关是否有职权执行行政行为是一个关键的要素。本案的一个审理焦点在于被告是否有职权作出被诉具体行政行为——作出《限期拆除决定书》。

根据《中华人民共和国城乡规划法》第64条及第65条规定，未取得建设工程规划许可证或者未按照建设工程规划许可证的规定进行建设的，由县级以上地方人民政府城乡规划主管部门责令停止建设；尚可采取改正措施消除对规划实施的影响的，限期改正，处建设工程造价5%以上10%以下的罚款；无法采取改正措施消除影响的，限期拆除，不能拆除的，没收实物或者违法收入，可以并处建设工程造价10%以下的罚款。在乡、村庄规划区内未依法取得乡村建设规划许可证或者未按照乡村建设规划许可证的规定进行建设的，由乡、镇人民政府责令停止建设、限期改正；逾期不改正的，可以拆除。也就是说，只有在乡、村庄规划区内违反城乡规划法的行为，才能有乡镇人民政府进行处理。反之，如果违法建筑在城区规划区域内，则由县级以上地方人民政府城乡规划主管部门进行处理。

在本案中，原告认为被告无权作出这一行为，并提供了区规划分局作出的答复一份，证明本案被告所称违反乡村规划不存在。明确说明被告不具有作出《限期拆除决定书》的法定职权。

被告认为，被告作出“限期拆除”的行为不是行政处罚行为。实施限期拆除的执法主体资格不能与实施行政处罚的执法主体资格画等号。没有乡村违法建设行为的行政处罚权，也并不一定就没有对乡村违法建筑的处置权。

在法律面前，显然被告的答辩是苍白无力的。被告无职权作出涉案的具体行政行为是毋庸置疑的事实。

（二）涉案具体行政行为程序是否合法

被告辩称，被告于2014年6月4日向原告下达了《限期拆除通知书》，要求原告于2014年6月11日自行拆除。在上述过程中，被告经过调查，确认原告所建厂房属于违法建筑，对原告下达《限期拆除通知书》并无不当。被告下达《限期拆除通知书》并没有限制原告申请行政复议、提起行政诉讼，原告在法定期限内，仍然依法享有申请行政复议和提起行政诉讼的权利。因原告未在期限内拆除，2014年6月13日，被告下达了《违法建筑强制执行通知书》，于2014年6月14日张贴强制拆除违法建筑公告，后依法强制拆除。并提交了以下证据。

(1) 区“三改一拆”行动领导小组办公室任务交办单一份，证明镇“月山北”地块违法建筑（原告厂房在内）被人举报，由“三改一拆”办交镇人民政府办理。

(2) 镇人民政府关于镇“月山北”地块厂房是否经过规划审批的查询函、市规划局区分局关于镇“月山北”地块厂房是否经过规划审批的答复函各一份，证明原告所建厂房未经审批为违法建筑。

（3）镇人民政府关于区“三改一拆”办信访交办件的答复一份，证明原告在“月山北”所建厂房为违法建筑，镇人民政府将按“三改一拆”办部署对其进行处置。

（4）处置审批表一份，证明被告对原告涉嫌违法建筑已办立案。

（5）李小明违建厂房照片三张、“月山北”地块违建厂房总平面图、李小明违建厂房平面图各一份，证明原告所建厂房违法情况。

（6）市国土资源局对村书记和村长讯问笔录各一份，证明被告对原告的违法建筑进行了调查。

（7）区“三改一拆”行动领导小组办公室6月份集中拆违计划表一份，证明“三改一拆”办计划对“月山北”违建厂房于6月份进行拆除。

（8）《限期拆除通知书》一份，证明被告要求原告对其违法建筑限期拆除。

（9）违法建筑处置强制执行决定告知笔录一份，证明被告履行了告知义务。

（10）镇人民政府违法建筑处置强制执行的通知一份，证明被告对原告违法建筑作出的强制处置。

（11）强制拆除违法建筑公告、公告照片各一份，证明被告对原告的违法建筑作出处置和公告。

（12）“月山北”地块违建厂房拆除情况的报道一份，证明被告对原告违法建筑进行拆除的相关情况。

以下是各证据的具体分析：证据（1），该交办单并非行政处罚法及城乡规划法等相关涉及违法建设领域的法律文书，被告用上级行政机关的交办单作为其享有行政执法权的依据，违反了行政处罚由法律规定的事由，这是由上级机关指示下级机关办理的工作，无法证明被告享有法定职权。证据（2）、（3），复函内容及效力与被告在当庭陈述存在矛盾，被告答辩中认为被告本身具有行政处罚权，而该证据却是向规划部门征求意见，否定了自己在乡、村庄规划区内享有权利。被告对原告建筑是否属于违法建筑只征求了规划部门意见，该房屋是否经过其他部门审批，被告没有经过查证。该查询函内容是“月山北”地块，表述模糊，没有精确四至和指向面积，无法推定这50余亩厂房为原告方所建厂房，该证据不能证明原告房屋为违法建筑。证据（3）没有指向原告李小明，也同样存在具体面积和坐落不清。从内容看，5月23日被告方没有经过调查，就作出了未经规划许可并且用于经营用途的结论。关于证据（4），本案原告起诉的是6月4日作出的《限期拆除通知书》，本审批表是6月13日作出的，即使该证据是为限期拆除中的程序证据，这也反映出被告存在事后补充证据的嫌疑，该证据与本案无关联。证据（5），现场照片没有拍摄人及日期、地点、对象等关键信息，此照片为行政处罚中的调查程序，但相关拍摄人员是否具有行政执法资格无法查证，被告以此作为行政处罚依据明显错误，现场取证应当邀请被处罚人参与，并在现场拍摄中制作笔录由原告方签字确认，但关键证据信息被告均没有，该照片足以证明被告违反法定程序。平面图虽然在证据上表述为总平面图，但文件名称为现场勘测图，没有通知原告参与并制作笔录，该图是企业法人单方制作的，并非法定的执法部门制作，不具有证明效力，违建厂房平面图也存在同样问题。证据（6），笔录为2014年6月6日制作，而“限期拆除通知”时间是6月4日，制作单位为市国土资源局，证明被告没有行政执法资格，从整体证据看，被告对村书记和村长进行讯问，没有对原告进行讯问。证据（7），拆违计划表从内容看是对违法建筑强制拆除的计划，与本案没有关联性，也无法证明被告作出的处罚是有依据的。证据（8），送达的证明人没有相关身份信息，无法知晓是否具有执法资格。证据（9），制作日期为6月12日，与本案没有关联。证据（10）和证据（11）的制作日期分别为6月13日和6月14日，且涉及强制执行内容，与本案无关联。证据（12），同样存在行政处罚决定与实施混淆，报道中明确提到厂房是2007年建造，不能适用2008年开始实施的城乡规划法，被告在调查阶段，没有对建筑形成时间作调查和确认。

因此，以上证据根本无法证明涉案具体行政行为依据的是行政处罚法的规定，被告在作出前述“限期拆除通知”的过程中，未依法听取上诉人的陈述和申辩、未依法制作现场笔录、未告知上诉人行政复议或者行政诉讼等救济途径，行政手段简单粗暴且严重有违法定程序，侵犯了上诉人的合法权益。

（三）涉案具体行政行为适用法律是否正确

被告称在执法过程中的依据为《中华人民共和国城乡规划法》第41条及第65条的规定。其中根据该法第41条的规定，在乡、村庄规划区内进行建设的，核发乡村建设规划许可证。进行建设不得占用农用地；确需占用农用地的，应当办理农用地转用审批手续后，核发乡村建设规划许可证。该法第65条规定:“在乡、村庄规划区内未依法取得乡村建设规划许可证或者未按照乡村建设规划许可证的规定进行建设的，由乡、镇人民政府责令停止建设、限期改正；逾期不改正的，可以拆除。”

但是，被告却未提供任何证据证明原告的房屋位于城乡规划区内，可以说，引用该法律规定是没有任何事实依据的。而且涉案房屋的建造年代为2007年，不能适用2008年开始实施的城乡规划法。

综上所述，本案中涉案的具体行政行为无论是从职权方面，还是从法律程序及适用法律方面均存在违法之处。二审法院判决该具体行政行为违法是正确的。

五、律师说法

在实践中，我们经常遇到以拆除违法建筑的形式拆除当事人合法房屋、侵犯当事人合法权益的情形。其中有的是为了在拆迁中减少补偿款的数额，还有的是为了当地政府的政绩需要。但是，不应忽视的是，违法建筑的拆除应当依照法律规定的程序，由有职权的部门进行认定、处理。当地政府在执法的过程中，必须能够证明自身有职权能够作出认定、处理行为，并遵循《中华人民共和国城乡规划法》《中华人民共和国行政处罚法》《中华人民共和国行政强制法》等规定进行处理。

在本案中，李小明通过诉讼的方式确认了镇政府作出的《违法建筑强制执行通知书》违法。那么，根据该通知作出的拆除行为也就失去了其法律依据。确认违法后，为李小明下一步申请国家赔偿或者与政府的调解打下了良好的基础，使当事人的合法权益得以维护。

案例4

房屋保卫战

● 杨在明

一、案情简介

2010年，在房山高教园区教育用地项目建设中，北京市房山区住房和城乡建设委员会为北京市土地整理储备中心房山区分中心核发了房屋拆迁许可证，拆迁期限为2010年4月26日至2011年4月25日。李雪峰（化名）在拆迁范围内有一处面积800多平方米的宅院，然而在经过相关的评估、协商后，拆迁人声称其可获得货币补偿87万余元。

李雪峰前思后想，拆迁补偿的事情一定要得出明晰的结果，不能随随便便地在拆迁人的意旨下达成协议，自己虽然不懂所谓勘测评估的文件，但自家宅院明明800多平方米，但评估公司只认定了530平方米，剩余的面积为何凭空就消失了？李雪峰越想越觉得蹊跷，他决定走法律途径，于是委托了北京在明律师事务所，由此拉开了拆迁维权的帷幕。

（一）一裁，一诉，一撤

在李雪峰委托代理律师维权之际，拆迁人向北京市房山区住房和城乡建设委员会申请了行政裁决，不久，北京市房山区住房和城乡建设委员会作出了《房屋拆迁纠纷裁决书》，责令李雪峰一家限期搬离房屋，否则将申请强制执行。拿到该裁决书的李雪峰一家乱作一团、不知所措，这拿到的无疑是强拆的通知书啊！

处变不惊的代理律师一纸诉状将裁决主体北京市房山区住房和城乡建设委员会诉至人民法院，要求撤销该份《房屋拆迁纠纷裁决书》。庭审当中律师从容不迫、据理力争，指出该裁决无论是实体还是程序方面均有诸多违法之处：首先评估报告的送达、公示以及评估机构的选定就违反了法定程序。虽然拆迁人委托的评估公司对李雪峰宅院进行室外评估和测量，且其测量结果和送达程序均在公证处进行了公证，但都不过是欲盖弥彰。

庭审后律师奋笔疾书，一份洋洋洒洒的代理意见交向法庭，再次表明当事人的态度。等待判决的李雪峰一家仍坐卧难安，终于在盛夏的一天，房山区人民法院作出《行政判决书》，撤销了该《房屋拆迁纠纷裁决书》。司法的正义保住了一家人的老屋。

（二）二裁，终止裁决

对裁决的诉讼虽阻断了强拆，保住了一家人的居所，但拆迁人又开始采取不法的手段骚扰李雪峰一家，逼迫其搬迁。一波未平，一波又起。2014年12月，拆迁人北京市土地整理储备中心房山区分中心又一次向北京市房山区住房和城乡建设委员会提起房屋拆迁纠纷裁决申请。对此，代理律师依然胸有丘壑、神色自若，他向李雪峰表示，可以提起析产诉讼。

原来，李雪峰的房屋是村里批给的宅基地，其与老伴儿张秀香（化名）、大女儿李春婷（化名）、二女儿李夏颖（化名）、三女儿李秋静（化名）、儿子李冬元（化名）共同生活在这里。后李雪峰的两个女儿各自成家，故家里就此订立出了一份《分家协议》。正是这份《分家协议》让代理律师萌生了析产诉讼的念头。

李雪峰在代理律师的指导下向北京市房山区人民法院提起了分家析产之诉。进入诉讼程序后，李雪峰、李春婷、李夏颖、李秋静、李冬元对于《分家协议》的内容均不持异议，很快便达成了一致意见，北京市房山区人民法院则据此出具了《民事调解书》，确认了被诉住房的所有权由李雪峰及其子女各自所有的份额。而因此，拆迁人所提起的房屋拆迁纠纷裁决申请即是错误的，按照相关规定，拆迁人应当对李雪峰一家《分家协议》中的每一户分别单独提起房屋拆迁纠纷裁决申请。北京市房山区住房和城乡建设委员会基于相关研究决定，撤销该裁决立案，裁决程序终止。

（三）三裁，再撤

2015年4月，拆迁人第三次向北京市房山区住房和城乡建设委员会提起房屋拆迁纠纷裁决申请，这一次拆迁人改变了上次的策略，被申请人名单不只是李雪峰一人，而是将李雪峰、李春婷、李夏颖、李秋静、李冬元均列为被申请人。

房山区住房和城乡建设委员会再次作出了《房屋拆迁纠纷裁决书》。

维权之路上荆棘丛生，但代理律师受李雪峰的委托肩扛重任。随即对该裁决书提起行政复议，在行政复议中律师指出房屋裁决主体是错误的，裁决申请方式不合法，而房山区住房和城乡建设委员会根据其作出的裁决书更不合法，而且拆迁估价中对李雪峰一家宅院房屋的测绘、价格评估严重与事实、法律规定不符，不顾事实与法律规定作出的裁决必然也是不合法的，等等。该裁决涉嫌多处违法，在此就不一一列明。

北京市住房和城乡建设委员会虽然以本案情况复杂作出延期审理的决定，却依然维持了该裁决书。本案代理律师重整旗鼓，第三次提起诉讼，一纸诉状将北京市房山区住房和城乡建设委员会、北京市住房和城乡建设委员会起诉到房山区人民法院。

在一个阳光明媚、惠风和畅的日子，北京市房山区人民法院作出判决，撤销北京市房山区住房和城乡建设委员会作出的《房屋拆迁纠纷裁决书》，撤销北京市房山区住房和城乡建设委员会作出的《行政复议决定书》。

拆迁人三次裁决，三次败北，古人云“事不过三”，面对李雪峰家的宅院，拆迁人没有申请强制执行。本案代理律师经过三次裁决的撤销，为当事人保卫了家园，也为当事人与拆迁人的协商打下了良好的基础。

二、争议焦点

在第三次行政诉讼中，原告李雪峰、李春婷诉称如下。

1．涉案裁决书裁决主体错误，本案被裁决的房屋为家庭成员分别所有，2010年1月22日，经全家共同协商一致，将位于北京市房山区的房产进行了分割，达成房产分割协议。并经北京市房山区人民法院《民事调解书》确认，另外，村委会也出具了相关证明，证明原告李春婷、李夏颖分别拥有被裁决房屋所有权的事实，并非共同共有关系。北京市房山区住建委应分别对李雪峰、李春婷、李夏颖、李秋静、李冬元作出行政裁决，而不应合并到一起，导致裁决主体错误。

2．作为裁决主要事实依据的评估报告存在多处违法之处，不应作为裁决的依据。（1）本案的评估公司是拆迁人单方委托的，违反了《城市房屋拆迁估价指导意见》第6条的规定；（2）原告的房屋经房屋土地测绘报告书认定有800多平方米，但是评估公司对原告的宅院进行室外评估后认定只有530平方米，与事实存在极大出入。原告提出后，北京市房山区住建委未进行审查、确认，就依据此评估报告作出裁决，明显违法；(3）评估报告中的基准地价和基准房价，违反了《城市房屋拆迁估价指导意见》第13条规定的评估价格应该按照类似房地产的市场交易价格和市、县人民政府或者其授权部门定期公布的房地产市场价格，结合被拆迁房屋的房地产状况确定；(4）本案的初步评估结果没有进行过公示和说明，违反了《城市房屋拆迁估价指导意见》第18条的规定；(5）在北京市房山区住建委组织的裁决前的调解会上，原告对该评估报告提出异议后，北京市房山区住建委仍然没有核实安置补偿标准，直接作出了行政裁决，违反了《城市房屋拆迁行政裁决工作规程》第10条第4项之规定。故原告李雪峰不服该裁决书，向北京市住建委提起了行政复议，北京市住建委作出行政复议决定书，决定维持了该裁决书。原告不服，故诉至法院，要求撤销北京市房山区住建委作出的第3号裁决书及北京市住建委作出的《行政复议决定书》。

北京市房山区住建委辩称如下。

因高教园区教育用地项目建设需要，房山土储分中心向该委提交了规划、用地等批准文件，拆迁补偿方案、资金证明等相关材料。该委对以上文件进行了审核，符合《北京市集体土地房屋拆迁管理办法》，核发了房屋拆迁许可证，且在拆迁范围内张贴了拆迁公告。

房山区高教园区教育用地项目是农村集体土地房屋拆迁，依据《北京市集体土地房屋拆迁管理办法》及其实施意见等规定，参照《北京市城市房屋拆迁裁决程序规定》执行。

在搬迁期限届满后，李雪峰、李春婷、李夏颖、李秋静、李冬元与拆迁人仍未就房屋拆迁补偿达成协议，依据《北京市集体土地房屋拆迁管理办法》第12条规定，拆迁人提出房屋拆迁裁决申请，房山区住建委依法立案，组织双方进行调查、讯问和调解，依法作出第3号裁决书，依法送达，符合相关规定。综上，房山区住建委作出的裁决书认定事实清楚，适用法律正确，程序合法，原告的诉讼请求没有事实和法律依据，请依法驳回原告的诉讼请求。

被告北京市住建委辩称：2015年7月7日，北京市住建委收到原告李雪峰的《行政复议申请书》及相关申请材料，复议请求为撤销第3号裁决书。2015年7月8日，北京市住建委作出《行政复议答复通知书》，已受理李雪峰的行政复议申请，同时通知房山区住建委在收到《行政复议申请书》副本之日起10日内提交书面答复，并提交作出具体行政行为的证据依据和其他有关材料。房山区住建委于2015年7月15日收到通知书。2015年7月21日，房山区住建委向北京市住建委提交《行政复议答复书》及作出被诉具体行政行为的证据、法律依据、授权委托书等。2015年7月28日，李雪峰的代理律师进行了阅卷，由于不能在规定的期限内作出行政复议决定，2015年9月6日，北京市住建委作出《延期审理通知书》，通知李雪峰和房山区住建委行政复议决定延期30日作出，2015年9月30日，北京市住建委依法作出《行政复议决定书》，维持了第3号裁决书，并向李雪峰和房山区住建委进行了送达。因此，北京市住建委认为涉案复议决定书证据确凿、适用法律正确，符合法定程序，请求法院依法驳回原告的诉讼请求。

第三人房山土储分中心与被告北京市房山区住建委的答辩意见一致，未向法院提交证据。

三、法院裁决

法院认为，依据《北京市集体土地房屋拆迁管理办法》第12条第1款，《北京市城市房屋拆迁裁决程序规定》第2条，参照《北京市集体土地房屋拆迁管理办法实施意见》中第5条关于拆迁裁决程序之规定，被告北京市房山区住建委作为区、县房屋行政管理部门，依法负有对拆迁当事人之间产生的拆迁补偿安置争议进行裁决的法定职责。

关于评估报告合法性一节，法院认为，涉案评估报告中明确告知拆迁当事人对评估报告有疑问的，可以向评估机构咨询。拆迁当事人对评估结果有异议的，自收到评估报告之日起5日内，可以向原评估机构申请复核，也可以另行委托评估机构评估。本案中，因李雪峰家中无人，未能进入房屋内进行评估，评估公司受委托对原告李雪峰的宅院进行了室外评估，并制作了拆迁评估报告，并向李雪峰送达。公证处对室外评估的全过程及评估报告送达情况予以公证。在收到该报告后，原告李雪峰未在报告中载明的日期内向原评估机构书面申请复核评估，也没有另行委托评估机构评估。涉案的拆迁评估报告的评估结果与李雪峰宅院实际情况可能存在出入，但北京市房山区住建委在裁决时对该事实进行了审查，并在裁决结果中认定："评估结果属于预估性质，待有关部门强制执行过程中或被申请人同意入户评估的情况下，可再进行测量、登记，并以新的测量、登记为依据出具新的评估报告，作为补偿的依据，与现评估报告核对后多退少补"。据此，北京市房山区住建委在裁决时虽然采纳了拆迁评估报告的评估结果，但同时也保障了原告的合法权益，不违反相关法律规定，且李雪峰、李春婷等未提交证据证明其在规定期限内申请复核或另行委托评估机构进行评估。原告认为评估报告违法的诉讼意见，法院不予支持。

关于裁决主体问题，原告主张被告北京市房山区住建委应对李雪峰、李春婷、李夏颖、李秋静、李冬元分别作出行政裁决。法院认为，涉案宅基地的使用权人为李雪峰，李春婷、李夏颖、李秋静、李冬元并未提供证据证明其依法取得宅基地使用权，故北京市房山区住建委依据法院生效裁判文书所确认的事实，将李雪峰、李春婷、李夏颖、李秋静、李冬元一并作为被申请人作出裁决，并未侵害其合法权益。原告认为应分别裁决的主张，法院不予支持。本案中，北京市房山区住建委认定拆迁范围内在册人口为6人，但依据《常住人口登记表》，李秋静之子牛小犇于2012年9月2日出生入户，被告不予认定牛小犇为在册人口未予以安置，缺乏事实和法律依据，侵犯了其合法权益，法院不予支持。

综上所述，依据《中华人民共和国行政诉讼法》第70条、第79条之规定，判决如下。

撤销被告北京市房山区住房和城乡建设委员会作出的第3号裁决书；

撤销被告北京市住房和城乡建设委员会作出的《行政复议决定书》。

四、案例评析

本案的审理对象是两个行政行为的合法性，第一个是北京市房山区住建委的裁决行为，第二个是北京市住建委的行政复议行为。本案代理律师认为，审理的重点在于第一个行政行为，如果撤销了第一个行政行为，那么第二个行政行为也就失去了其法律及事实依据，因此，第二个行政行为应当随之撤销。

在第一个行政行为中审理的焦点包括行政行为的程序是否正当，内容是否合法。

程序是否正当涉及裁决主体的问题，原告主张被告北京市房山区住建委应对李雪峰、李春婷、李夏颖、李秋静、李冬元分别作出行政裁决。法院认为，因为其5人未提交证据证明其5人均已取得宅基地使用权，故北京市房山区住建委依据法院生效裁判文书所确认的事实，将李雪峰、李春婷、李夏颖、李秋静、李冬元一并作为被申请人作出裁决，并未侵害其合法权益。实际上该表述是存在错误的：因为本案中涉及的是集体土地上房屋的拆迁补偿问题，不涉及对宅基地进行补偿的问题，且李雪峰等5人已经法院调解进行了分家析产，对房屋的归属进行了明确的划分，李雪峰等5人都已经各自立户，所以理应按照5户进行裁决，而北京市房山区住建委还是对李雪峰等5人一并进行了裁决。一审法院认为其并不是在没有任何事实根据的情况下作出的判决，并未侵害李雪峰等5人合法权益。是否侵害其合法权益是要进行分析计算的，法院在未经任何论证的情况下作出该判决是缺乏依据的。

在裁决的内容是否合法的问题上，不可回避的在于评估的问题。《城市房屋拆迁估价指导意见》第6条规定，市、县房地产管理部门应当向社会公示一批资质等级高、综合实力强、社会信誉好的估价机构，供拆迁当事人选择。拆迁估价机构的确定应当公开、透明，采取被拆迁人投票或拆迁当事人抽签等方式。在本案中，评估公司是由拆迁方单方选择的，评估公司的产生是不合法的，其所出具的评估显然更不具有合法性。况且，评估公司是在未入户的情况下进行的评估，作出的评估报告当然是没有任何可信度的，虽然在程序上有公证处的公证，但是程序做得再完美，也只是程序，在其本身行为没有合法性的情况下，讨论程序的合法性是没有任何意义的。

应当注意的是，在裁决中，北京市房山区住建委为了掩饰评估的过程中的重大瑕疵，竟然将此次评估说成是一次预评估，并声称在强制执行的过程中可再一次进行评估。这显然是严重违反法定程序的行为。但是法院再一次地肯定了被告的说法，承认了评估的合法性。

本案代理律师认为，评估是拆迁过程中的重大事项，评估的结果直接影响着被拆迁人的利益。在本案中，被告将被拆迁人房屋的评估时点选在强制执行的过程中，那么如果评估价格不合理，被拆迁人就会面临房屋已经灭失、无法再进行复核的风险，失去最后的救济途径。因此，从这个角度讲，被告北京市房山区住建委在裁决中认可评估报告本身就是对被拆迁人利益的侵害。

在本案中，虽然最后撤销了涉案裁决及涉案《行政复议决定书》，但是最后仍未确定评估报告的违法性，这对被拆迁人来说是一个极大的隐患，拆迁人极有可能在本次判决的基础上再一次作出裁决的申请，其依据仍然是这一份评估报告，那么本案代理律师只能再一次向法院起诉，撤销裁决。

在三裁三撤的情况下，如果拆迁人仍然一意孤行地坚持走裁决的老路的话，也只能是耗费双方的时间和精力。因此，不如在协商的基础上达成一致而解决问题。

五、律师说法

根据《北京市城市房屋拆迁裁决程序规定》第2条的规定，北京市城市房屋拆迁的裁决，由核发房屋拆迁许可证的区、县国土房管局作出（以下简称裁决机关）；被拆迁人是核发房屋拆迁许可证的区、县国土房管局的，由同级人民政府作出。

根据《北京市集体土地房屋拆迁管理办法》第12条的规定，在区、县国土房管局公告的搬迁期限内，拆迁人与被拆迁人没有达成拆迁补偿安置协议的，经一方或者双方当事人申请，由区、县国土房管局裁决。裁决规定的搬迁期限届满被拆迁人拒绝搬迁的，属于征地拆迁宅基地上房屋的，由区、县国土房管局申请人民法院强制执行；属于占地拆迁房屋的，由当事人依法向人民法院提起民事诉讼。

由以上法律规定我们可以看出，裁决作出后，相当于给被拆迁人的房屋下了强拆令，如果被拆迁人在裁决规定的期限内不搬迁的，区、县房管部门可以申请人民法院强制执行。可想而知，当被拆迁人看到裁决书时的心态，是惶恐、不安、忐忑、焦虑、无奈时，律师就成为保护被拆迁人房屋的最后一道屏障。在本案中，代理律师通过诉讼的方式撤销了涉案的第3号裁决书，那么区、县级房屋管理部门就失去了申请法院强制拆除的法律依据，从而保护了当事人房屋免遭强拆。维权过程是一次又一次持久的房屋保卫战，不仅保卫了当事人的家园，也为当事人赢得了谈判的时间和契机。

这与《国有土地上房屋征收与补偿条例》中的房屋征收补偿决定中

的规定是类似的。《国有土地上房屋征收与补偿条例》第26条规定，房屋征收部门与被征收人在征收补偿方案确定的签约期限内达不成补偿协议，或者被征收房屋所有权人不明确的，由房屋征收部门报请作出房屋征收决定的市、县级人民政府依照本条例的规定，按照征收补偿方案作出补偿决定，并在房屋征收范围内予以公告。被征收人对补偿决定不服的，可以依法申请行政复议，也可以依法提起行政诉讼。《国有土地上房屋征收与补偿条例》第28条规定，被征收人在法定期限内不申请行政复议或者不提起行政诉讼，在补偿决定规定的期限内又不搬迁的，由作出房屋征收决定的市、县级人民政府依法申请人民法院强制执行。

在本案中，房屋保卫战的诉讼方式同样可以运用到国有土地上的房屋征收的过程中，因此，通过合法的方式阻止拆迁方、征收方的强拆，在征收拆迁的案件中具有非常典型的重要意义，也是维权方的主要维权渠道之一。

律师介绍·杨在明

杨在明，汉族，中共党员，山东大学民商法学学士，中国人民大学民商法学硕士。1995年取得国家律师资格，执业证号为11101199510528801。现为北京在明律师事务所主任、在明征地拆迁业务部首席律师，中华杨氏律师联谊会（律师联盟）副会长。

1995年，杨在明律师创办山东洞察律师事务所；2006年，创办“中国房地产专业律师网”；2007年，创建北京盛廷律师事务所，并担任征地拆迁律师团首席律师；2012年，杨在明律师带领其团队的一批骨干律师创立北京在明律师事务所，继续领衔团队首席律师。至2015年年底，杨在明律师与其征地拆迁律师团队已在全国28个省级行政地区代理征地拆迁纠纷3000余件次。2015年4月，在明律师事务所被评为全国唯一一家“雷锋律师事务所”。

杨在明律师严谨敬业，为维护当事人的权益全力奔走，在客户群中口碑极佳，在同行中声誉极高。因此得到了媒体的高度关注和大力支持，多次被中央电视台、北京电视台、《中国新闻社》《检察日报》《法制日报》《方圆律政》《南方周末》《南方都市报》《香港文汇报》《中国新闻周刊》《新京报》《中国商报》《经济观察报》《京华时报》等数十家媒体专题报道，“央视网”“人民网”“新华网”“凤凰网”“新浪网”“中国经济网”“北京青年网”“中国网”等多家网络媒体跟踪报道。

2010年，杨在明律师组织编写的《不动产征收与搬迁法（盛廷建议稿）》得到了专家学者、律界同人及社会各界的一致好评。其中，严格程序、先补偿后征收、明确权利救济机制、增设公众参与权、规划听证制度、根据违法建筑形成的不同原因区分补偿等建议，被国务院出台的《国有土地上房屋征收与补偿条例》所采纳。

2010年12月，杨在明律师被最高人民检察院主管、检察日报社主办的《方圆律政》杂志誉为“中国拆迁律师第一人”；与此同时，其带领的征地拆迁律师团也以其规模大、专业性强、胜诉率高被该杂志评为“中国第一拆迁团队”。

杨在明律师代理的成功案例主要包括：

（1）山东平度“3·21”征地纵火案，致守地村民1死3伤。杨在明律师在第一时间带领律师团深入一线，担任案件中多名被害人的代理人，使疯狂实施暴力血拆的被告人被绳之以法，案件的民事赔偿部分仍在进行中。

（2）哈尔滨征地案，致1人死亡，9人被抓，杨在明律师带领13人的律师团进行辩护，使被告人均免于刑事处罚并获取精神损害赔偿金400万元。

杨在明律师曾主编的出版著作主要包括：

（1）《房屋拆迁以案说法实用指南》。

（2）《拆迁案例胜诉指引》。

（3）《我以我血荐轩辕——中国大律师办案纪实》。

（4）《房屋征收补偿操作策略与案例精析》。

（5）《我是这样代理拆迁案的：民告官的行政诉讼》。

（6）《大国律师公平梦——中国当代著名律师经典案例》。

（7）《二手房买卖操作指南》。

杨在明律师曾荣获的个人荣誉主要包括：

（1）2009年11月，荣获“影响中国·第九届中国时代十大风云人物”荣誉称号。

（2）2010年12月，被《方圆律政》杂志誉为“中国拆迁律师第一人”。

（3）2011年1月，当选“2010律政年度拆迁律师”。

（4）2011年8月，被《中国律师年鉴》评为“2010年度优秀律师”。

联系电话：13693119768

电子邮箱：yangzaiming6688@126.com

联系地址：北京市东城区前炒面胡同33号瀚海科技大厦D座

邮政编码：100010

案例5

袁某的行为是否构成非法采砂

● 杨继华

一、案情介绍

2015年4月21日某市水务局以袁某非法采砂为由向袁某下发《行政处罚决定书》，对袁某作出罚款50万元的行政处罚决定。袁某对该行政处罚决定不服，向省水利厅申请行政复议，省水利厅于2015年8月13日作出复议决定：认为某市水务局作出的行政处罚决定认定事实清楚，证据确凿，适用法律正确，程序合法，内容适当，维持了某市水务局作出的行政处罚决定。

袁某对行政处罚决定及行政复议决定不服，遂以某市水务局（被告一）、省水利厅（被告二）为被告向省水利厅所在地基层人民法院提起行政诉讼，该基层人民法院立案后，依据《中华人民共和国行政诉讼法》第18条第1款规定：行政案件由最初作出行政行为的行政机关所在地人民法院管辖。经复议的案件，也可以由复议机关所在地人民法院管辖。行政诉讼法第26条第2款规定："经复议的案件，复议机关决定维持原行政行为的，作出原行政行为的行政机关和复议机关是共同被告；复议机关改变原行政行为的，复议机关是被告。"《最高人民法院关于适用〈中华人民共和国行政诉讼法〉若干问题的解释》第8条规定："作出原行政行为的行政机关和复议机关为共同被告的，以作出原行政行为的行政机关确定案件的级别管辖。"本案中，袁某不服某市水务局作出的行政处罚决定，已经向省水利厅申请行政复议。2015年8月13日省水利厅作出行政复议决定维持了某市水务局的上述处罚决定。本案不属于经过复议机关改变原行政行为的行政案件。省水利厅仅作为被告之一参加诉讼，根据《中华人民共和国行政诉讼法》第22条"人民法院发现受理案件不属于本院管辖的，应当移送有管辖权的人民法院……”之规定，本案应当移送某水务局所在地的某市某区人民法院管辖。省水利厅所在地基层人民法院遂作出裁定：将本案移送某水务局所在地某市某区人民法院审理。

二、争议焦点

原告诉称：原告的采砂船更换主柴油机、发电机等机械设备后在涉事水域调试的过程中被被告一拦截，被告一登船检查，发现出现轮斗、传输带有河砂滴水，发动机和烟管发热，手感约60℃等现象，被告一根据上述采砂船的使用痕迹推定原告的采砂船有采砂行为。而事实上，原告的采砂船只是在涉事水域进行设备更换后的调试，出现被告一所述的轮斗、传输带有河砂滴水，发动机和烟管发热，手感约60℃属于设备调试过程中的正常现象。如调试泵砂主机，要放吸水管进入水下吸砂试验压力；如发电机测试线路就必须启动全部机械设备，才能测试线路是否正常。这就造成了轮斗、传输带上有河砂的现象。如果当晚进行采砂作业，发动机和烟管的温度绝对会超过130℃，而不是执法人员所描述的60℃。所以原告承包的采砂船当时不可能进行采砂作业。众所周知，大型采砂船进行采砂，需要另一艘运输船接运所采河砂，而被告一在事发当晚执法时，并未在涉事水域发现运输船，如果原告的采砂船进行了非法采砂，所采河砂在哪里？被告一根据其发现的设备情况推测原告曾经有过采砂作业，从而作出行政处罚决定没有事实根据。原告出具了其在被查扣前几日购买柴油机等设备，租用吊装设备的费用收据，证明了原告的采砂船正在进行维修的事实。

被告一答辩称：某市水务局作出的《行政处罚决定书》认定事实清楚，证据确实充分。

1．涉案船舶在没有采砂许可证的情况下，在禁止采砂时段实施采砂行为事实清楚、证据充分。

2014年11月19日晚，原告所经营管理的采砂船在关闭船上灯光的情况下，停靠在涉事水域进行违法采砂，被告一单位执法人员登船检查时发现涉案船舶没有依法悬挂船牌，并关闭了船上的AIS系统，船舶的采砂部件有明显采砂作业的痕迹：河砂传输带及其他作业部件湿漉且有不少河砂、筛砂网上有大颗粒砂石，多个轮斗中有河砂及水、轮斗还在流水，船舶的发动机和烟囱均发热，温度约60℃等。对此，执法人员依法对违法采砂现场情况进行了勘验、并制作勘验笔录及勘验视频。根据以上事实和证据，足以证实涉案船舶在2014年11月19日22时30分实施了采砂行为。随后，某市水务局为进一步查清事实，又分别于2014年11月19日及20日对船上人员冯某，2014年12月15日和2015年1月20日对原告袁某，2014年12月25日对何某等相关人员进行了调查讯问，根据上述人员的讯问笔录再次确认涉案船只在事发当晚实施了采砂作业。据此，认定原告经营的采砂船在当晚确实实施了采砂行为。

2．某市水务局依法作出的《行政处罚决定书》的具体行政行为，程序合法，应予以维持。

某市水务局严格按行政处罚法第30条、第31条、第32条和第36条至第40条之规定，依法对涉案事实进行了立案、调查取证，并在确定涉案船只存在违法采砂事实的情况下向袁某送达了《行政处罚告知书》，明确告知其拟作出行政处罚的事实、理由及依据、并告知其享有陈述、申辩和听证的权利。同时在袁某提出申辩后，某市水务局也依法对其申辩进行了复核，最终在事实清楚、证据充分的情况下，依法对袁某作出了行政处罚决定。因此，某市水务局对袁某违法采砂作出行政处罚，程序合法。

3．某市水务局依法作出行政处罚决定，适用法律正确。

根据《中华人民共和国河道管理条例》第25条规定："在河道管理范围内进行下列活动，必须报经河道主管机关批准；涉及其他部门的，由河道主管机关会同有关部门批准：（一）采砂、取土、淘金、弃置砂石或者淤泥……"以及《广东省河道采砂管理条例》第4条第1款规定："河砂属于国家所有，任何组织和个人不得非法采砂。"第9条第1款规定："河道采砂实行许可证制度。……"第18条第（3）项规定："不得在每天19时至次日7时禁止采砂作业的时段从事采砂作业。"第26条规定："违反本条例规定，无河道采砂许可证采砂的，由县级以上人民政府水行政主管部门责令停止违法行为，暂扣违法采砂作业工具，没收违法所得，处三万元以上三十万元以下罚款；有下列情形之一的：可并处五十万元以上一百万以下罚款：……（五）在禁采期、禁止采砂作业的时段采砂的。"涉案船舶在2014年11月19日22点30分实施的河道采砂行为，已构成"未取得河道采砂许可证采砂"和"在禁止采砂作业时段采砂"的行为，某市水务局根据上述法律规定对袁某作出《行政处罚决定书》于法有据。

被告二答辩称：根据现场录像显示，2015年11月19日晚22时30分许，涉案船只传输带湿漉、筛砂网上存在较大颗粒砂石，多个轮斗中有河砂和水、轮斗流水，上述证据足以证明该船实施了采砂行为。袁某未能出示水行政主管部门颁发的河道采砂许可证，也承认未取得河道采砂许可证，某市水务局在查清事实后，依法履行了处罚告知等法定程序，并根据《广东省河道采砂管理条例》第26条的规定，对袁某处以50万元罚款的处罚，属于法定处罚幅度，内容适当。被告一某市水务局对袁某作出的处罚决定事实清楚，适用法律正确，程序合法。

三、法院裁决

一审法院依据被告提供的视频影像资料等证据，认定袁某的船舶实施了采砂行为，并认为：根据《广东省河道采砂管理条例》第26条规定，只要行为人实施了采砂行为，无论采砂量多少，均不影响采砂行为的构成。一审法院确认原告具有违法采砂的行为。判决驳回原告的诉讼请求。

四、案例评析

首先，从行政诉讼程序上讲：最先立案的省水利厅所在地基层人民法院依法享有对案件的管辖权，该法院将案件移送至作出原具体行政行为的行政机关所在地基层人民法院管辖错误。

1．《中华人民共和国行政诉讼法》第18条第1款规定：“行政案件由最初作出行政行为的行政机关所在地人民法院管辖。经复议的案件，也可以由复议机关所在地人民法院管辖。”依据该条法律规定，经过复议的行政诉讼案件，最初作出行政行为的行政机关所在地人民法院及复议机关所在地人民法院均有管辖权。

根据《最高人民法院关于适用〈中华人民共和国行政诉讼法〉若干问题的解释》第8条规定：“作出原行政行为的行政机关和复议机关为共同被告的，以作出原行政行为的行政机关确定案件的级别管辖。”该条规定解决如何确定级别管辖的问题。本案作出原行政行为的机关为某市水务局，该案件行政诉讼管辖级别应该是其所在地的基层人民法院。

以上两个法律条文有效解决了行政诉讼案件“谁管”的问题，就本案而言，依据上述法律条文，最初作出行政行为的行政机关所在地人民法院及复议机关所在地基层人民法院均有管辖权，原告复议机关省水利厅所在地基层人民法院起诉完全合法有据。

2.《中华人民共和国行政诉讼法》第26条第2款规定："经复议的案件，复议机关决定维持原行政行为的，作出原行政行为的行政机关和复议机关是共同被告；复议机关改变原行政行为的，复议机关是被告。"本条规定解决如何确定行政诉讼案件被告的问题。

以上条文有效解决了行政诉讼案件"管谁"的问题，就本案而言，依据上述法律条文之规定，原告依法以作出原行政行为的某市水务局及作出维持决定的复议机关为共同被告起诉合法有据。

3.根据行政诉讼法第21条的规定，两个以上人民法院都有管辖权的案件，原告可以选择其中一个人民法院提起诉讼。原告向两个以上有管辖权的人民法院提起诉讼的，由最先立案的人民法院管辖。就本案而言，最先立案的复议机关省水利厅所在地基层人民法院对本案依法享有管辖权。

综上所述，本案先立案的复议机关省水利厅所在地基层人民法院故意曲解法律，将案件移送至作出原具体行政行为的行政机关所在地基层人民法院管辖是错误的。

其次，从本案实体上讲：本案一审判决认定事实不清，证据并不确实充分，适用法律错误，判决驳回原告诉讼请求是错误的。

从事实上讲：本案中最主要的争议焦点是原告有没有实施采砂行为。

本案为行政诉讼案件，被告要对原告实施采砂行为负有举证责任，被告一提供的证据不能证明原告的船舶有采砂行为。

从原告提供的视频影像，照片等证据来看：河砂传输带及其他作业部件湿漉且有不少河砂、筛砂网上有大颗粒砂石，多个轮斗中有河砂及水、轮斗还在流水，船舶的发动机和烟囱均发热，温度约60℃等。这些证据如被告一所述，仅仅为一些痕迹，在没有其他证据相佐证的情况下，不能认定原告的船舶有采砂行为。如果有采砂行为，原告所采河砂在哪里?

从被告一提供的与采砂船有关的人员的讯问笔录上看：所有相关人员的讯问笔录都不能证明涉案船只在当晚有采砂行为，这与被告一答辩内容相矛盾。

众所周知，像原告这种大型采砂船，如果要进行采砂作业，必须要有另一艘运砂船配合才能进行采砂作业，被告所举证据并未证明有运砂船的存在，所以，在现场只有一艘船只的情况下采砂船根本不可能进行采砂作业。

最后，从法律上讲：一审法院根据《广东省河道采砂管理条例》第26条规定，认为："只要行为人实施了采砂行为，无论采砂量多少，均不影响采砂行为的构成。"认定事实错误。

根据《广东省河道采砂管理条例》第9条之规定，非法采砂应以营利性为目的。根据该条规定，一般非营利性的采砂行为不需要行政许可。所以，一审法院根据《广东省河道采砂管理条例》第26条之规定认为："只要行为人事实了采砂行为，无论采砂量多少，均不影响采砂行为的构成"的认定是错误的。

程序合法是行政法的标志性原则，没有程序的合法就没有实体的正义，程序合法在行政诉讼中不可忽视。《中华人民共和国行政诉讼法》第18条第1款规定："行政案件由最初作出行政行为的行政机关所在地人民法院管辖。经复议的案件，也可以由复议机关所在地人民法院管辖。"该规定的立法目的是为了让当事人在强大的行政机关面前选择对自己相对有利的法院管辖，以实现地域回避的目的。现实中一些法院将行政诉讼案件当成"烫手的山芋"能推就推，甚至不惜曲解法律。本案中该水利厅所在地基层人民法院将案件移送至最初作出具体行政行为的某市水务局所在地基层人民法院管辖的做法违背了程序合法原则。

在行政诉讼案件中，法院仅对具体行政行为的合法性进行审查是远远不够的。法院不仅要对行政机关作出具体行政行为的合法性进行审查，还需要对其合理性进行审查。合理性原则是现代社会行政法制发展的必然要求，是合法性原则的更高体现。由于行政裁量较少受到法律的约束，行政主体在行使职权的过程中，滥用自由裁量权的现象在不少地区广泛存在。自由裁量权的滥用，客观上造成了对法制的破坏。如果一审法院根据《广东省河道采砂管理条例》第26条之规定作出的"只要行为人实施了采砂行为，无论采砂量多少，均不影响采砂行为的构成"的认定成立的话，很容易造成行政机关滥用权力，给行政相对人造成危害，破坏社会公平正义的法治环境。

五、律师说法

行政诉讼，俗称"民告官"，是对行政机关具体行政行为的一种司法救济手段。为解决行政诉讼领域“立案难、审理难、执行难”等突出问题，2014年11月1日，十二届全国人大常委会第十一次会议审议通过了修改后的行政诉讼法，并决定自2015年5月1日起施行。新修正的行政诉讼法从立案登记制到行政机关负责人出庭应诉、从复议机关作共同被告到设立跨行政区划法院、从行政协议纳入行政诉讼受案范围到附带审查行政规范性文件等等，囊括了强化人权保障、监督依法行政、推进法治建设、保障公平正义的丰富内涵。新修正的行政诉讼法的颁布，是中国法治建设的一座新的里程碑。

法律乃治国之重器，良法为善治之前提。既然行政诉讼法赋予行政相对人对具体行政行为提出质疑的权利，行政相对人就有权依法对自己有异议的具体行政行为诉至法院，以维护自己的合法权益。在本案中，袁某在涉案水域维修船只而被行政机关以违法采砂为由处以50万元罚款，行政机关作出的行政处罚决定显然是缺乏事实依据的，如果袁某的工程船有采砂行为，砂在哪里？从这个案件可以看出，行政机关作出行政处罚的事实依据不充分，导致处罚决定的错误，对此，应当引起审判机关的重视。审判机关应当以公正的行政审判，倒逼行政机关规范执法，以提升行政机关的执法水平。

律师介绍·杨继华

杨继华，汉族，1964年12月26日出生，河南省信阳市人，广东凯邦律师事务所创始合伙人、主任，中华杨氏律师联谊会（律师联盟）常务理事。

1989年7月河南大学法律系本科毕业，获法学学士学位。1989年9月参加工作，从事法律服务工作，1993年参加全国律师资格考试取得律师资格。自1994年开始从事专职律师工作至今。1996年9月就读于郑州大学法学院，1999年7月获刑法学硕士学位。2008年9月就读于中国政法大学民商法学院，2010年7月毕业。

联系电话：13826119399

电子邮箱：kanbon@126.com

联系地址：广东省广州市天河区珠江新城华明路9号华普广场西塔22层

邮政编码：510623

第四章

杨律师以案释法：诉讼谋略

谋略1

民商案件代理谋略

● 杨培国

一、原告起诉应该掌握的“三项基本原则”

一般而言，作为“打响”官司这场“战争”的原告，总是在认为胜券在握、“不打无把握之仗”的情况下才选择到法院起诉。不过，在诉讼现实中原告的起诉常常被法院驳回诉讼请求，让原告“损兵折将”“赔了夫人又折兵”，不仅损失了案件受理费、律师费、案件实际费用等，而且还遭受了一定的精神伤害。

原告之所以失败，一般都是犯了一些基本的错误。譬如，自己不具备原告的资格，却以原告的身份到法院起诉；原告应该去起诉张三，却稀里糊涂地把李四告了；原告应该把案件递交到仲裁委员会仲裁，却向法院起诉了；原告应该起诉被告要求经济赔偿，反而要求被告停止侵权等。

这就说明，任何一个案子，原告首先必须弄清楚三个基本问题：一是谁是被告；二是到哪里去告；三是告什么。

这三个基本问题也是原告起诉应该掌握的“三项基本原则”。为了进一步理解和掌握这“三项基本原则”，请参见以下三个案例。

（一）谁是原告，谁是被告，不能随心而论

2012年10月，李三因为交通肇事罪被判有期徒刑3年，期间，李三的哥哥李二（化名）为了支付处理李三案子的费用，把李三的3间平房作价15万元出售给了王五（化名），并且，李二以李三的名义跟王五签订了一份《房屋买卖合同》之后，王五居住在李三的平房里。2015年4月，李三获得减刑提前出狱，出狱后即要求王五腾出自己的房屋。于是，王五以李三为被告起诉到法院，要求确认《房屋买卖合同》为有效合同，并要求李三履行该合同。

最终，法院经过审理认为，王五持有的《房屋买卖合同》不是李三签订，王五没有证据证实李三具有本案的被告资格，因此驳回了王五的诉讼请求。

按照我国民事诉讼法的有关规定，作为案件的原告，必须是与本案有直接利害关系的公民、法人或者其他组织；而作为原告确定的被告，原告必须有足够的证据，证实确实是被告侵犯了自己的权益，或者与自己存在着利益上的纠纷，否则，可能发生告错了人，或者缺乏证据而被法院驳回起诉或者驳回诉讼请求的事情。因此，作为一个案件的原告，在确定打官司之前，首先要弄清楚的首要问题是“谁”去告、“谁”被告这两个基本问题。

（二）案子不是随便在哪个法院都可以立案

P公司与Q公司都是山东A市的公司。2014年两公司签订《装饰工程合同》，约定P公司为Q公司在B市的连锁酒店进行装饰工程。工程完结后，Q公司一直拖欠P公司工程款350万元，在多次追要未果的情况下，P公司把Q公司起诉到了A市法院。此时，P公司认为Q公司拖欠工程款事实清楚，证据确凿，俨然感觉官司胜券在握。但是，没想到Q公司根据我国民事诉讼法第33条“因不动产纠纷提起的诉讼，由不动产所在地人民法院管辖”的专属管辖的法律规定提出了管辖权异议，并且，A市法院经过审查，认为Q公司的管辖异议符合法律规定，裁定把案件移送Q公司的连锁酒店所在地的B市人民法院审理此案。

最终，尽管P公司在B市并没有输掉官司，但是，最初在A市法院起诉，还是遭遇到了挫折，耗费了一些人力、财力以及精力。因此，在起诉之前，把应该到什么地方的法院起诉，或者到什么地方的仲裁委员会申请仲裁，也是原告一方必须弄清楚的一个基本问题。

（三）案件的诉讼请求不能随心所欲，应该符合法律规定的要求

A师范学校与校园外的四家住户发生了一起遮阴权的邻里纠纷。A师范学校北侧六层学生宿舍楼后面两米处一排平房的四家住户，以学校的这栋宿舍楼给他们造成了遮阴为由，请求法院判决学校拆除宿舍楼的第六层楼层。

一审法院审理后，认为宿舍楼造成遮阴的事实部分存在，但是四位原告属于“排除妨碍”的诉讼请求没有法律依据和事实根据，就改判A师范学校向四位原告补偿一定数额的经济损失。于是，A师范学校以一审判决

变更四位原告的诉讼请求没有法律依据而向上级法院提起上诉，二审法院采纳了A师范学校的上诉意见，把案件发回一审法院重审。案件重审过程中，四位原告还是坚持要求A师范学校“停止侵害，排除妨害”，把第六层楼层拆掉的诉讼请求，经过承办法官行使释明权后，四位原告坚持不改变自己的诉讼请求。最终，四家住户的诉讼请求被法院驳回。

对于此案，四位原告的诉讼请求之所以被法院最终驳回，是因为学校的宿舍楼是经过了有关部门批准之后才建设起来的合法的建筑物，因此，法院的判决是正确的。由此可以说明，作为案子的原告，在确定案子的诉讼请求时，必须符合案件的客观实际。

必须明确一点，对于原告来说，为确保案子的胜诉，除了掌握以上“三项基本原则”之外，为案子准备证据资料，寻找法律依据，以及委托一个优秀的代理律师，都是保证案件胜诉的重要因素。

作为原告，在决定采取诉讼手段之前，应该审视自己案件的最终结局，是否真正对自己有利。

因为，有些人打官司，不过是为了“怄气”，为了找回在被告面前的“面子”。例如，朋友之间，因为存在债权债务关系，但是，一言不慎，债务人触怒了债权人，于是，债权人便为了“惩戒”债务人，一怒而起诉。这样，不仅使得原先的朋友情谊“恩断义绝”，而且，即使最终法院判决自己胜诉，但是，因为已经“化友为敌”，所以，法律执行起来也是困难重重。

因此，作为原告，应该理解《孙子兵法》中提到的战争的决策者，应该晓得“主不可以怒而兴师，将不可以愠而致战”“合于利而动，不合于利而止”这两个用兵制胜的谋略智慧，完全可以将其用于自己决策是否打官司的筹划思维。

二、被告应诉应该把握的“两个基本点”

作为原告应该掌握的“三项基本原则”，以及应该明白的《孙子兵法》里面两个用兵制胜的谋略智慧，乍听起来较为浅显，可是，以上三个案例却又说明了原告应该掌握的“三项基本原则”以及两个策略智慧，却被许多原告忽视，甚至无视，成为造成“翻船”、败诉的关键所在。

那么，作为案件原告相对方的被告，在面临原告的起诉时，一般应该掌握哪些基本的策略，采取哪些有效的手段，以自己坚实之“盾牌”，去迎战原告犀利之“长矛”呢？

作为被告应该掌握的诉讼策略，应该根据每个案子具体案情的不同而“对症下药”，但是，通常而论，作为被告起码得弄清楚以下两个基本的问题，才能算是个“合格”的被告。

第一，在收到法院送达的诉讼材料之后，首先要审查该法院对这个案子有没有管辖权；

第二，在法律规定的时间之内，由自己或者委托律师到法院仔细阅卷，审查原告起诉的证据是否确凿。

这两个基本的问题，也可称为被告必须掌握的“两个基本点”。

在此要明确，作为案件的被告，为什么在成为“被告”之后，首先要弄明白案子的管辖权呢？

我国是个熟人社会，熟人好办事是“放之四海而皆准”的真理。每个人、每个单位、每个社会个体，都有自己的生活圈子，因此，在自己打官司时，大家首先想到的事情，就是在自己家门口的法院打官司，这样自己可以占尽“天时、地利、人和”的优势，让自己的官司赢得更有把握一些，而且节省自己的人力、物力、精力。因此，原告为了达到这个目的，就可能千方百计地在自己住所地的法院立案。于是，作为被告，在接到法院的诉讼文书之后，首先要审查案子的受理法院是否有管辖权，自己是否进入了原告“勾画”的“以逸待劳”的圈套。

为了进一步掌握被告应诉的“两个基本点”，请参见以下两个案例。

（一）虚构的担保人与案件的管辖权

江苏J公司与山东S公司长期存在买卖关系，2008年6月，双方经过对账结算，山东S公司为江苏J公司出具了欠款280万元的证明。2009年10月，山东S公司收到了江苏J公司所在地法院送达的传票以及江苏J公司的起诉状副本等诉讼文书。

山东S公司从江苏J公司的起诉状副本上惊奇地发现，除了自己是案件的被告之外，江苏J公司还把负责与山东S公司联系业务的本公司业务员C列为了被告，理由就是C曾经口头答应当山东S公司的保证人。对此，山东S公司的法律顾问解释说，江苏J公司之所以把本公司的C虚构保证人的事实列为被告，目的就是想利用我国民事诉讼法第21条中“同一诉讼的几个被告住所地、经常居住地在两个以上人民法院辖区的，各该人民法院都有管辖权”的规定，从而创造出江苏J公司所在地的法院能够受理该债权纠纷案子的前提条件，使得自己公司拥有在本地法院打官司所具有的“天时、地利、人和”的优越资源。

果然，当山东S公司向江苏J公司所在地的基层人民法院提出管辖权异议之时，被该法院以本公司法律顾问所分析的法律依据驳回。山东S公司将计就计，根据我国担保法的解释第129条“主合同和担保合同发生纠纷提起诉讼的，应当根据主合同确定案件管辖。担保人承担连带责任的担保合同发生纠纷，债权人向担保人主张权利的，应当由担保人住所地的法院管辖。主合同和担保合同选择管辖的法院不一致的，应当根据主合同确定案件管辖”的规定作为上诉的依据，最后江苏某地的二审法院采纳了山东S公司的意见，把案件裁定移送山东S公司所在地的法院管辖。

案子确定了管辖法院之后，被告面临的问题，就是在打官司的过程中如何反驳、抵销原告的诉讼请求，让自己扭转被动、转败为胜。由此可见，被告获得官司胜诉的原因很多，其中，寻找原告证据的漏洞就是最为关键的一件事。这样，就使得原告的诉讼请求在根本上没有获得支撑的依据。

（二）剪裁出的欠条

老张原先从事干鲜果经营，经常从远方水果公司批发各种水果。因为是固定的客户，每次老张去进货，远方公司都会拿出专门为老张准备的记账本，让老张记上所购货款的数额。譬如，某日，老张进货2万元，老张就在记账本上记录“今欠远方公司水果款2万元”的字样，另外，如果过几天之后，老张把这笔货款还上了，远方公司就在旁边的空白处记上“老张还款2万元”的字样。这样的记账方式，老张与远方公司持续使用了四五年的时间。2015年10月，老张因事停止经营，不想，远方公司把老张起诉到法院追要这些年老张购买水果的欠款18万元。按照老张自己的记载，老张最多还欠远方公司1万余元的水果款。于是，老张委托律师到法院查阅远方公司的证据，得知原告公司向法院提交的证据，竟然是从老张在该公司记账的记账本上剪裁了老张自己写的欠款的内容，而老张还款的内容却一点都没有。于是，在案件审理庭审中，老张的代理律师以远方公司提交的证据不是原始证据，不能反映案件的客观事实为由，建议法院驳回远方公司的诉讼请求。最终，一审法院、二审法院都支持了老张的代理律师所提出的辩驳主张。

从以上两个案例可以得知，如果自己恰巧成为了被告，最为重要的一点在于寻找原告的纰漏，采用《孙子兵法》里面“攻其不备，出其不意”的计策妥善应对原告起诉，从而实现“致人而不致于人”，扭转乾坤获得胜诉的美好结果。

三、“避实击虚”策略是再审案件之胜算谋略

纵观我们的司法实践，所有经过了一审法院、二审法院判决之后的民商案件，在法院的判决、裁定生效以后，总有许许多多的当事人认为法院判决不公，自己的合法权益没有得到应有的法律保护。这样，当事人认为法院判决不是认定事实错误，就是适用法律错误，或者运用证据错误，或者程序错误，甚至没有任何理由的裁判错误，等等。于是，这些当事人便通过申请再审的程序，或者申诉的途径，启动法院对案件的重新审理，以期获得对自己有利或者预期的判决结果。

那么，民商案件的申请再审与民商案件的申诉之间究竟有哪些区别呢？

简言之，民商案件的申请再审与申诉，是根本性质不同的两回事，许多人却混为一谈。

按照我国民事诉讼法的规定，民商案件的申请再审，一般情况下应在两年之内向原审人民法院或者上级人民法院提出。但是，对于民商案件的申诉，法律在时间上却没有限制，而且，当事人除了可以向原审人民法院和上级人民法院申诉之外，还可以向人民检察院、人民代表大会、政治协商会议，乃至新闻媒体等提出，具有极大的灵活性。

不过，民商案件的申请再审与民商案件的申诉尽管在形式上存在着巨大差别，但是，在申请再审与申诉的难易程度上说，两者却并无二致。

在此，着重谈一下对民商案件申请再审的诉讼策略。

关于民商案件申请再审的难度，《潍坊晚报》的刘玉良记者曾经作过一个有趣的比喻：“法院的生效判决是法院用生米做成的熟饭，而申请再审则是让法院把做成的熟饭回锅，再重新做一次‘回锅饭’。”

由这个“回锅饭”的比喻，我们可以想象到民商案件申请再审的难度，哪个法院会承认自己做出的“熟饭”是“夹生饭”，而去重新做一次呢？

尽管民商案件申请再审的难度很大，但是，如果案件的生效判决确实

存在错误，那么，申请再审的成功还不至于达到“蜀道难，难于上青天”的程度。不过，如果想要申请再审成功，则必须抓住生效判决的“软肋”进行有理有据的“批驳”。

我国民事诉讼法第200条便从13个角度规定了当事人申请再审时可以寻找的生效判决的“软肋”。

这些“软肋”如下：

（1）有新的证据，足以推翻原判决、裁定的；

（2）原判决、裁定认定的基本事实缺乏证据证明的；

（3）原判决、裁定认定事实的主要证据是伪造的；

（4）原判决、裁定认定事实的主要证据未经质证的；

（5）对审理案件需要的证据，当事人因客观原因不能自行收集，书面申请人民法院调查收集，人民法院未调查收集的；

（6）原判决、裁定适用法律确有错误的；

（7）审判组织的组成不合法或者依法应当回避的审判人员没有回避的；

（8）无诉讼行为能力人未经法定代理人代为诉讼或者应当参加诉讼的当事人，因不能归责于本人或者其诉讼代理人的事由，未参加诉讼的；

（9）违反法律规定，剥夺当事人辩论权利的；

（10）未经传票传唤，缺席判决的；

（11）原判决、裁定遗漏或者超出诉讼请求的；

（12）据以作出原判决、裁定的法律文书被撤销或者变更的。

（13）审判人员审理该案件时有贪污受贿，徇私舞弊，枉法裁判行为的。

因此，作为当事人的代理律师，应该在查阅尘封的案卷材料时独具慧眼，“寻章摘句”“刨根究底”，梳理、发掘一审判决、二审判决中疏忽、遗漏、误认的重要证据，或者关键事实，或者法律依据等这些“软肋”。针对我国民事诉讼法第200条规定的13种人民法院应当再审的民商案件的情形，作为重点进行突破，从兵法的角度讲，正属于“避实击虚”的战略战术。

以下便是笔者作为代理律师成功申请再审的两个案例。

（一）一处房产，两个官司，申请再审均获成功

山东张某在2006年年初与北京某房产公司签订《商品房买卖合同》一

份，购得商品房一套。双方在《商品房买卖合同》中约定，房产公司在同年6月为张某办理房屋产权证书，如果张某连续3个月不按期向银行归还按揭贷款，房产公司有权利终止《商品房买卖合同》并收回房屋。

2006年6月，房产公司没有给张某办理产权证书，自7月开始，张某连续4个月没有还贷。于是，在2006年11月，房产公司按照《商品房买卖合同》的约定，把张某起诉到法院要求终止合同并收回房屋。2007年4月，法院作出一审判决，支持了房产公司的诉讼请求。于是，张某在法定上诉期间提起了上诉，但是，同年11月，上级法院最终维持了一审判决。

巧合的是，在张某上诉期间，山东某法院因为张某所在的公司与其他公司的债务纠纷，把张某以及作为公司股东的张某的妻子王某追加为被执行人，并按照法定程序把张某在北京购买的房屋拍卖给了他人，并且北京某房屋产权中心按照该法院的执行裁定和协助通知书把张某的房屋登记在了他人名下。不过，在这种情况下，北京某房产公司还是向法院申请执行，要求张某按照法院的生效判决归还房屋。

一处房屋，成为京鲁两地两个法院两个案件的执行标的物，从法律上讲，此时张某已经对房屋失去了控制权，于是，张某寻找代理律师谋求良策。

面对繁复的案卷材料，面对着北京、山东两个法院作出的所有的法律文书，笔者作为代理律师经过深思熟虑的思考，旁征博引的论证，以及案件所有证据的对比分析，案件纠纷的历史缘起，最终“捕捉”到了两个案件的“软肋”和“虚弱”之处。

关于北京某法院的判决，在一审判决还没有生效之时，作为案件标的物的房屋已经被山东某法院按照法定程序拍卖给他人，依照有关法律规定，案件应该在二审期间依法撤销一审判决并驳回房产公司的诉讼请求，但是，二审判决却忽视了这个客观事实的存在，致使判决成为了一纸空头支票。因此，笔者决定以此事实和相应的法律规定作为申请再审的理由。果然，按照笔者的策略分析，北京某法院接受了再审申请，对案件进行了立案。

关于山东某法院的案件，笔者经过对案件材料的通盘分析和透彻把握，终于发现：尽管张某的妻子王某是被法院作为被执行人追加的，但是，案件执行的依据却是把王某列为被告之一的一份民事调解书。通过张某介绍，笔者得知，原告起诉时，是把张某所在的公司以及作为公司股东的张某、王某列为共同被告的，不过，法院在送达诉讼文书时，并没有向王某送达诉讼文书，而且王某也没有参加与原告的调解，另外，法院也没有向王某送达把王某列为被告的民事调解书，但是，法院却是依靠这份民事调解书拍卖了张某从北京购买的作为张某与王某夫妻共同财产的房屋。显然，山东某法院的民事调解书的制作以及案件的执行，违反了我国民事诉讼法的有关规定，而这些正是山东某法院案件调解书的致命“软肋”和“虚弱”之处。因此，笔者作为代理律师抓住这个要害问题，依法申请再审，有关法院顺利接受了案件的再审申请，进行了立案。

（二）登记即使4个月也是夫妻，再审让老太拥有新房产

山东某地有个军队干休所，里面居住的都是军队的离退休干部。2005年4月，年近八旬的丧偶老干部赵某与林某办理了结婚登记手续，两人结为夫妻。不料，在两人办理婚姻登记4个月之后，赵某去世了。赵某去世后，林某一直居住在赵某原先的独门院落里。2006年8月，按照国家、军队的有关政策，干休所对离退休干部的遗属、子女落实房改政策，把原先离退休干部居住的房屋，优惠出售给离退休干部的遗属或者没房居住的子女。这样，林某便以赵某遗属的身份，用很少的价格购买了赵某原先居住的独门院落，当地房管部门为林某颁发了产权证书。2007年年初，军队干休所拆迁，林某置换了价值60万元的楼房，此时，赵某在当地均身居要职的4个子女突然以该楼房属于其父亲的遗产为由向当地人民法院起诉要求分割该楼房。最终，法院以林某购置该楼房享受了赵某作为师级干部的军龄优惠待遇，而把该楼房“视为林某与赵某的夫妻共同财产，其中一半的房产份额属于赵某的遗产”，从而判决林某向赵某的4个子女支付24万元。此后，面对法院的强制执行，林某焦急万分。

在这种情况下，笔者作为代理律师为她的案情仔细把脉分析，认为法院在赵某去世近一年之后，把林某独自出资购置的房屋“视为林某与赵某的夫妻共同财产”，不仅违背客观事实，而且毫无法律依据。即使林某在购置房产时享有了赵某的军龄优惠待遇，但是，从法律上讲，林某毕竟是赵某生前的合法配偶，赵某去世后，林某属于赵某的遗属，享受赵某遗属的待遇是基于国家、军队的有关政策，因此，林某独自出资购置的房产依法属于自己的合法财产。自然，林某自己的房产在遇到拆迁时获得置换

房屋也属于自己的财产，而不是“与赵某的夫妻共同财产”，其中更没有什么赵某的遗产。于是，笔者以法院对案件事实的错误认定为判决的“软肋”和“虚弱”之处，代理林某向原审法院申请再审，这样，原审法院终于认识到了自己的错误，很快立案进行了再审审理，撤销了原审生效判决，依法驳回了赵某的4个子女认定林某购置的房产属于其父亲遗产并要求分割遗产的诉讼请求。

上述两个案例之所以申请再审成功，是因为动用了《孙子兵法》中“夫兵形像水，水之形，避高而趋下；兵之形，避实而击虚”“进而不可御者，冲其虚也”的用兵制胜的谋略。法院的生效判决，不管从形式上，还是内容上，大都论证严密，证据充分，法律内容翔实，想挑出其中的毛病，无疑如“鸡蛋里挑骨头”。因此，作为律师，应该具备娴熟的法律运用智慧，独到的证据辨析眼光，透彻的事实分辨技能。针对我国民事诉讼法第200条的13种人民法院应当再审的情形，对生效判决“望、闻、问、切”，找准生效判决的“软肋”“虚弱”之处，然后集中有力证据、法律依据申请再审，一般都能够获得再审案件的成功，为自己的当事人争取到应有的合法权益。

谋略2

刑事案件辩护谋略

● 杨培国

一、技巧多端的刑事案件辩护方略

相对于民商案件的诉讼代理，刑事案件的辩护业务有一定的法律风险，因此，在对待刑事案件的辩护上，律师接收案件应持审慎态度。

对于刑事案件的辩护，作为律师来说，首先应该把握的核心问题，就是不管面对什么金钱、权力、物欲的诱惑，一定要在法律允许的范围之内行使律师的会见权、阅卷权、调查取证权、辩护权等，并依法主张、落实这些权利。

律师从事刑事辩护的范围主要包括杀人罪、抢劫罪、强奸罪、伤害罪、交通肇事罪、强迫交易罪等一般犯罪主体的刑事案件，以及对国家工作人员涉及的贪污罪、受贿罪等刑事案件。关于刑事案件的辩护策略，不能一概而论，只能针对每个案子，因人而异，因事而异，因理而异。笼统地讲，刑事案件的辩护策略，一般有以下种类：

（1）从无罪上辩护；

（2）从检察院起诉书认定的犯罪事实上辩护；

（3）从犯罪情节上辩护；

（4）从是否构成犯罪的证据上辩护；

（5）从犯罪构成上辩护；

（6）从犯罪行为、犯罪结果以及因果关系上辩护；

（7）从犯罪时间、犯罪地点上辩护；

（8）从犯罪方法、犯罪手段、犯罪工具上辩护；

（9）从犯罪嫌疑人承担刑事责任的年龄上辩护；

（10）从犯罪嫌疑人的刑事责任能力上辩护；

（11）从犯罪的特殊主体上辩护；

（12）从犯罪嫌疑人对犯罪行为是否故意、过失，还是意外事件上辩护；

（13）从犯罪嫌疑人的犯罪目的、犯罪动机上辩护；

（14）从犯罪嫌疑人在刑法中的认识错误上辩护；

（15）从正当防卫上为犯罪嫌疑人辩护；

（16）从紧急避险上为犯罪嫌疑人辩护；

（17）从犯罪的预备上为犯罪嫌疑人辩护；

（18）从犯罪的未遂上为犯罪嫌疑人辩护；

（19）从犯罪的中止上为犯罪嫌疑人辩护；

（20）从是否构成共犯以及在共同犯罪中是否为主犯、从犯、胁从犯等共同犯罪中的地位、作用上为犯罪嫌疑人辩护；

（21）从适用法律上为犯罪嫌疑人辩护；

（22）从适用刑罚上为犯罪嫌疑人辩护；

（23）从不构成累犯上为犯罪嫌疑人辩护；

（24）从自首与立功上为犯罪嫌疑人辩护；

（25）从数罪并罚上为犯罪嫌疑人辩护；

（26）从适用缓刑上为犯罪嫌疑人辩护等。

以上是刑事案件的总体辩护方略，涉及具体刑事案件的辩护策略，现举一例予以阐释。

前些年，山东省莒县人民检察院对日照市东港区农村信用合作联社理事长刘某某以涉嫌受贿罪、贪污罪案件立案侦查，后来又以刘某某涉嫌非国家工作人员受贿罪、职务侵占罪向莒县人民法院提起公诉的刑事案件，在法律上非常值得探讨。

本案的犯罪嫌疑人刘某某原来是莒县农村信用合作联社的理事长，后来调任日照市东港区农村信用合作联社理事长，但是，农村信用合作联社的法律性质属于股份制企业，由此说明，刘某某是企业法定代表人，不是国家工作人员。不过，这个客观情况莒县人民检察院在侦查终结后才发现，于是在向法院提起公诉时把刘某某涉嫌国家工作人员受贿罪、贪污罪改变为刘某某涉嫌非国家工作人员受贿罪、职务侵占罪。但是，按照我国刑事诉讼法的有关规定，莒县人民检察院在发现案件不属于自己立案侦查的范围后，应该把案件移送莒县公安机关处理，而不是向莒县人民法院提起公诉，因此，刘某某的辩护律师采取无罪辩护的策略为其进行了辩护。

按照我国刑事诉讼法以及最高人民检察院和国家有关部委的规定，非国家工作人员的受贿罪、职务侵占罪不属于检察院立案侦查的范围，因此，从法律的层面分析，刘某某的辩护律师采取无罪辩护的策略是恰当的。

二、刑事案件辩护的具体策略：法定理由、酌定情节

涉及比较具体的刑事辩护的策略，作为辩护律师，还应该从无罪、不构成犯罪或者不负刑事责任，或者从从轻、减轻或免除处罚、罪轻等角度依法为犯罪嫌疑人或者被告人辩护，从而达到维护犯罪嫌疑人或者被告人合法权益的目的。

为犯罪嫌疑人或者被告人辩护，一般是从法定理由、酌定情节两个角度设计辩护策略。

按照我国现行法律的规定，律师为犯罪嫌疑人或者被告人辩护的法定理由大概有以下几类。

第一类：无罪或不负刑事责任的法定理由。

一是刑法不认为犯罪的，如刑法第3条法无明文规定不认为犯罪；刑法第13条“情节显著轻微危害不大的”不认为犯罪；刑法第16条“不能抗拒”或者“不能预见”原因造成的危害行为不认为犯罪；刑事诉讼法第15条规定的不认定为犯罪的情形。

二是刑法规定不负刑事责任的，如刑法第17条规定年龄未满14周岁的人犯罪不负刑事责任，已满14周岁未满16周岁的除犯故意杀人、故意致人重伤或死亡、强奸、抢劫、贩毒、放火、爆炸、投毒等8项罪名以外的不负刑事责任；刑法第18条规定精神方面完全性精神病人犯罪或间歇性精神病人在精神不正常时犯罪的不负刑事责任；刑法第20条规定正当防卫不负刑事责任；刑法第21条规定紧急避险不负刑事责任。

三是刑法不予追究刑事责任的，如刑法第87条规定已过追诉时效的不再追究；刑事诉讼法第15条第（4）项规定自诉案件受害人不起诉或撤回起诉的不予追究。

第二类：从轻、减轻或免除处罚的法定理由。

在犯罪主体刑事责任能力方面的有：年龄方面已满14周岁未满18周岁

的，精神方面间歇性精神病人，生理方面又聋又哑的人、盲人等。

在主观方面恶性程度较小的有：防卫过当、紧急避险过当、预备犯、未遂犯、中止犯等；在犯罪作用方面较小的有：从犯、胁从犯；在犯罪后将功折罪的表现有：自首、立功等。

此外，还有一些特殊规定，例如，刑法第10条规定在国外受过刑罚的可以免除或减轻处罚；刑法第37条规定犯罪情节轻微不需要判处刑罚的，可以免除处罚；刑法第49条规定犯罪时未满18周岁的人或审判时怀孕的妇女，不适用死刑等。

第三类：罪轻辩护的法定理由。

通过此罪与彼罪的辩护改变定性，或者将重罪辩成轻罪，最终提出罪轻的辩护观点。主要有：

一是主观上的重罪变轻罪，如将故意杀人罪辩成过失杀人罪；

二是单一主体上的重罪变轻罪，如公职人员的贪污罪辩成非公职人员的职务侵占罪；

三是单一主体变成双重主体，如将自然人犯罪辩成单位犯罪，我国对单位犯罪的处罚是对单位适用财产刑，对自然人则刑减一等，特别是没有死刑；

四是时间差上的罪轻，刑法第12条规定，以修订后的刑法实施日1997年10月1日为界，在此前所犯罪行，按从旧兼从轻原则处理；

五是多人犯罪中的罪轻，如前所述共同犯罪或犯罪集团中的从犯、胁从犯；

六是多罪中的罪轻，根据数罪并罚原理，将数罪辩成一罪，以达到罪轻而从轻、减轻处罚的目的，等等。

那么，为犯罪嫌疑人或者被告人辩护的酌定情节的策略包括哪些呢?

相对于法定情节而言，司法实践中对犯罪嫌疑人或者被告人可以从轻或者减轻处罚的酌定情节大概有以下几类。

第一，性质上的酌定情节。从法理上讲，相对于直接故意的间接故意，相对于积极作为的消极不作为，都是司法实践中经常考虑的从轻处罚酌定情节。

第二，主观恶性程度的酌定情节。民事纠纷引出的刑事犯罪相对于偶发的刑事犯罪，突发性犯罪相对于预谋性犯罪，出于义愤的犯罪相对于无缘无故的犯罪，处罚都轻重有别。

第三，犯罪后因交代罪行或退赃而形成的酌定情节。

第四，犯罪次数上的酌定情节。相对于惯犯的偶犯，相对于累犯的初犯，都是从轻处罚的酌定情节。

第五，可以免去牢狱之苦的酌定情节。只要被告不会继续发生危害社会的行为，对于量刑时可判拘役或3年以下有期徒刑的，辩护律师可建议法院判缓刑；对于刑法分则条款有管制刑的，辩护律师可建议法院判管制刑。

谋略3

行政案件代理谋略

——审查行政机关证据的合法性是代理行政诉讼案件的切入点

● 杨培国

一般而言，从法律角度来说，诉讼有三种类型，即民事诉讼、刑事诉讼以及俗称“民告官”的行政诉讼。笔者作为中华全国律师协会民事专业委员会委员，承办的不仅是各种类型的民商案件，还有众多的刑事案件，以及众多的行政案件。

在承办行政诉讼案件的代理谋略中，律师应以审查行政机关证据的合法性作为代理行政诉讼案件的切入点。现举一例笔者代理的行政案件予以阐释。

2007年12月，陕西省靖边县人民政府给张某颁发了靖林证字（2007）第22—009号《中华人民共和国林权证》（以下简称《林权证》）。当地村民李某某认为，靖边县人民政府颁发给张某的《林权证》存在程序违法、证据不足、侵犯了自己的林权等问题，于是，李某某将靖边县人民政府作为被告，张某作为第三人，起诉到了法院，请求法院撤销靖边县人民政府颁发给张某的《林权证》。后来，靖边县人民法院的（2009）靖行初字第13号《行政判决书》和榆林市中级人民法院的（2010）榆中法行终字第19号《行政判决书》尽管查明了靖边县人民政府在向张某颁发《林权证》时存在“未进行公告的疏漏”，但是，并没有认定靖边县人民政府向张某颁发《林权证》的程序违法，而且，也并没有认定李某某提出的其他主张。这样，靖边县人民法院的（2009）靖行初字第13号《行政判决书》驳回了李某某请求法院依法撤销靖边县人民政府颁发给张某的《林权证》的诉讼请求，随之，榆林市中级人民法院的（2010）榆中法行终字第19号《行政判决书》驳回了李某某的上诉请求，维持了一审判决。

接受这个案子之后，笔者深入李某某所在的村庄找到相关知情人作了详细核查，并且到法院查阅了有关案卷，发现靖边县人民政府在向张某颁发《林权证》时，确实没有按照我国《林木和林地权属登记管理办法》第10条“登记机关对已经受理的登记申请，应当自受理之日起10个工作日内，在森林、林木和林地所在地进行公告。公告期为30天”的规定进行公告，存在程序不合法的问题；另外，从证据的角度，笔者作为代理律师发现，靖边县人民政府向张某颁发《林权证》所依据的基础证据，居然只是一份印章为“靖边县杨家桥畔乡九里滩村民委员会”、日期为“02,5,1”的复印件“证明”，而且这份复印件“证明”上只有张某父亲的名字，没有张某的名字；此外，李某某有证据证实张某在接受靖边县人民政府向其颁发《林权证》时，还是生活在银川市的城市居民，其在2005年1月14日于原籍落户的农村户籍是他的第二套户籍，违背了我国户口登记条例第6条“公民应当在经常居住的地方登记为常住人口，一个公民只能在一个地方登记为常住人口”的规定。在案件二审期间，靖边县公安局接到群众举报后，立即于2010年1月取消了张某的第二套户籍，但是，法院对这些关系到张某是否可以拥有林权的主体资格的核心证据资料，竟然没有认定。

按照我国行政诉讼法、《最高人民法院关于行政诉讼证据若干问题的规定》等法律、法规、司法解释的规定，本案中的书证作为被告向法院证实自己行政行为合法的证据，应当是原件，应符合法定形式，并且证据的取得应当符合法律、法规、司法解释和行政规章的要求。但是，靖边县人民政府向张某颁发《林权证》依据的证实张某拥有林权的基础证据只是一份有着张某父亲名字、没有张某名字的复印件“证明”，并且复印件“证明”的内容被相关知情人证实不符合事实；另外，张某取得的第二套户籍不符合我国户口登记条例的规定，且在案件二审阶段被当地公安机关依法撤销。因此，在这种情形下，法院再维持靖边县人民政府给张某颁发《林权证》的行政登记行为就值得商榷了。

在此之所以讨论李某某的林业行政登记纠纷案件，目的只是以案释法：以此说明在律师的视角下，律师对同一个行政案件在客观事实的认定、案件证据的适用、法律法规的运用等方面，与法官等其他法律人可能或应当存在着不同。

综上所述，关于行政诉讼，许多人按照行政行为性质的不同，划分为行政侵权赔偿诉讼案件、公安行政诉讼案件、工商行政诉讼案件、税务行政诉讼案件、土地行政诉讼案件、林业行政诉讼案件等。其实，作为行政诉讼案件的代理策略来讲，不管什么类型的行政诉讼案件，除了审查行政机关行使行政行为的合法性、程序的合法性之外，审查案件证据的合法性，也是代理行政诉讼的关键策略。

律师介绍・杨培国

杨培国，北京善士律师事务所主任，中国法律援助基金会善缘法律援助专项基金、北京市法律援助基金会善缘法律援助专项基金发起人，中国法学会法律文书学研究会理事，中华全国律师协会民事专业委员会委员，中华杨氏律师联谊会（律师联盟）会长兼秘书长，“中国诉讼论坛”创意人、策划人、组织人，“中国诉讼论坛・2015”“2016・中国诉讼论坛”组织委员会主任，“中国诉讼论坛网（www.zhongguosusong.com）”总编辑，中国泰山老母文化研究会会长、“中华泰山老母文化网”总编辑，中国水浒学会理事，山东民盟省委省直北京支部副主委，山东孙子研究会常务理事，济南市作家协会作家等。

杨培国律师是新中国成立之后，倡议设立“中国律师节”的第一人。

杨培国律师是国内第一位向我国国家机关建言制定《中华人民共和国宗教法》的律师。

在山东人民出版社出版的国内第一本把古代兵法《三十六计》运用于律师代理谋略的原创专著《律政赢谋36》，在法律出版社出版的原创专著《四大名著与律师赢谋》、揭示茶道与律师之道的《好律师的132条法则》（对话体长篇小说）、《胜诉之道——律师诉讼策略与实战案例》《中小企业上市之道——创业板与新三板实战指引》等著作中，分别由我国法学泰斗江平教授、我国著名法学家贺卫方教授、民主与法制社总编辑刘桂明先生、中华全国律师协会吕红兵副会长、“中国律师网”执行总编辑刘耀堂、我国创业板专家律师涂成洲等作序。

杨培国律师与我国宗教法律权威徐玉成先生合著的《汉传佛教典型案例纠纷法律评析》一书，正在由中国民主法制出版社编辑出版。

杨培国律师多年来一直在《法制日报》《中国律师》《人民法院报》以及“中国律师网”等许多媒体发表著述文章，深受社会公众赞誉。

作为律师，杨培国律师擅长疑难刑事案件辩护、申诉，重大民商案件代理、申诉，精于民营企业国内创业板的上市策划、运作，熟稔我国佛教界的法律纠纷案件的承办、代理。

2005年至2006年期间，杨培国律师与济南长途汽车总站的“乘客人身意外伤害保险单”公益诉讼，是全国首例公路乘客人身损害意外保险的公益诉讼，被国内众多媒体广为宣传报道。

《民主与法制》杂志记者曾以《胜诉之道——杨培国律师诉讼策略访谈》为题，连续报道杨培国律师代理诉讼并赢得诉讼的谋略智慧。

《民主与法制》杂志记者曾以《上市之道——杨培国律师谈国内创业板》为题，连续报道杨培国律师策划、运作民营企业（私营企业）国内创业板上市的筹划策略、专业智慧。

杨培国律师曾经多次在中国律师论坛等全国性法律高峰论坛担任演讲嘉宾，是连续多年的《中国律师年鉴》的优秀律师，《法制日报》《中国律师》《法人》《民主与法制》以及“中国律师网”“中国诉讼论坛网”等多家媒体报道过杨培国律师的突出业绩。

2010年，杨培国律师与我国大律师张思之先生，以及我国著名律师田文昌先生等其他33位著名律师入选法律出版社出版的《谁是中国大律师》一书。

2014年，杨培国律师被“找法网”赞誉为“中国法律界的领袖人物”。

2015年11月，杨培国律师在民主与法制社刘桂明总编辑、最高人民法院电子音像出版社常务副总编辑孙宇先生的指导、支持下，策划、组织了全国大型公益高端法律论坛“中国诉讼论坛·2015”，旨在倡导律师行业坚持党的领导、遵守宪法和法律、践行“三维”的社会责任和律师使命、积极投身法律援助事业、推进我国全面依法治国进程，为实现中华民族伟大复兴的中国梦勇于担当应尽的律师责任。该次论坛得到了《中国律师》以及“中国律师网”“中国诉讼论坛网”等国家众多主流媒体的宣传报道。

从2015年下半年开始，杨培国律师面向全国中华杨氏宗亲律师策划、组织“中华杨氏律师联谊会（律师联盟）”，策划、组织全国优秀的杨氏律师代表合著《杨律师以案释法为你维权》的编撰，策划、组织“中华杨氏律师论坛”等。

2016年7月，杨培国律师与同样热衷推动中华杨氏律师合作共赢、推动中华杨氏律师积极为中华杨氏宗亲提供高品质法律服务、法律帮助、法律援助，并以此为推动中国律师事业发展、推动全面依法治国，为实现中华民族伟大复兴的中国梦作出创新贡献的北京在明律师事务所主任杨在明律师、北京中闻律师事务所执委会主席杨凯律师等全国几十名中华杨氏律师，在我国法律界有关权威人士以及中华杨氏联谊总会等全国各地杨氏宗亲会的支持下，在北京成立了律师联盟性质的“中华杨氏律师联谊会（律师联盟）”，为中国律师创新了一条以律师姓氏组建律师联盟的创造性路径。

我国法学泰斗江平先生评价杨培国律师："他为人淡泊，勤而好学，敏而善思，热衷著述，酷爱我国古典文化，曾经结合我国古典兵法《三十六计》撰写了《律政赢谋36》，又根据我国古代四大名著撰写了《四大名著与律师赢谋》。另外，培国律师曾经在国内首倡建立'中国律师节'、设立'中国律师奖'，这种种举措，无不反映出培国律师是在为我国律师职业进行思考，对我国的律师文化进行研究，屡有创见，心高志远，令人赞赏。"

我国著名法学教授贺卫方先生评价杨培国律师："从已有的成果看，通常的法律文学研究，大致上有两种路向。一种是从文学作品中挖掘法律素材，揭示作品中所蕴含的法律观念和法律实践的实况；另一个路向是把法律作为文学研究。"

"除了上述两种研究路向之外，还可以有一种更实用的写作路数，那就是把文学当作生活的教科书对待，不拘泥于它们与历史真相的贴近或分离，只把它们对于今天的人们的教益写出来，就像杨培国先生的这本书所追求的那样。"

"难能可贵的是，作为一位执业多年的律师，杨先生勤于阅读，敏于思考，善于写作。他对于四大文学名著的谙熟令人钦佩，更让我惊奇的是，他有着极为丰富的联想功夫，能够把看似不相关联的文学故事跟律师实践以及律师事务所管理中的问题联系起来，揭示了文学作品更为广阔的社会价值，产生了十分奇妙的阅读效果。"

中华全国律师协会吕红兵副会长评价杨培国律师："杨培国律师以著书立说在我国律师界著称，是我们山东籍的律师秀才，并引领了阐释律师之道的律师文化的文学流派，是我国律师文化的探索者、创新者、领军者。"

民主与法制社总编辑刘桂明先生评价杨培国律师："不论是建议设立'中国律师节'还是倡导建立'中国律师奖'，不管是著书立说还是发言演讲，杨培国追求和梦想的都是这样一种有认知、有共识、有理想、有信仰、有目标、有载体、有传承、有未来的律师文化。"

联系电话：13651360318，18600065783

电子邮箱：ypghe@163.com

联系地址：北京市朝阳区汤立路明天生活馆8层

邮政编码：100102

后　记

“杨律师”是我们所有中华杨氏律师的统一称呼

目前，在全国的执业律师之中，杨姓律师占的比例大约是三十分之一。从中国律师的事业理想、职业责任、社会使命的角度说，中华杨氏律师与其他性别的中国律师一样，没有任何差别，正如律师法所规定的“律师应当维护当事人合法权益，维护法律正确实施，维护社会公平和正义”。因此，所有的中华杨氏律师都是中国律师的一部分，每一位杨氏律师都是中国律师队伍的一员。

在我国传统的历史文化中，以源于后汉《杨震暮夜却金》，不受非义馈赠的“天知，神知，我知，子知”的廉洁品质，以及宋朝“杨家将”勇敢无畏、精忠报国的爱国主义精神等构成的中华杨氏“杨家将”的精神文化，已经为历代的杨氏后人奉为为人处世的宝典；而且在不同的时代，中华杨氏后人都有许多功名卓著的著名人物，在为国家、为社会作着非凡的贡献。

以中国律师队伍而言，许多杨氏律师也是享誉社会，为推动我国的律师事业发展，促进全面依法治国，实现中华民族伟大复兴的中国梦作着贡献。

为了在中国律师界整合资源、合作共赢、相互提升，从2015年起，杨培国律师受全国各地杨氏宗亲会、中华杨氏联谊总会以及全国各地各种律师联盟的启发，首倡由全国各地的杨氏律师组建“中华杨氏律师联谊会（律师联盟）”。在筹备期间，杨培国律师设立了“中华杨氏宗亲律师群”，拟定了《中华杨氏律师联谊会（律师联盟）章程（草案）》等，通过博客、微博、微信群等广泛征求全国各地杨氏律师的意见；在北京组织了几次杨氏律师的聚会，商讨“中华杨氏律师联谊会（律师联盟）”的组建模式，全国各地杨氏律师之间的业务合作，与全国各地杨氏宗亲会的合作模式，与全国各地杨氏宗亲、杨氏企业家的业务合作；提出了设立“中华杨氏法律援助专项基金”的设想……杨培国律师的这一系列建议旨在以每一位杨氏律师都拥有的共同姓氏，组建“中华杨氏律师联谊会（律师联盟）”这种创新形式的律师联盟，为推动中华杨氏律师与中华杨氏宗亲之间的法律服务、法律帮助、法律援助的创新合作，推动我国律师事业的创新发展，促进我国全面依法治国战略决策的实现，作出一点创新性的贡献。

从2015年构思成立“中华杨氏律师联谊会（律师联盟）”之后，许多杨氏律师以各种方式，积极参与了组建“中华杨氏律师联谊会（律师联盟）”的各种活动，献计献策，提供各种便利。杨培国律师、杨彦萍律师、杨汉卿律师、杨在明律师、杨凯律师、杨林荣律师、杨光律师、杨鸿飞律师、杨晓红律师、杨汉德律师、杨红卫律师、杨永嘉律师、杨涛律师、杨龙飞律师、杨树英律师、杨帆律师、杨明利律师、杨勇律师、杨晓林律师、杨东亮律师、杨智星律师等众多在北京执业的杨氏律师，以及京外执业的杨氏执业律师，如杨新发律师、杨正方律师、杨厚军律师、杨综治律师、杨东律师、杨继华律师、杨华律师、杨云霞律师、杨仲凯律师、杨梅律师、杨征东律师、杨宝驹律师、杨善勇律师、杨晋锋律师、杨玲玲律师、杨帆律师（深圳）、杨荣艳律师、杨红律师（杭州）、羊永德律师、杨伟律师、杨鹏律师、杨斌律师、杨文科律师、杨明伟律师、杨雅琼律师、杨太平律师、杨君律师、杨丽律师、杨云亮律师等众多杨氏律师，都积极参与了“中华杨氏律师联谊会（律师联盟）”的筹划、筹建工作。

杨培国律师、杨彦萍律师、杨汉卿律师、杨在明律师、杨凯律师、杨林荣律师、杨涛律师、杨云霞律师、杨华律师、杨东亮律师、杨云亮律师、扬智勇律师等积极参与中华杨氏联谊总会组织的全国性的活动，在全国各地的杨氏宗亲面前，展示出了我们中国“律师杨家将”的光辉形象。

《荀子·修身》中说道：“道虽迩，不行不至；事虽小，不为不成。”目前，全国各地的杨氏律师接近1万名，因此，为了实现“中华杨氏律师联谊会（律师联盟）”这种创新形式的律师联盟旨在加强全国各地杨氏律师之间的业务合作、全国各地杨氏律师与全国各地杨氏宗亲会的业务合作、全国各地杨氏律师与全国各地杨氏宗亲及杨氏企业家的业务合作的目的，落实“中华杨氏律师联谊会（律师联盟）”旨在推动我国的律师事业发展、推动我国律师文化发展、推动我国全面依法治国的要义，“中华杨氏律师联谊会（律师联盟）”筹备委员会的所有成员盛情邀请所有的中华杨氏律师根据个人的业务所长、资源整合能力、社会影响力等毛遂自荐，可以在即将成立的“中华杨氏律师联谊会（律师联盟）”，以及所在的省市或者地区成立的“中华杨氏律师联谊会（律师联盟）”分会担任一定的职务，为实现“中华杨氏律师联谊会（律师联盟）”宗旨奉献个人的智慧、分享个人的成功！

所有的中华杨氏律师都是中国律师的一部分，每一位杨氏律师都在为全面推进我国依法治国的时代进程作着贡献。为此，“杨律师”是我们所有中华杨氏律师的统一称呼，我们是中国律师队伍里的“律师杨家将”！

执笔人：杨培国

2016年10月

附　录

中华杨氏律师联谊会（律师联盟）章程

第一章　总　则

第一条　为了弘扬中华杨氏勇敢智慧、宽厚仁义、勤勉正直、报效国家、服务社会的优秀文化传统，促进中华杨氏律师之间的相互帮扶、合作共赢，共享资源、共同发展，践行中国律师“维护当事人合法权益，维护法律正确实施，维护社会公平和正义”的职业使命和社会责任，向社会以及中华杨氏宗亲提供具有中华杨氏优秀文化传统的法律服务、法律帮助、法律援助，特成立中华杨氏律师联谊会（律师联盟）。

中华杨氏律师联谊会（律师联盟）英文名字：CHINESE YANG LAWYER ASSOCIATION，简称CYLA。

第二条　本会是中华杨氏律师自愿组建的弘扬中华杨氏优秀文化传统，传播中国律师维护法律、维护正义、维护当事人合法权益的职业精神，热心探究为社会、为中华杨氏宗亲提供法律服务途径、提升律师智慧的非营利性、公益性、学术性、律师联盟性质的“中华杨氏律师联盟”。

根据需要，本会可在全国各省、市、自治区以及地区城市设立分会。

第三条　本会的宗旨是：组织、联合中国杨氏执业律师，倡导合作奉献、专业智慧、慈善公益、创新创业的时代精神，开展具有中华杨氏优秀文化传统的律师文化的研究和发展，为中华杨氏律师的合作共赢，塑造中国律师队伍中的律师杨家将的正义、智慧形象，共同为中华杨氏宗亲、为社会提供高品质的法律服务、法律帮助、法律援助，为推动中国律师事业发展，推动全面依法治国，实现中华民族伟大复兴的中国梦作出创新贡献！

第四条　本会坚决拥护中国共产党的领导，遵守中华人民共和国宪法、法律、国家政策，遵行中华人民共和国律师法以及相关法律法规，并在遵守社会主义优秀传统道德、公序良俗的前提下，开展联谊活动。

第五条 本会实行个人会员制，由热心中华杨氏优秀文化传统的中国杨氏律师自愿组成。

第六条 本会实行会长联席会议制度。

第七条 本会会址（暂）设在北京市朝阳区汤立路218号明天生活馆830室（联系电话：13651360318；18600065783）。

第二章　工作范围

第八条 主要工作：

（一）联合全国各地的杨氏宗亲联谊会，组织开展中华杨氏优秀文化传统的参观、学习、研究等活动，提高杨氏律师对中华杨氏优秀文化传统的认识与知识。

（二）根据每个杨氏律师的法律专业领域，组织设立相关专业的杨氏律师专业委员会，诸如中华杨氏律师民事诉讼专业委员会、中华杨氏律师刑事诉讼专业委员会、中华杨氏律师行政诉讼专业委员会、中华杨氏律师企业上市专业委员会、中华杨氏律师婚姻家庭法专业委员会等，并向全国各地的杨氏宗亲联谊会推介各专业的杨氏律师，让相关专业的杨氏律师为中华杨氏宗亲提供相应专业的法律服务。

（三）组织探讨中华杨氏律师的文化研究，举办“中华杨氏律师论坛”、“中华杨氏律师讲堂”等法律宣传、法治传播等教育活动，开展中华杨氏律师文化研究成果的推广、转化和开发等创新、创业工作。

（四）创办中华杨氏律师网站，宣传中华杨氏优秀文化传统，宣传中华杨氏律师，宣传杨氏法律人，宣传杨氏法律学子。

（五）开展与境内外中华杨氏知名人士、杨氏知名企业家的联系、联谊活动。

（六）表彰、奖励在本会工作中做出优异成绩的会员和专兼职工作人员。

（七）奖掖、提携杨氏法律学子，为国家、为社会培养优秀的中华杨氏法律学子。

（八）组织会员为遭遇意外困难的中华杨氏律师提供经济、法律、道义、精神等方面的无偿援助。

（九）组织会员为经济困难以及鳏寡孤独的中华杨氏宗亲提供法律帮助、法律援助。

（十）在条件合适的情况下，设立“中华杨氏律师法律援助基金”，面向全国开展法律援助活动。

第三章　会　员

第九条　会员条件：

（一）必须是杨氏执业律师。

（二）热爱中华杨氏优秀传统文化。

（三）拥护本会的章程。

（四）愿意参加本会组织的活动。

第十条　入会程序：

（一）由本人口头或者书面向本会提出申请。

（二）主动参加本会组织的活动，视为向本会提出入会申请。

第十一条　会员享有下列权利：

（一）在联谊会拥有选举权、被选举权和表决权。

（二）参加联谊会组织的各种社会活动的权利。

（三）获得联谊会服务的权利。

（四）对联谊会的工作拥有建议权、监督权和批评权。

（五）要求联谊会协助维护自身合法权益的权利。

（六）入会自愿、退会自由。

第十二条　会员应履行下列义务：

（一）遵守本会章程和各项规章制度，执行本会决议。

（二）积极参加本会组织的社会活动、业务研讨活动等。

（三）广泛宣传本会，积极发展本会会员。

（四）积极与本会其他成员进行业务合作，提供工作便利。

（五）积极、热情为杨氏宗亲提供法律服务、法律帮助、法律援助。

（六）维护联谊会社会声誉和合法权益。不得以本会名义损害国家利益、危害社会共同道德，不得从事违反国家法律、违反我国律师的执业纪律和职业道德的活动，不得做出损害中华杨氏优秀文化传统的活动，不得损害、危害本会的荣誉和利益。

第十三条 本会会员代表大会的形式是“中华杨氏律师论坛”。

第四章 组织机构和负责人任职条件

第十四条 会长联席会议是本会最高领导机构，其职责是：

（一）决定本会的工作方针和战略规划。

（二）制定和修改章程。

（三）选举和罢免联谊会会长、副会长、秘书长、副秘书长，以及各专业委员会负责人人选。

（四）决定各省市自治区各地区分会的设立，以及负责人的选任。

（五）组织每年一届的“中华杨氏律师论坛”、《杨律师以案释法系列》的编写以及与全国各地杨氏宗亲会合作的模式等重大事宜。

（六）组建“中华杨氏律师讲师团”等其他重大事宜。

第十五条 会长联席会议代表由会长、副会长、秘书长、副秘书长，以及各省市自治区、各地区的分会会长、各专业委员会的负责人组成。

联席会议决议经到会代表半数以上表决通过生效。

第十六条 会长联席会议下设秘书处，本会会长可以兼任秘书长。

第十七条 秘书处是会长联席会议的执行机构，负责本会日常工作，对会长联席会议以及会员代表大会负责。

第十八条 秘书处职责：

（一）执行落实会长联席会议的决议。

（二）具体筹备召开每年一届的“中华杨氏律师论坛”。

（三）具体负责与全国各地杨氏宗亲会以及全国各地会员的联络、联谊工作。

（四）拟定本会各项规章制度、活动规则等。

第十九条 会长、副会长、秘书长、副秘书长、分会会长、专业委员会负责人必须具备下列条件：

（一）坚决拥护中国共产党的领导，模范遵守国家法律法规、国家政策。

（二）拥有社会责任感，勇于为全面依法治国、实现中华民族伟大复兴的中国梦作出贡献。

（三）具有优秀的社会组织能力、领导能力与协调能力，热衷弘扬中华杨氏优秀文化传统、热心为天下中华杨氏宗亲提供法律服务以及法律帮助、法律援助，热心组织、推动中华杨氏律师的合作共赢，无私奉献，正派公道，敢于担当。

（四）具有高度专业的法律素养，拥有较高的律师执业能力，在社会上拥有较高的社会知名度、美誉度，在律师行业具有一定全国性或者地区性、或者专业领域的社会影响力。

（五） 能够对本会的发展作出切实可靠的实际贡献。

（六）未受过剥夺政治权利刑事处罚。

第二十条 经过会长联席会议讨论同意，本会对杨姓知名人士、德高望重宗长或者为本会作出重大贡献者，可聘请其担任荣誉职务，或授予其荣誉称号。

第二十一条 根据业务需要，本会可以聘请国内外著名或者知名杨氏专家、学者作为本会顾问，也可以邀请国内外著名以及知名杨氏法律专家、学者以及我国著名或者知名法学家、法律界人士担任本会顾问，指导、推动本会发展，扩大本会在国内外的社会影响力。

第五章 本会经费来源与使用原则

第二十二条 本会经费来源:

（一）本会会员的自愿捐助。

（二）社会各界杨氏宗亲的捐助。

（三）社会各界自然人、法人的赞助。

（四）本会向会员介绍业务，会员向本会支付的营销费用。

（五）其他合法收入。

第二十三条 本会不向会员收取会费。

第二十四条 本会经费用于本章程第二章规定的业务开展和事业发展。

第二十五条 本会经费由秘书处统一组织、安排，并向会长联席会议以及会员代表大会汇报经费使用情况。

第二十六条 本会任职人员均是义务工作，没有报酬。秘书处如果聘用专职秘书，则按照国家有关规定落实相关工资和相关待遇。

第六章 章程的修改

第二十七条 本章程的修改，须经会长联席会议审议后向会员代表大会提出方案，由会员代表大会2/3以上参会代表表决通过。

第七章 终止程序

第二十八条 本会完成宗旨，或自行解散，或由会长联席会议提出终止动议，经会员代表大会表决通过后即为终止。

第八章 附 则

第二十九条 本章程经2016年7月17日于北京表决通过。

第三十条 本章程由本会秘书处负责解释。